국제 스포츠 행정

이광훈

박영사

머리말

　이 책은 '국제스포츠행정'에 대한 체계적인 분석을 시도한 국내 최초의 전문 연구서입니다. 저자는 문제해결의 학문으로서 행정학을 연구하면서 국내 행정학 분야의 미개척 영역인 국제스포츠행정에 관심을 갖게 되어, '올림픽 수도'(the Olympic Capital)로 일컬어지는 로잔(Lausanne)의 스위스행정대학원(Swiss Graduate School of Public Administration, IDHEAP)에서 국제스포츠 관련 다양한 연구 및 실무를 경험하며 실제 국제올림픽시스템의 이해관계자들이 어떻게 상호작용하는지를 이해할 수 있었습니다. 저자의 박사학위논문을 지도하신 Jean-Loup Chappelet 교수님은 국제올림픽위원회(IOC), 유럽연합 집행위원회(European Commission) 등 유럽스포츠행정·외교계 및 국제스포츠학계의 저명한 학자입니다. 저자는 스위스 로잔에서 박사과정을 시작한 이래 Chappelet 교수님을 통해 알게 된 스포츠외교계·학계 인사들과의 교류를 통하여 국제스포츠행정 연구에 필요한 인적·지적 자산을 얻을 수 있었습니다. 특별히 저자는 연구년을 맞아 다시 돌아온 로잔대학교(University of Lausanne)에서 그간의 연구들을 종합·정리하여 이 책을 발간하게 되었습니다. 구체적으로 전세계 국제정치학계에 알려진 Chappelet 교수님의 저서인 「The International Olympic Committee and the Olympic System: The Governance of World Sport」(2008, Routledge)의 논의를 심화·발전시켜 이 책에서는 국제올림픽시스템의 메커니즘을 글로벌 거버넌스의 한 유형으로 파악하고, 글로벌 올림픽 거버넌스의 시각에서 국제스포츠 현상에 대한 이론적·실증적 분석을 시도하였습니다.

　이 책은 글로벌 스포츠 행정가에게 필요한 학문적 소양과 실무적 능력을 배양하기 위해 국내 체육계와 스포츠외교계에 종사하는 실무자들이 유용하게 참고할 만한 자료가 될 것으로 기대됩니다. 또한 학문 후속세대는 물론 미래 체육인재와 국제스포츠무대에서 활동하기를 원하는 학생들의 교육에도 활용될 수 있을 것입니다. 나아가 글로벌(global), 내셔널(national), 로컬(local) 수준을 아우르는 다층적 거버넌스(multi-level governance)의 시각으로 현실에서 부딪히는 다양한 정책적 문제를 해결할 수 있는 학문적·실무적 역량을 갖춘 스포츠인을 육성하는 데 기여할 수 있기를 바랍니다. 향후 이 책을 시작으로 그간 우리나라 행정학계와 체육학계에서 미답지(未踏地)로 남아 있던 국제스포츠행정에 대한 본격적인 후속연구가 이어져 학문적 논의가 활성화되는 계기가 되기를 희망합니다.

  부족한 저자를 학문의 길로 이끌어주시고 격려와 지원을 아끼지 않으시는 서울대학교 행정대학원 오연천 명예교수님, 임도빈 교수님, 박순애 교수님, 김권식 박사님께 깊은 감사를 드립니다. 강원대학교 행정학과 홍형득 교수님, 임의영 교수님, 김대건 교수님, 최충익 교수님, 김영록 교수님 그리고 국제스포츠법 전공 강재필 변호사께도 진심으로 감사드립니다. 늘 든든한 버팀목이 되어주시는 부모님과 가족들에게도 무한한 사랑을 전합니다.

2022년 6월
스위스 로잔에서
이광훈

목차

PART 01

국제스포츠행정 개관

목차

PART 02

글로벌 올림픽 거버넌스의 구조와 과정

국제스포츠행정 개관

국제스포츠행정 현상

1.1 국제스포츠행정의 개념

본 저서는 국제올림픽위원회(International Olympic Committee: IOC)와 올림픽경기 종목별 세계연맹 등을 포함하여 국제올림픽시스템이 작동하는 메커니즘을 글로벌 거버넌스의 관점에서 체계적으로 분석함으로써 국제스포츠행정의 새로운 영역을 개척하고자 한다.

행정(行政: public administration)이란 조직, 정책, 제도라는 세 가지 개념요소[1]로 파악될 수 있다. 다시 말해, 행정이란 정부라는 '조직'과 함께 이러한 정부의 관리·운영 활동인 '정책'을 포함하며, 이러한 정부의 활동에 공적 권한을 부여하는 근거로서 '제도' 역시 중요한 개념요소가 된다[2].

그러면 국제스포츠행정이란 무엇인가? 어떠한 현상(phenomenon)을 포착하고 개념화하기 위해서는 체계적인 분석틀이 필요하다. 따라서 국제스포츠행정 현상을 개념적으로 이해하기 위해서는 거버넌스[3]의 관점에서 **글로벌 올림픽 거버넌스** 혹은 **글로벌 스포츠 거버넌스**[4]라는 세계정치 현상에 대한 분석이 선행되어야 한다. 글로벌 올림픽 거버넌스란 "글로벌 스포츠 분야의 다층적 수준의 행위자들 간 희소한 자원배분에 관한 문제해결 과정으로서, 이해조정적이고 협력적인 다양한 방법들을 통하여 상호협력 관계를 생성·유지·변화시키는, 유·무형 혹은 공식적·비공식적 의사결정 메커니즘의 총합"으로 정의할 수 있다(이광훈·김권식, 2014). 다시 말해, 글로벌 거버넌스의 여러 양상 및 국면 가운데 글로벌 스포츠와 관련하여 이루어지는 구조(structure)와 과정(process)으로 볼 수 있다. 여기서 중요한 점은 국제올림픽시스템이라는 '구조'와 그러한 틀 속에서 작동하는 '과정'에 대한 이해이다. 기존 대부분의 연구들은 주로 '행위자' 차원에서 스포츠외교를 대상으로 수행되어 왔다. 즉, 국가 중심적 시각에서 주로 스포츠외교라는 수단이 국가 간 관계 속에서 어떻게 활용되는지에 대해 초점이 있었다. 하지만 글로벌 스포츠 거버넌스와 국제스포츠행정에 대한 분석은 스포츠외교 관련 행위자 차원의 논의를 넘어서는 연구 영역이다. 다시 말해, 국가 행위자 외에 IOC 등 국제조직들 그리고 다양한 비국가적 행위자들이 글로벌 올림픽 거버넌스 구조 속에서 어떠한 방식으로 상호작용을 하는지에 대한 제도 및 시스템 차원의 분석이 국제스포츠행정 연구의 핵심요소인 것이다.

국제스포츠행정 연구의 필요성

국제스포츠행정 연구의 필요성은 다음과 같은 3개의 차원으로 논의될 수 있다.

첫째, 이론적(theoretical) 차원에서 현재까지 우리나라에 국제스포츠행정에 대한 본격적인 학문적 연구가 없다는 진단에 근거한다. 글로벌 세계정치 속에서 올림픽, 월드컵 등 국제스포츠 분야는 소프트파워가 작동하는 중요한 영역임에도 불구하고 국내 학계에서는 이에 대한 심층적 분석이 부족한 실정이다. 소위 글로벌 올림픽 거버넌스 혹은 글로벌 소프트 거버넌스(이광훈·김권식, 2014)라고 볼 수 있는 이러한 연구대상에 대하여 기존 국내 체육학계나 행정학계 중 어디에서도 이론적 탐구를 수행한 저서를 아직 찾아보기 어렵다. 이러한 원인 중 하나는 국제스포츠행정이 갖는 다학제적 연구로서의 특성에서 기인한다. 즉 국제(관계)학, 스포츠과학(체육학), 그리고 행정학이라는 적어도 세 가지 분과학문에 대한 이론적 천착을 바탕으로 연구가 수행되어야 한다. 하지만 지금까지 기존 분과학문과 학계에서는 관심이 미약하였거나 혹은 다학제적 시각과 통섭적 접근 및 융복합적 연구역량이 미비함으로 인하여 국제스포츠행정에 대한 심층 연구가 시작되지 못하고 있다. 따라서 본 저서는 국내 체육학과 행정학계의 연구성과를 종합·집대성함으로써 국제스포츠행정의 구조와 과정의 메커니즘에 대한 본격적인 학술적 연구를 시도하고자 한다.

둘째, 실무적(practical) 차원에서 국제스포츠행정에 대한 연구는 더욱 절실하다. 우리나라는 중요 국제대형스포츠경기를 모두 유치한, 즉 하계올림픽, 동계올림픽, 월드컵, 세계육상선수권대회 등의 개최권을 따냄으로써 소위 '그랜드슬램'을 달성한 세계 몇 개 안 되는 국가 중 하나이다. 하지만 개최 성공의 기쁨에 잠시 취하거나 경기 성적에만 집착하는 데 비해, 개최를 통해 얻을 수 있을 것이라고 기대했던 편익들이 실제로는 신기루에 불과하거나 제대로 누리지 못하고 사라져버리는 것으로 귀결되고 말았다. 뿐만 아니라 우리나라 국제스포츠 관련 행정은 그간 전문성 면에서 여러 가지 문제점을 노정해왔다[5]. 2018년 평창올림픽을 개최한 우리나라의 국제스포츠행정의 경쟁력 제고를 위해서는 하루 속히 국제스포츠행정에 대한 학술적 지식이 보급되어야 한다. 이에 본 저서는 다층적 거버넌스(multi-level governance)의 시각에서 스포츠 현상을 이론적으로 분석하고 현실에서 부딪히는 다양한 정책적 문제를 해결할 수 있는 능력을 배양하는 것을 목적으로 하며, 국가발전의 원동력으로서 스포츠의 가능성을 탐색하고 한국 스포츠 분야의 난제(wicked problem)를 해결할 효과적인 정책수단을 개발하는 데 시사점을 제공하고자 한다.

셋째, 교육적(pedagogical) 차원에서 국제스포츠행정을 가르치고 전문 인재를 양성하고자 하는 수요가 존재함에도 마땅한 교재가 미비한 실정이다. 체육학과나 행정학과 전공 학생들이 무엇을 가지고 공부할 것인지에 대한 노하우(know-how)는커녕 노웨어(know-where)조차도 없다. 하루 속히 국제스포츠행정에 대한 입문서 및 전문서적이 출판되어야만 향후 우리나라가 국제스포츠계를 선도하는 리더를 배출할 수 있을 것이다. 본 연구는 기존의 파편화·분산화 되어 있는 국제스포츠행정 관련 지식을 체계적으로 종합·집대성함으로써 한국 체육학계와 행정학계에서 유용하게 참조할 수 있는 전문교재로서 활용될 수 있을 것이다.

특별히 이 책은 이론적, 실무적, 교육적 차원에서 활용도가 높을 것으로 기대된다. 우선, 국내 최초로 국제스포츠행정에 대한 전문서가 발간됨으로써 그간 체육학계와 행정학계에서 미답지의 영역으로 남아있던 국제스포츠행정에 대한 후속연구의 시발점이 될 수 있을 것이다. 이를 통해 국제스포츠행정에 대한 학문적 논의가 활성화되면 동시에 국내 체육계와 스포츠외교계에 종사하는 실무자들이 유용하게 참고할 자료가 될 수 있을 것이다. 또한 학문 후속세대는 물론 미래의 체육인재들과 국제스포츠무대에서 활동하기를 원하는 학생들을 교육하는 데에도 활용될 수 있을 것이다. 나아가 스포츠행정학 학문후속세대 양성 및 관련 전공학과 졸업생의 실무경쟁력 배양을 위하여 본 연구서를 활용하여 학생들의 수요에 맞는 교육을 제공할 수 있을 것이다.

국제스포츠행정에 대한 이론적·실증적 연구를 시도한 이 저서는 다음과 같이 구성된다. 우선, 1부의 제2장에서는 국제스포츠행정 관련 이론들을 국가 단위의 거시적(macro) 이론과 조직 단위의 미시적(micro) 이론으로 대별하여 설명한다. 구체적으로, 거시적 이론으로는 '구조' 차원의 이해를 위한 글로벌 거버넌스 이론과 소프트파워 이론을 소개하며, 미시적 이론으로는 '관계' 차원의 분석을 위한 자원의존 이론과 '행위자' 차원의 분석을 위한 이해관계자 이론을 설명한다. 다음으로 본서의 제2부는 글로벌 올림픽 거버넌스의 구조와 과정에 대한 실증연구로 구성된다. 구체적으로, 제3장은 국제올림픽시스템의 공진화를 글로벌 올림픽 거버넌스의 구조(structure) 측면에서 살펴본다. 이어서 글로벌 올림픽 거버넌스의 과정(process)에 초점을 두어 글로벌(global) 수준에서는 글로벌 스포츠이벤트 개최권 배분의 동학을 제4장에서 설명하고, 국내적

(national) 수준의 스포츠이벤트 유치 전략과 한국 스포츠 규제를 제5장에서 살펴본 다음, 제6장에서는 로컬(local) 수준에서 강원도 지역 스포츠이벤트 개최의 성과를 분석한다.

1 조직, 정책, 제도라는 개념의 3자 간 관계를 직관적인 비유로서 스포츠 경기를 예로 들어 설명하면 다음과 같다. 즉, 스포츠 경기(축구, 야구 등)에 참여하는 선수(player)가 '조직'이라면, 이들이 따라야 하는 관련 경기 규칙(rule)은 '제도'라고 할 수 있으며, 실제 경기 중에 승리를 위해 펼치는 다양한 전술(tactics)을 '정책'으로 구분지어 이해해 볼 수 있다.

2 이러한 세 가지 개념요소별로 행정의 개념을 각각 정의한 정용덕(2001: 12)에 의하면, 조직관리로서의 행정(조직의 목적 달성을 위한 협동적 노력), 공공성의 구현방식으로서의 행정(공공의 문제를 해결하기 위한 집합적 노력), 국가의 일부로서의 행정(국가를 구성하는 제도적 장치의 일부로서 국가 기능의 일부를 수행하는 것)과 같이 조직, 정책, 제도 측면에서 행정을 규정할 수 있다. 따라서 행정을 연구하는 분과학문인 '행정학'은 주요 세부 연구분야로서 '조직론', '정책론', '제도론'을 포함하고 있다.

3 거버넌스(Governance)란 공공 및 사적 개인과 제도들이 공공 목적을 달성하기 위해 공통적인 업무를 관리하고 자원을 통제하고 권력을 행사하는 무수한 방법의 집합으로서, 갈등적인 이해나 다양한 이해관계들이 수용되면서 상호협력적인 행동이 취해지는 메커니즘을 의미한다. '정부'가 "공식적 권위에 의해 뒷받침되는 활동"임에 비해, '거버넌스'란 "공유된 목표에 의해 뒷받침되는 활동"으로서 정부조직뿐만 아니라 비공식 및 비정부적인 기구들도 포괄하는 용어이다(Peters, 1997).

4 글로벌 스포츠 거버넌스의 중핵(centerpiece)인 IOC가 올림픽을 포함한 글로벌 스포츠 전반에 관련된 역할과 기능을 담당하는 것에 초점을 맞추면 글로벌 올림픽 거버넌스라는 용어와 병용할 수 있다.

5 예컨대 국내 전문·엘리트체육을 대표하는 대한체육회와 생활체육을 대표하는 국민생활체육회의 통합과정 당시, 국내 법률에 따라 대한체육회와 국민생활체육회가 하나로 합쳐지는 통합체육회의 공식출범 일정에 무리하게 맞추기 위해 문체부는 통합체육회 정관을 영문으로 번역하고 이를 IOC에 보냈으나, 발송한 지 하루 뒤 IOC는 "정관의 영어 번역본을 다시 신중히 체크해서 가능한 한 빨리 공식 최종본을 보내주기 바란다"라는 회신과 함께 정관 승인을 거부하였다(https://news.sbs.co.kr/news/endPage.do?news_id=N1003429953). 즉, 국제스포츠행정에서 통용되는 '언어'조차 제대로 쓰지 못하고 우리나라 정부와 스포츠계가 오류를 범한 것이다(https://news.sbs.co.kr/news/endPage.do?news_id=N1003443803). 관련 기사(https://news.sbs.co.kr/news/endPage.do?news_id=N1003435786)에 따르면 IOC는 통합체육회 출범의 연기를 요구했는데, 이에 대해 혹자는 IOC가 도대체 무슨 근거로 한 나라의 법률에

근거한 행위를 막고 있는가, 나아가 내정간섭이 아닌가 하는 의문이 들 수도 있다. 하지만 IOC는 적어도 국제스포츠행정 분야에 관해서는 실질적으로 한 국가에 미치는 영향력이 그만큼 크다. 결국 국내 체육계, 그리고 정부기관 역시 국제스포츠행정의 작동원리에 대한 무지의 소산으로 우리나라의 국가경쟁력이나 국격에 한참 못 미치는 행태를 보였던 것이다.

국제스포츠행정 이론

글로벌 거버넌스[1]

글로벌 거버넌스라는 개념은 기존의 주권국가의 정부 중심 권위(authority)의 누수, 이른바 권력분산(power diffusion)이 발생하면서 등장하게 되었다[2]. 초국가적 행위자들이 국제관계에서 주요한 행위주체로 부각되고 있는 탈냉전 이후 글로벌 세계정치 환경에서는 기존 국가적 차원에서 다루어지던 많은 정책이슈들이 지역적이고 지방적이며 (local and regional) 동시에 초국가적인 차원으로까지 확장되고 있다. 나아가 과학기술의 발달과 자본의 자유로운 이동이 수반하는 경제적 이슈나 개발, 환경, 인권, 여성 등의 새로운 사회적 이슈 역시 중요한 해결과제로 부각되고 있다. 이를 위해서는 다중심적·다층적인(multi-centric & multi-level) 의사결정이 불가피한데 이는 한 국가의 지리적 한계를 넘어 타국과의 협력, 나아가 비국가행위자들의 참여 없이는 작동하기 어렵다(Rittberger, 2001:30). 특히 상호의존적 복잡성을 띠는 글로벌 차원의 이슈[3]에 있어서는 다양한 비정부조직들이 때로는 정부에 갈음하는 권한과 발언권을 가지고 구체적인 문제에 대한 영향력을 행사하고 있다. 뿐만 아니라 참여주체들 간의 자율적인 협력과 협상에 의해 문제해결이 이루어지기도 한다.

글로벌 거버넌스는 이처럼 국경을 초월한 이슈들을 단일주권에 기반한 권위가 아닌, 타 정부와 혹은 정부 이외의 제도 및 조직들 간 상호작용하는 가운데 일련의 규범, 규칙 혹은 의사결정 절차에 의해 해결하는 기제를 의미한다. 따라서 글로벌 거버넌스의 학문적 이해를 위해서는 다양한 초국가적 행위자들의 영향력이 개별 국가의 정책결정과 집행과정 속에 어떻게 발휘되고 있는지, 그리고 다양한 행위주체들의 개별적 이익과 보편적 가치 사이에 내재된 갈등의 상호조정 네트워크를 어떻게 형성할 수 있는지를 고찰할 필요가 있다.

널리 알려진 글로벌 거버넌스의 개념 정의로서 유엔 글로벌 거버넌스 위원회(UN Commission on Global Governance, 1995: 4)는 "거버넌스란 공공 및 사적 개인들과 제도들이 공공 목적을 달성하기 위해 자신들의 공통적인 문제를 관리하고, 자원을 통제하며 권력을 행사하는 이해조정적이고 협력적인 다양한 방법들의 총합"으로 규정하고 있다. 그리고 이에는 공식적 제도뿐만 아니라 국제사회 전반에 걸쳐 폭넓게 수용되고 있는 비공식적인 관행들도 포함되며, 이를 통하여 갈등적인 이해나 다양한 이해관계들이 수용되면서 상호협력적인 행동이 취해질 수도 있다.

❙ 표 2-1 글로벌 거버넌스의 개념

문 헌	개념 정의
Young(1994)	독립적 행위자로 구성된 국제사회에서, 갈등을 해결하고 상호협조를 목적으로 하는 게임의 규칙을 정할 수 있는 사회적 제도를 수립 · 운영하는 것
UN Commission on Global Governance (1995)	개인과 제도, 공공부문과 민간부문에 걸쳐 공동 관심사를 다루는 다양한 방법의 총화로서, 상호대립하는 다양한 이해관계를 해결하기 위한 협조적이고 지속적인 과정
Rosenau(1995)	국가 횡적 형태에서 국가 아래 수준의 행위자, 국가중심적에서 다양한 행위자들의 역할, 거시적에서 미시적, 비공식적 혹은 제도화, 협력적인 것 또는 갈등적 관계 등의 광범위한 연속성을 특징으로 다양한 방향으로의 권위의 소재가 재조정되는 경향
Gordenker and Weiss(1996)	중앙집권적 권위의 부재 상황에서 개별 국가가 독자적으로 해결할 수 없는 글로벌 이슈를 해결하기 위하여, 정부들과 다른 행위자들 사이의 공동 목표와 실천을 추구하는 공조적 활동 및 제도
Knight(1999)	사회정치적 이슈, 군사안보문제 등 개별 국가의 영역을 초월한 무수한 초국가적 딜레마의 해결을 위한 지구적, 지역적, 지방적 차원의 합의들을 조정하려는 노력
Weiss and Thakur(2006)	개별 국가들의 해결능력을 넘어서는 세계 차원의 문제들을 인지, 이해, 해결하려는 집합적 노력으로서, 국가, 시장, 시민, 정부 간 및 비정부 간 조직들 간의 공식적 · 비공식적 제도, 메커니즘, 관계 및 과정의 총체
서창록 · 이연호 · 곽진영(2002)	정부 간이나 국가 간 협조 외에 비정부기구, 다국적 기업, 세계 자본시장, 세계 언론매체 등 다양한 세력들이 자발적 상호협조 체제를 구성하여 당면 문제를 해결하고자 하는 의사결정과정
유현석(2006)	지구적 문제들을 관리하는 과정, 방법, 그 구조와 행위자 사이의 상호작용 패턴(메커니즘)

<표 2-1>에서 보듯이 기존 연구자들은 글로벌 거버넌스를 이론적, 규범적, 실천적 전통과 전제의 차이에 따라 다양한 의미와 구체적인 구성 원리 및 특징들을 지니는 개념으로 파악하고 있음을 알 수 있다(조화순, 2007:12). 기존 문헌들에서 공통적으로 나타나는 개념적 요소를 종합하여, 본 연구에서는 글로벌 거버넌스를 다음과 같이 정

의하기로 한다: "세계정치의 다층적 수준의 행위자들 간 희소한 자원배분에 관한 문제 해결 과정으로서, 이해조정적이고 협력적인 다양한 방법들을 통하여 상호협력 관계를 생성·유지·변화시키는, 유·무형 혹은 공식적·비공식적 의사결정 메커니즘의 총합"

2.2 소프트파워[4]

　앞 절의 개념정의와 같이 글로벌 거버넌스를 "세계정치 차원에서의 자원배분 메커니즘"으로 이해할 때, 이와 같은 의사결정이 이루어지는 권력의 속성이 자원배분 과정 및 결과에 미치는 인과경로에 관한 유력한 이론적 가설로서 Joseph Nye가 제시한 소프트파워 개념을 살펴볼 필요가 있다.

　소프트파워(soft power) 또는 연성권력(軟性權力)이라는 개념은 하버드(Harvard)대학의 국제정치학자 Joseph Nye가 1990년 당시 변화하는 세계에서 미국의 패권을 유지하기 위한 방법으로 고안한 개념으로서, 한 국가가 강제력(coercion)이나 유인(incentive)보다는 설득이나 매력 혹은 호감도와 같은 수단을 통해 다른 나라의 행동에 영향을 미치기 위해 발휘하는 능력을 말한다(Nye, 1990). 즉, 소프트파워란 "타자로 하여금 자신이 원하는 것을 그들도 원하도록 하는 능력(Nye, 2002:9)" 혹은 "타자의 선호에 영향을 미침으로써 그들의 행태 변화를 가져올 수 있는 능력(Nye, 2004:5)"이라 할 수 있다. 이를 국제관계에 적용하면 "국가가 원하는 목적을 달성하기 위해서 강제력이나 유인보다는 매력 혹은 호감도를 이용하는 것(Nye, 2004:10)"으로 볼 수 있다[5].

　하드파워(hard power)가 무력(武力)이나 재력(財力) 등과 같이 물리적으로 국가 간의 관계에 영향을 주는 강제적 혹은 유인적 권력 요소를 의미하는 반면, 소프트파워는 도덕적·문화적 가치 측면의 우월성에 기반하여 설득 혹은 매력 등의 방식으로 다른 나라의 행동에 영향을 미치는 권력 원천을 의미한다. Nye(2004)는 탈냉전기 국제정치의 새로운 게임의 규칙하에서 국가의 군사적·경제적 권력인 하드파워와 대비되는 무형적 요소(문화, 이념, 가치체계, 제도, 신뢰, 공공외교 등)를 국제관계에서 성공을 위한 수단으로 보고 있다[6].

　예를 들면, 모든 사람이 공감하고 따르는 인류보편적 가치(universal value), 즉 자유, 정의, 평등, 박애, 민주주의, 평화, 인권, 투명성 등의 정치적 가치는 타국 국민의 선호에 강력하게 영향을 미친다. 또한, 한 나라의 정통성(legitimacy)이나 대외적 활동에 있어서의 도덕적 권위를 담지한 외교정책 역시 그 나라에 대한 타국 국민들의 인식과 이미지를 형성하기 때문에 국제관계에서 매우 중요한 요소가 될 수 있다.

　Nye(2004)가 문화적 요인, 정치적 가치 및 도덕적 권위와 정당성을 갖는 대외 정책

등의 요소들을 소프트파워의 주요 원천 혹은 자원(resource)으로 제시한 이래[7], 대다수의 소프트파워 관련 논의는 주로 글로벌 거버넌스의 개별 행위자 수준의 분석에 치중되어 온 경향이 있다. 이에 본 연구에서는 소프트파워의 개념적 분석 수준을 개별 행위자 수준과 그보다 상위의 차원인 글로벌 거버넌스의 구조적 차원으로 구분한다.

　소프트파워라는 개념은 일반적으로 글로벌 거버넌스의 주요 행위자인 한 국가의 권력 자원의 일종으로서, 어떤 국가가 갖는 특성 혹은 자원의 집합으로 볼 수 있다. 이러한 권력 자원은 다양한 방식의 조합에 의해 행위자의 전략 수립과 집행의 원천이 될 수 있다(Nye, 2004). 이러한 전략은 미국, 중국 등 초강대국 중심의 세계정치질서를 넘어 새로운 질서의 가능성을 보여준다는 점에서 중견국가들(middle powers)[8]이 이를 기회로 활용가능한 전략을 수립하는 데 시사하는 바가 크다고 할 수 있다.

　따라서 Nye(2008)가 착안한 권력의 두 번째 얼굴[9]의 의미로서 소프트파워 개념에 기반하여 글로벌 거버넌스에서 작용하는 구조적 차원의 영향력에도 주목할 필요가 있다. 하드파워와는 달리 소프트파워 자원들은 상대방의 수용여부에 그 영향력의 정도가 좌우될 수 있기 때문이다. 즉 일국의 소프트파워는 단순히 국내 정책이나 국가 간 관계에서뿐만 아니라, 국제조약, 협정 및 초국가적 기구에의 참여[10]를 통해서도 발휘될 수 있다(Li, 2009:225). 글로벌 거버넌스에서는 주권국가 중심의 권위의 소재가 비국가 행위자를 포함하는 다양한 이해관계자에게까지 분산됨에 따라, 이러한 영향력이 행위자 차원을 넘어 구조적인 차원에서 발휘될 수 있다. 예컨대 투명성 혹은 반부패 규범, 환경규범으로서 '지속가능발전(sustainable development)' 원칙 등은 세계정치 과정 속에서, 타국 및 관련 국제기구들의 의사가 반영된 공통 기준에 의해 주권국가 외부로부터 부여될 수 있으며, 이러한 합의된 혹은 강요된 성문·불문법적 규범들의 준수 여부는 글로벌 거버넌스 구성원들에게 규범적 압력 혹은 제도적 유인 등의 역할을 하게 된다[11]. 이처럼 소프트파워 개념은 행위자가 보유한 자원으로서의 권력적 속성과 함께, 구조적 차원의 영향력을 발휘할 수 있는 원천이라는 중층적 성격을 가짐을 알 수 있다.

　이상과 같은 소프트파워의 중요성에도 불구하고 그동안 우리나라는 경제적 위상에 비해 소프트파워가 그다지 높지 않은 것으로 나타나고 있으며[12], 관련 학술연구나 국가전략들은 다음과 같은 문제점과 한계를 갖고 있다.

　첫째, 소프트파워 개념에 대한 정확한 이해와 관련 실증연구가 부족하다. 세계정치에서 소프트파워가 구체적으로 어떤 영향을 미치고 있는지, 소프트파워를 증진할 수 있는 방안은 무엇인지, 그리고 소프트파워의 자원들 간의 관계는 어떠한지 등에 관한 경험적 연구가 드문 실정이다. 소프트파워 개념이 보다 엄밀한 이론적 지위를 부여받고, 국가전략 수립 및 정책결정에 있어서도 실제적인 근거로 활용되기 위해서는, 개념의 정교화 및 적용 확대와 더불어 현실 국제관계에서 실제로 작용하는 소프트파워의 영향력에 대한 실증연구가 축적되어야 한다.

둘째, 소프트파워 증진을 위한 체계적 전략 수립 및 집행이 이루어지지 못하고 있다. 최근 k-pop, 온라인게임 등 한류 현상에 힘입어 일부 문화 부문에서 우리나라의 소프트파워가 주목받고 있으나, 체계적인 전략 없이 '각개약진'식으로 추진되다 보니 일부 비효율성이 노출되었으며, 소프트파워의 주요 자원으로서 문화 부문 외에 정치적 가치, 대외정책 분야를 포괄하는 전략이 부재한 상황이다. 소프트파워의 효과는 그것이 작용하는 구체적인 문맥과 대상(context and recipients)에 따라 달라질 수 있다는 Nye(2004)의 견해에 따르면, 소프트파워의 각 부문별 자원을 육성할 수 있는 전략을 수립하는 것이 중요한 과제라 할 수 있다. 따라서 글로벌 거버넌스에서 소프트파워의 영향력이 지속적으로 유지되기 위해서는 우리나라 내·외부의 소프트파워 역량을 실질적으로 증진시킬 수 있는 방향으로 국가 예산을 투자하기 위한 구체적인 분야별 체계적인 사업계획이 수립·집행될 필요가 있다.

2.3 자원의존 이론[13]

자원의존 이론은 조직이 환경[14]에 개방(open systems)되어 있다는 전제하에 조직행동을 조직이 속한 환경의 산물로 보면서, 환경에의 적응성을 중시하는 조직이론의 학파이다. 고전적 조직이론은 조직을 폐쇄적 시스템으로 파악하고 조직의 성공이 내부적인 운영의 효율성에 달려 있다고 보았다. 이에 반하여 자원의존 이론은 기본적으로 조직은 스스로 완전할(self-sufficient) 수 없음을 가정하며(Scott, 1981: 188), 끊임없이 변화하는 환경과의 상호작용에 직면하여 외부의 조직들로부터 자원[15]을 지속적으로 공급받아야 한다는 입장이다(Aldrich & Pfeffer, 1976: 83). 다시 말해, 조직의 생존과 성장을 위해서는 환경으로부터 지속적으로 필요한 핵심자원을 획득해야 하며, 이러한 자원이 부족한 조직은 적합한 핵심자원을 획득하기 위해서 그 자원을 확보한 다른 개체나 조직들과 의존관계를 형성한다.

조직과 외부환경과의 상호작용은 자원의존성의 수준을 결정하며[16], 실제로 자원의 공급은 환경과의 역동적인 상호작용에 의존하기 때문에 외부 환경이 조직의 운영과 행태에 영향을 미칠 수 있다(Pfeffer & Salancik, 1978). 조직은 핵심자원을 통제하는 환경에서 다른 조직이나 집단의 요구에 반응해야 하며, 환경에 적합한 의존 양태는 조직역량을 증대하는 데 도움을 줄 수 있으나, 환경에 대한 지나친 의존은 조직 운영에 부작용을 가져올 수 있기 때문에 양자 간 적절한 수준에서의 대응이 요청된다. 이와 같은 자원의존 이론은 다음과 같은 두 가지 가정에 기반한다(Pfeffer & Salancik, 1978; Pfeffer, 1982: 193; 조영빈, 1991: 104-105에서 재인용).

첫째, 생존을 위해 자원과 정당성이 필요한 조직은 제도적 환경 내에서 정부나 다른 조직(자원의 원천 역할을 하는 조직)의 규범과 요구사항을 따라야 한다(Pfeffer & Salancik, 1978). 조직은 중요한 자원을 통제하는 외부환경(조직)의 요구에 반응해야 하며, 이로 인하여 조직 간 의존관계에는 권력(power)이 영향을 미친다. 즉, 자원의존관계는 자원을 의존하는 조직과 자원을 보유한 조직 간 자원 확보를 둘러싼 일종의 정치적 과정으로 볼 수 있다(Emerson, 1962; Rainey, 2003). 따라서 조직이 원하는 성과를 달성하기 위해서는 환경에 산재해 있는 다양한 자원을 보다 안정적으로 확보할 수 있는 통제력이 필요하며, 이러한 자원통제력이 높을수록 주위 환경 변화에 덜 의존적인 동시에 권력의 우위에 놓이게 된다(Pfeffer & Salancik, 1978).

둘째, 자원의존 이론에서 조직환경이란 단지 다루기 어려운 외부 제약(constraints)을 넘어, 최고관리자의 목표에 부합하도록 정치적 협상에 의해서 변화시킬 수 있는 것으로 파악된다(Astley & Van de Ven, 1983; Pfeffer, 1982: 198; 조영빈, 1991: 87에서 재인용). 조직이란 환경에 대한 의존성을 스스로 관리하고 자발적인 전략을 추구할 수 있는 존재로서, 환경의 압력을 받아들이는 것이 조직에 유리하다고 판단될 경우에 순응 전략을 취할 수 있다(최세경·현선해, 2011: 1035). 동시에 환경에 제약받는 조직의 관리자는 조직에 필요한 자원획득을 위하여 외부환경(조직)에 과도하게 의존하여 너무 많은 자율성을 양도하지 않도록 하는 전략적 선택이 요구된다. 즉, 자원의존 이론은 조직이 능동적으로 의존성을 관리하는 전략 및 과정에 주목한다(Boyd, 1990; Campling & Michelson, 1998; Hillman et al., 2000).

요컨대 자원의존 이론은 조직의 성공에 영향을 주는 요인으로서 결정론적(deterministic) 관점에서 조직환경에 의한 제약조건을 인정하는 것에서 나아가, 이러한 외부제약(자원의존상황)을 관리하고 조직의 자율성을 확보하기 위한 조직(관리자)의 전략적 선택 혹은 적극적인 환경 창조(enacted environment)라는 임의론적(voluntaristic) 측면 역시 중요시한다(Pfeffer & Salancik, 1978)[17].

이와 같은 자원의존 이론의 관점으로 볼 때, 주어진 환경 조건하에서 조직의 존립·유지 및 성과 향상에 중요한 요인으로서 다음의 두 가지를 고려할 필요가 있다. 첫째, 조직의 환경대응을 위한 자체역량 측면에서 자원의 획득 및 관리의 전문성(expertise) 측면이다. 조직은 외부 행위자로부터 자원을 획득하거나 그들을 내부로 흡수하여(co-optation) 그들의 능력을 내부 자원으로 대체하고자 한다(Selznick, 1949). 이와 같이 조직이 주도적으로 외부자원을 내부화(co-optation) 한다면, 조직의 외부적 의존성은 낮아질 것이고 내부역량이 증대될 것이다. 따라서 한 조직이 보유하는 자원의 중요성, 통제가능성 및 대체가능성의 측면에서 우위를 점하기 위해서는, 조직의 자원 확보와 유지에 있어 다른 조직과 차별화된 전문성이 필수적이다.

둘째, 환경(외부조직)에 대한 조직의 자율성(autonomy) 확보를 들 수 있다. 불확실한 외부환경에 자원을 의존하는 상황 속에서 조직은 자원동원 능력을 극대화하기 위하여 능동적인 대응전략을 마련함으로써 조직의 자율성을 확보할 수 있다. 여기서 환경은 객관적 실체라기보다는 경영자의 지각이나 해석에 의해 규정됨으로써 외부조직에게 알려진다(김인수, 1991: 628). 따라서 조직관리자들은 조직생존을 위하여 가능하면 환경의 제약으로부터 더 많은 재량과 자율성을 획득하여 외부적 의존관계를 관리하는 전략을 취한다. 따라서 조직관리자의 존재와 역할은 환경의 불확실성을 전략적으로 관리하여 조직의 환경적응 능력을 제고함으로써 조직효과성을 제고할 수 있는 핵심적인 메커니즘이라 할 수 있다(김인수, 1991: 630).

2.4 이해관계자 이론

이해관계자(Stakeholder)란 조직 의사결정에 중대한 영향을 줄 수 있거나, 조직 의사결정에 따라 중대한 영향을 받을 가능성이 있는 단체 또는 개인을 의미한다(Freeman, 1984). 이해관계자는 조직의 목표를 달성하기 위해 상호 간의 공통된 의사결정의 과제 또는 이슈에 관심을 갖는 주체로서, 어떤 문제를 해결하기 위해 취하는 행동에 직접적으로 영향을 받는 개인, 집단, 조직을 모두 포함한다(Gray, 1989). Eden & Ackermann (1998)의 경우 조직의 전략적 미래에 대해 대응 또는 협상하거나 변화시킬 수 있는 능력(Power)을 가진 사람이나 소규모 집단으로 정의하기 때문에, 능력(Power)을 갖고 있지 않으면 이해관계자에 포함되지 않는 것으로 본다.

일반적으로 체계적인 이해관계자 분석(Stakeholder analysis)은 R. E. Freeman의 1984년 저서인 「전략적 경영: 이해관계자 접근법」에서 시작되었다고 알려진다[18]. 이해관계자 이론(Stakeholder theory)은 기업과 기업의 이해관계자를 위한 결정 과정과 결과에 의한 관계의 특징에 관심을 갖는다. 모든 이해관계자의 이익은 본질적 가치를 가지고 있으며, 다른 이해관계자에 비해 우위를 차지하는 그룹은 없다고 전제한다(Clarkson, 1994: Donaldson & Preston, 1995). 이에 조직의 구성과 정책수립 및 의사결정 과정에서 모든 고유한 이해관계자들의 정당한 이익에 대해 동시적인 관심을 요구한다는 특징이 있다. 이해관계자 이론의 핵심은 조직 경영환경에서 영향을 주고받는 다양한 이해관계자 간 조율과 상충의 해결에 있다. 이해관계자들의 이익 사이에 균형을 잡는 것은 전통적 기업관인 '주주 가치 극대화'와는 달리, 수학·공학적인 명확한 경영 방침을 제공해주지는 않는다. 대신 이해관계자 이론은 경영자에게 올바른 의사결정을 위한 판단과 윤리를 요구한다. 이해관계자 이론에 의하면, 기업이란 부도덕적 존재가 아니라 선한 의지와 도덕성, 사회적 책임에 따라 조직 운영의 성공을 결정짓는 이해관계자들 간의 이익을 조정하고, 그들을 위한 가치를 창출할 수 있는 조직이다.

일반적으로 이해관계자는 투자자, 주주, 고객, 잠재 고객, 공급자, 임직원, 정부 및 규제자, 미디어, (산업)협회, 지역사회, 경쟁사, 국제기구 및 비정부기구 등이 포함될 수 있다. 하지만 모든 기업에 공통적으로 적용되는 일반적인 이해관계자 리스트는 존재하지 않으며, 개별 기업의 이해관계자는 산업 및 지역 특성, 시간의 흐름 및 관련된 이슈의 종류 등에 따라 변할 수 있다. 나아가 이해관계자 분석에 따라 이해관계자로 식별되었을지라도 그 영향력이나 중요성은 다를 수 있으므로, 이해관계자 유형별 특성 차이를 구별할 필요가 있다. 이해관계자의 유형 구분에 관한 기존 연구들은 각 유형을 어떻게 하면 효과적으로 관리할 수 있을지를 시사해준다.

예를 들면, 이해관계자로 식별되었을지라도 조직에 미치는 영향력이나 중요성의 차이에 따라, 1차적인 주요 이해관계자(primary stakeholders)를 법률적·도덕적 권리청구자(claimant)로, 2차적인 부차적 이해관계자(secondary stakeholders)를 직·간접적인 영향을 미치는 사람들(influencer)로 구분할 수 있다(Mitchell 등, 1997). 이 경우 1차적인 이해관계자인 주주, 공급업자, 종업원 외에도 NGO(Non Government Organization), 일반고객 등 2차적인 이해관계자들이 최근 점점 중시되는 경향을 파악할 수 있다.

널리 사용되는 이해관계자 유형론(typology)으로는 The Mendelow matrix[19]와 같은 영향력－관심도 격자(Power versus interest grid)를 들 수 있다(Mendelow, 1991). 이것은 기본적인 이해관계자 분석에서 도출된 이해관계자들을, 조직이나 당면한 문제에 대한 그들의 관심도 및 조직이나 당면 문제의 미래에 대한 이해관계자들의 영향력이라는 2가지 축으로 배치한 격자이다. 즉, <그림 2－1>의 4가지 유형으로 이해관계자를 구분함으로써 각 유형별 이해관계자들이 수행하는 역할에 대한 분석과 합리적 대응방안을 모색하는데 도움을 줄 수 있다.

▼ 그림 2-1 The Mendelow matrix

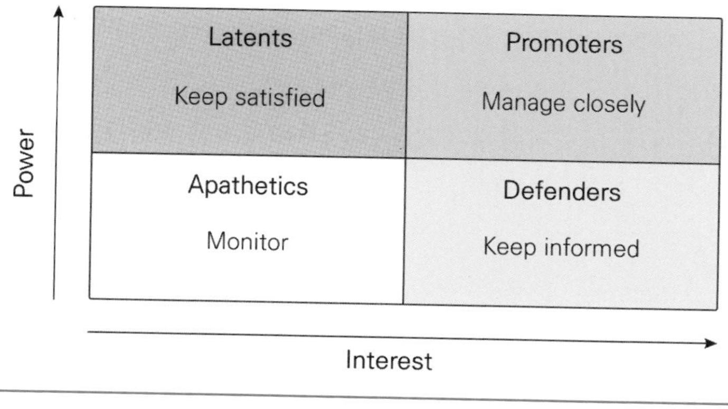

출처: Mendelow(1991)

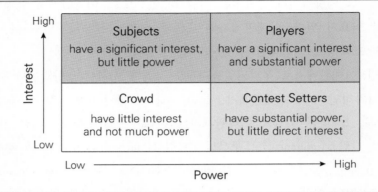

출처: Eden & Ackermann(1998: 122).

Eden & Ackermann(1998) 역시 <그림 2-2>와 같이 영향력(power)-관심도(interest) 격자[20]를 제시하고 있는데, 각 사분면에 대한 용어의 정의와 특징을 살펴보면 다음과 같다(Bryson, 2004). 첫째, Player란 주도적 참가자 조직의 목적 달성에 이해관계 및 중요한 영향력을 모두 구비한 이해관계자로서, 협력적 관계를 발전시켜나가야 하며 특히 조직 또는 당면한 문제의 초기 단계에서 매우 중요한 이해관계자이다. 이들은 긍정적이거나 부정적일 수 있기에 조직 경영층이 지속적인 주의와 관심을 기울여야 하는 이해관계자 집단이다.

둘째, Subject란 예민한 수용자 또는 실험대상자 조직의 목적 달성에 깊은 관심을 갖지만 영향력이 부족한 이해관계자로서, 이들의 필요가 파악되지 않거나 충족되지 않으면 조직의 목적이나 당면 문제의 해결이 성공했다고 볼 수 없다. 이들은 정책의 대상이 되는 집단이거나 정책집행에 가장 민감하게 영향을 받는 집단으로, 개별적으로 파악이 어려울 경우 소득/지역/연령/관심도 등에 따라 세분화될 수 있는 이해관계자 집단이다.

셋째, Context Setter는 잠재적 참가자 조직의 목적 달성에 중요한 영향력을 미칠 수 있으나 직접적인 관심이 부족한 이해관계자로서, 이들의 관심이 문제해결에 있어 우선순위는 아니지만 정책(또는 전략)의 실행과정에서 이들의 기본적인 요구가 충족되지 않을 경우 중대한 위험이 될 수 있는 이해관계자 집단이다. 향후 의사결정 과정에서 조직 경영층이 주의 깊게 동향을 파악하고 관계를 개발해야 하는 집단으로 긍정적인 하위 집단에 대해서는 주도적 참가자(Player)로 전환시켜야 한다.

넷째, Crowd란 불특정 다수 또는 군중 영향력과 관심도 측면에서 모든 것이 부족하여 실질적인 이해관계자로 분류하기 힘든 집단으로, 향후 영향력과 관심도가 제고될 수는 있지만 조직 경영층 입장에서 시간과 노력을 기울일 가치는 없다. 이 집단에 대한 기본적인 전략은 너무 멀지 않은 거리를 유지하면서 이해관계자 관리에 조직의 최소한의 자원만 활용하는 것이다.

이상의 모형이 영향력과 관심도라는 두 가지 기준에 의한 유형론이라면, Mitchell 등(1997)은 Stakeholder Salience Model을 제시하면서 <그림 2−3>과 같이 이해관계자의 특징을 영향력(power), 정당성(legitimacy), 긴급성(urgency)의 세 가지 차원으로 구분하였다.

여기서 영향력은 자신이 원하는 결과를 얻어낼만큼의 힘을 가진 사람의 능력(power

▼ 그림 2-3 Stakeholder Salience Model

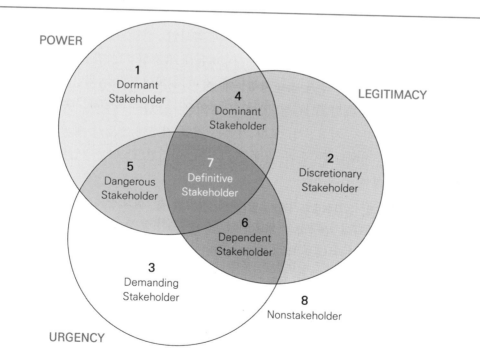

출처: Mitchell 등(1997)

to influence)으로서 의도한 목적이 달성될 수 있도록 하는 행위이다. 정당성은 조직과 개별 이해관계자 간의 관계에 대한 것으로서 사회 구성 체계 내의 규범, 가치, 신념, 정의에 기초를 두고 있으며, 조직의 행동이 바람직하거나 정당하다고 생각되는 일반적인 인식이나 가정을 말한다. 긴급성은 조직에 대한 이해관계자의 요구(claim)로서, 이해관계 또는 권리가 시간상으로 민감하거나 해당 이해관계자에게 매우 중요하여 이해관계자의 요구에 즉각적인 관심을 기울이는 정도를 말한다.

한편, Dowling(2001)은 기업의 이해관계자 집단을 특성에 따라 분류하여 규범집단, 직무집단, 확산집단, 고객집단 등 4가지 유형으로 구분하고 있다. 첫째, 규범집단은 기업의 활동에 대한 일반적인 규칙 제·개정과 규제행위를 가하는 이해관계자 집단이다. 이는 기업에서 가장 영향력 있는 집단으로서 신용등급기관을 예로 들 수 있다(Dowling, 2001). 둘째, 직무집단은 일상적으로 기업의 업무와 직접적으로 연관되어 있으며 업무에 영향을 끼친다. 직무집단은 기업 활동을 촉진하고 고객에게 봉사하며, 이해관계자 그룹 중 가장 눈에 띄는 집단이다. 셋째, 확산집단은 기업에 관심을 가지는 특정 유형의 이해관계자로서, 이들이 주목하는 이슈들은 다양하며, 가장 중요한 이해관계자는 언론과 매체이다. 네 번째 유형은 이해관계자 중 가장 중요한 고객집단이다.

이상에서 살펴본 이해관계자 이론은 기업의 다양한 이해관계자를 식별하고 각각의 유형별 특성을 고려한 관리전략을 수립·시행하는데 유용한 시사점을 제공할 수 있다. 즉, 이해관계자의 개념은 조직과 조직행동에 직·간접적인 이해관계를 가지며 그것에 영향을 미칠 수 있는 개인 또는 집단이라고 정의할 수 있고 다양한 집단 또는 개인들과의 관계에 의해 특징 지어진다. 또한 기업은 기업 결정에 영향을 받고, 영향을 주는 많은 구성 그룹인 이해관계자들과 관계를 가지며, 이러한 관계는 기업의 성공과 생존에 있어 매우 중요한 요인이다.

그러나 이해관계자 이론은 기업의 이익에 기반을 둔 상호관계성만을 너무 강조한 나머지 이해관계 집단이 추구하는 가치와 이념 및 목표가 상이함으로 인해 생긴 갈등의 원인들에 대한 고찰이 다소 부족하다는 비판을 받을 수 있다. 다시 말해, 이해관계자의 개념은 각각의 이해관계자 집단의 추구하는 가치나 이념에 의해서도 영향을 받는다는 점을 고려할 필요가 있는 것이다. 주로 경영학에서 기업조직의 관리 차원에서 발전해온 이해관계자 이론을 글로벌 스포츠 정책 분야에 적용하기 위해서는 우선 정책과정(policy process)의 특수성을 고려할 필요가 있다. 즉, 기본적으로 이윤추구 및 경제적 이해관계(interest)라는 비교적 단일한 목표를 추구하는 기업의 영리활동과는 달리, 정책과정에서는 공익(public interest), 형평성 등 다양한 가치(value)나 이념(idea)을 바탕으로 한 이해관계자들 간의 상호작용이 이루어진다. 따라서 정책과정에 참여하는 이해관계자들은 매우 다양하며 그들의 행태에 영향을 주는 요인 역시 상당히 복잡하다는 점을 인식할 필요가 있다.

또한 기업과는 달리 공공 혹은 비영리조직의 목적 달성에 영향을 주거나 영향을 받는 개인이나 단체들은 상황이나 시점에 따라서 매우 다양하게 분포될 수 있다. 나아가 이해관계자들이 속한 부문이 정부(공공) 영역인지 혹은 시장 영역, 아니면 시민사회 영역인지에 따라서도 이들의 행태는 달라질 수 있다. 따라서 과연 특정 시점, 영역, 정책이슈 등과 관련되는 이해관계자의 범위를 어디까지 정해야 하는가, 또는 누구까지 정책과정에 참여해야 하는가, 나아가 누가 가장 영향력이 큰 중요한 이해관계자들(key stakeholders)인가 등의 문제가 제기된다.

이상과 같은 이해관계자 모형을 글로벌 스포츠 정책과정에 적용해 보면, 수혜 집단과 손실 집단을 식별하여 정책의 편익과 비용의 배분 양상을 분석할 수 있는 틀을 제공할 수 있다. 즉, 정책과 관련된 주된 이해관계자가 정책으로 인하여 받는 효과를 다차원적으로 해석하여, 정책이 미치는 영향을 보다 포괄적으로 이해할 수 있게 해준다는 장점이 있다.

1 본 절은 이광훈 · 김권식, 2014, 글로벌 거버넌스에 미치는 소프트파워의 영향력 탐색: 올림 픽개최지 선정 사례 실증분석. 정부학연구. 고려대학교 정부학연구소.의 내용을 수정 · 보완하 여 작성함.

2 국제적이라는 개념이 근대 이후 수립된 국민국가가 가장 많은 권력을 가진 행위주체라는 생 각 위에서 발전된 개념인 데 반해, 글로벌이란 개념은 주권국가를 넘어서는 이슈들의 문제 해결을 위해, 국민국가 이외에도 비정부행위주체, 초국가행위주체 등 다차원적 주체들 간의 교류와 역할이 중시되며 관계의 지리적 한계가 국가를 초월한다는 사실에 주목하는 개념이 다(유현석, 2006: 333).

3 환경, 보건이나 인권, 인도적 구호, 젠더 및 아동 등의 이슈가 그 예이다.

4 본 절은 이광훈 · 김권식, 2014, 글로벌 거버넌스에 미치는 소프트파워의 영향력 탐색: 올림 픽개최지 선정 사례 실증분석. 정부학연구. 고려대학교 정부학연구소.의 내용을 수정 · 보완하 여 작성함.

5 Nye(2008)에 의하면 권력은 세 가지 방식으로 행사될 수 있다. 힘의 위협(stick), 대가지불을 통한 유인(carrot) 혹은 다른 이들의 선호를 형성함으로써 그들이 내가 원하는 것을 원하도 록 하는 것이다(sermon).

6 주목할 점은 소프트파워는 하드파워와 대체관계가 아닌 보완관계라는 것이다. 즉, 하드파워 와 적절히 조화된 소프트파워는 통치의 안정성을 높이고, 국가 정체성을 재확립하며 국민통 합의 원동력이 되기 때문에, 여러 국가들은 하드파워와 소프트파워를 결합한 스마트파워 (smart power) 전략을 수립 · 집행하고 있다.

7 Nye(2004)에 의하면 민주주의, 정의, 평등, 투명성 등의 정치적 가치는 타국 국민의 선호에 강력하게 영향을 미치며, 한 나라의 정통성(legitimacy)이나 대외적 활동에 있어서의 도덕적 권위를 담지한 외교정책 역시 그 나라에 대한 타국 국민들의 인식과 이미지를 형성하기 때 문에 국제관계에 있어서 매우 중요한 요소가 된다.

8 중견국가라는 용어의 개념에 관해서는 Cooper(1997)이나 김치욱(2009)을 참조.

9 이에 관하여 Nye는 Bachrach & Baratz(1963)가 언급한 권력의 두 번째 얼굴을 소프트파워 논의에서 적극적으로 수용하여, 세계정치에서의 성공을 위한 수단으로 규정하고 있다(2008a: 108).

10 예컨대 교토의정서와 같은 전 지구적 온난화 방지를 위한 환경규범, 규칙, 의무의 준수 등

을 생각해 볼 수 있다.

11 이와 같은 구조적 차원의 소프트파워로서, 합의된 혹은 강요된 기준은 이를 지키는 국가와 어기는 국가 간에 차별적인 규범력을 발휘한다. 즉 국제기구의 '객관적' 평가를 통하여 '투명한' 국가와 '부패한' 국가, 환경적으로 '청정한' 국가와 오염을 일으키는 '더러운' 국가로 분류되는 행위 자체가 해당 국가의 평판에 영향을 미쳐 국제사회에서 인정 혹은 비난을 받는 근거로 활용될 수 있는 것이다. 이는 국제기구의 분류, 의미 설정, 규범확산 등을 통해 권력이 행사되는 메커니즘이 규정될 수 있음을 의미한다(Barnett & Finnemore, 1999: 710-715).

12 주요 국가들의 소프트파워를 측정한 지표들에 의하면 2017년 기준으로 한국은 17위 (Monocle's Soft Power Survey 2016/17) 혹은 21위(Portland's The Soft Power 30) 등을 차지한 것으로 나타나, 경제규모(11위)에 비하면 상대적으로 그다지 높은 평가를 받지는 못하고 있는 상황이다.

13 본 절은 이광훈 외(2014), 정부싱크탱크의 정책기여도에 영향을 미치는 요인 탐색 : 자원의존 이론의 관점, 행정논총, 제52권 제2호, 91-117의 내용을 수정·보완하여 작성함.

14 일반적으로 환경(environment)이란 '조직의 외부에 있는 모든 총체적 실체'(Lawrence & Lorsch, 1967) 또는 '조직의 의사결정에 직접적으로 영향을 미치는 물리적·사회적 요인들의 총합'(Duncan, 1972) 등으로 정의되며, 보다 포괄적으로는 '조직의 활동과 성과에 영향을 미치는 모든 외부적 요인의 총합'(배정근, 2012: 269)으로 볼 수도 있다.

15 여기서 자원(resource)이란 재정적·물질적인 것뿐만 아니라 기술적 자본, 인적 자본, 정보, 평판, 전문성, 창의성, 엘리트나 경쟁자들과의 연줄, 정치적 지원, 정책결정과정에의 접근성, 정당성(legitimacy) 등과 같은 무형(intangible) 자원을 포함하는 매우 광범위한 개념으로 정의된다(Hall & Tolbert, 1994; Pike, et al., 2005; Saidel, 1991; Rourke, 1984; Skelcher, 1998; 박상희·김병섭, 2012: 46-47에서 재인용). 본 연구에서는 김준기(2000: 14)와 같이 자원을 "조직 간의 정보공유, 자원공유 그리고 공동행동"을 포괄하는 광의의 개념으로 정의한다.

16 Pfeffer & Salancik(1978)은 자원의존성에 영향을 주는 세 가지 변수에 주목한다. 첫째, 조직이 생존하고 유지하기 위해 자원을 필요로 하는 정도를 의미하는 자원의 중요성(the importance of the resource), 둘째, 자원의 소유뿐만 아니라 자원에 대한 접근과 실질적인 사용을 통제하는 공식적인 권한의 정도를 의미하는 재량과 통제의 정도(control and discretion), 셋째, 조직이 다른 원천으로부터 자원을 획득할 수 있는 정도로서 자원의 집중도 및 대체가능성(substitutability of resources)의 정도이다.

17 조직과 환경의 상호관계를 환경결정론적 관점에서 보면 조직의 적응성(adaptation)으로 개념화할 수 있으며, 조직의 능동적 대응을 보다 강조하는 시각에서는 조직의 반응성(responsiveness)으로 명명할 수 있다. 그러나 조직과 환경의 상호영향의 다면성 혹은 동시성을 고려한다면 적응성 혹은 반응성이란 용어는 실제로는 동일한 현상의 어느 한 측면을 포착하는 개념으로 파악할 수 있다. 다시 말해, 동전의 양면과도 같은 조직-환경 간 자원의존관계 속에서 조직은 환경에 단순히 반응하는 것(react)이 아니라 전략적으로 환경을 만들기도 한다(enact).

18 이해관계자 개념의 기원은 1984년 발간된 책 「전략과 경영: 이해관계자 접근 방법(Strategic

Management: A Stakeholder Approach)」으로 거슬러 올라간다. 에드워드 프리먼(Edward Freeman)은 이 책에서 수년간의 컨설팅 경험과 경영자와의 대화에 근거하여, 이해관계자의 전략적인 경영 참여에 대한 접근과 방법을 제시하고 있다. 그는 이해관계자를 '어떤 조직의 목표달성에 영향을 미치거나 목표달성으로 인해 영향을 받는 개인 또는 집단'이라고 폭넓게 정의하였다.

19 동 모형은 stakeholder power/interest analysis, stakeholder power/interest matrix, stakeholder power/interest grid, PI grid, Influence/Interest matrix 등으로 불리기도 한다.

20 영향력-이해관계 격자는 기본적인 이해관계자 분석에서 도출된 이해관계자들을 조직이나 당면한 문제에 대한 이해관계자의 이해관계와 조직이나 당면 문제의 미래에 대한 이해관계자의 영향력이라는 2가지 축으로 배치한 것이다(Eden & Ackermann, 1998). 그 결과 〈그림 2-2〉의 4가지 카테고리로 이해관계자를 구분함으로써, 이해관계자들이 수행하는 역할에 대한 통찰력을 얻을 수 있고 각 이해관계자 카테고리별로 (또한 카테고리 내의 하위범주에서) 합리적 대응방안을 모색하는 데 도움을 줄 수 있다.

글로벌 올림픽 거버넌스의
구조와 과정

국제올림픽시스템의 공진화

이론적 배경: 조직 자원의 다각화와 시스템의 공진화

　본 장에서는 글로벌 올림픽 거버넌스의 구조를 체계적으로 이해하기 위하여 국제올림픽위원회(IOC)의 전략을 중심으로 국제올림픽시스템의 역사적 형성을 진화적 관점에서 분석한다. 특별히 하나의 조직이 어떻게 생존하고 자율성을 유지하는지에 대한 근본 질문(Fundamental Question)을 탐구하기 위하여, 구체적인 사례로서 국제올림픽시스템의 진화 속에서 핵심적인 행위자로 활동해온 IOC에 초점을 맞추어 분석한다.

　국제올림픽시스템이란 "올림피즘 이념(idea)을 바탕으로 구조적 제약하에서 이익(interest) 창출을 위해 다양한 행위자 간 협력과 경쟁이라는 상호작용이 이루어지는 제도(institution)의 배열"로 정의할 수 있다. 오늘날 IOC는 올림픽경기 개최권 배분 권한을 포함하여 국제올림픽시스템 전반을 규율하는(governing) 역할을 담당한다(Chappelet, 2008). 국제조직(International Organization: IO)으로서의 IOC는 2016년 기준 206개 국가의 조직들이 회원으로 가입되어, UN(United Nations: 193개)이나 IMF(International Monetary Fund: 189개)보다 많은 회원국을 보유하고 있다[1].

　한편, IOC는 국제조직 유형으로는 국제비정부조직(International Non-Governmental Organization: INGO)으로서, UN이나 IMF 같은 정부 간 기구 혹은 국제정부조직(International Governmental Organization: IGO)보다 회원국으로부터의 자율성이 상대적으로 높다. 예를 들면, 조직의 중요 의사결정인 개최권 배분의 경우 회원국들이 결정하는 것이 아니라 100명 내외의 IOC 소속 위원들(IOC members)의 투표에 의해 이루어진다[2].

　이와 같은 IOC라는 조직의 생존과 자율성 확보를 위한 전략은 외부적 환경의 제약 조건하에서 이에 대응하는 시스템을 구축하기 위해 다양한 자원을 확보하는 방식으로 나타났다는 가설을 바탕으로 국제올림픽시스템의 진화를 설명해 볼 수 있다. 이에 대한 이론적 분석을 위해 요구되는 주요 가정과 개념을 살펴보면, 우선 앞 장에서 설명한 자원의존 이론(Resource Dependence Theory: RDT)에 따라 조직이 외부 환경에 영향을 받는다고 가정한다.

　Pfeffer & Salancik(1978)의 저서 「The External Control of Organizations」에서 제시한 RDT의 기본적인 아이디어는 다음과 같이 요약될 수 있다:

(1) 조직은 환경으로부터 자원을 획득함으로써 지속적으로 생존을 위해 투쟁(struggle) 해야 한다.

(2) 환경 또는 사회적 맥락은 타 조직들로 구성되며 이 조직들은 핵심자원(critical resources)의 배분, 접근 혹은 사용을 통제하는 공급자들(suppliers)이다.

(3) 환경적 제약 상황, 즉 자원의존하에서 조직은 스스로의 자율성을 증진시키기 위한 전략을 취한다.

기존의 RDT는 주로 국가의 경계 내에서 활동하는 여러 조직들에 적용되어왔으나, 국제적인 환경(international environment) 속에서 활동하는 국제조직(International Organizations: IOs)의 사례에 RDT를 적용한 연구는 본격적으로 이루어지지 못해왔다. 국제적인 환경의 제약 속에서는 다양한 행위자들 간에 글로벌한 상호작용이 일어나기 때문에, 이와 같은 자원의존 상황을 고려하여 국제조직이 자율성을 확보하기 위해 어떠한 전략을 활용하여 자원을 획득하는지는 중요한 주제이면서 동시에 여전히 실증적 증거가 요구되는 미해결된 질문(Unaddressed Question)이라 할 수 있다.

국제적인 환경을 구성하는 공급자들은 국제조직이 필요한 자원을 통제하므로 이 조직들에게 의존된 핵심자원을 안정적으로 확보하는 것은 국제조직의 생존과 자율성 유지에 필수적이다. 그러면 누가 어떤 종류의 자원을 통제하는가(Who controls What types of resources)? 이 질문에 답하기 위해 이해관계자(Stakeholder)라는 개념을 살펴볼 필요가 있다.

이해관계자란 특정 조직의 목표 달성에 영향을 미치고 영향을 받는 여러 집단이나 개인(any group or individual who can affect or is affected by the achievement of the organization's objective/purpose)을 의미한다(Freeman, 1984: 25, 53). Freeman(1984)의 저서 「Strategic Management: A Stakeholder Approach」에 의하면, 한 조직의 일반적인 성공은 환경 속에서 그 조직과 상호작용하는 이해관계자들의 니즈, 목표, 동기들(motivations)에 직접적으로 연계되어 있다. 따라서 이해관계자들이 조직에 필요한 자원을 통제하는 한, 그 조직은 정책시행과 의사결정 시에 이해관계자들의 이익을 반드시 고려해야 하며, 체계적인 이해관계자 관리[3]가 필요하다.

조직은 자신이 필요한 자원들을 통제하는 공급자(자원소유자)가 하나 또는 소수인 경우 더욱 이에 의존적이게 된다. 특히 이해관계자들이 통제하는 자원들은 돈과 같은 유형의 자원은 물론 권력이나 정당성(legitimacy) 같은 무형의 자원을 포함한다(Mitchell et al., 1997)[4]. 그렇다면 조직은 이러한 자원의존 상황을 어떠한 전략을 통해 타개하여 이해관계자들로부터 핵심자원을 안정적으로 확보할 수 있을 것인가?

Chandler(1962: 13)에 의하면 전략이란 조직(기업)의 장기적인 기본 목표들(goals and objectives)에 대한 결정(determination)으로서, 이러한 목표들을 실현시키기 위해 필요한 활동방침(courses of action)을 채택하고 자원들을 배분하는 것을 의미한다. Pfeffer & Salancik(1978: 114)에 따르면 다각화(Diversification)는 조직이 다른 지배적인 조직들에 의존성을 감소시키는 방법이 될 수 있다. 즉, 다각화란 조직이 새로운 교환관계에 스스로를 연관시킴으로써 단일한 이해관계자에 대한 자원의존성을 감소시키는 전략이다.

이상의 이론적 논의를 바탕으로 한 연구질문은 "국제조직이 자율성을 확보하기 위해 어떻게 다각화 전략을 활용하는가?"이다. 본 장에서는 IOC의 사례를 통해 국제적 환경에 대응하여 국제 조직의 목표 달성을 위한 자원[5] 확보 과정에서의 다각화 전략을 살펴본다. 특별히 IOC는 국제올림픽시스템의 핵심적 행위자이면서 동시에 시스템을 주도적으로 구축해나가는 역할을 해왔음에 주목한다. 즉, 단순히 시스템의 구조적 제약 내에서 구속되어 활동하는 행위자가 아닌 기존의 제도적 환경을 시스템화(systemization)를 통해 변화시켜나가는 IOC의 전략을 분석한다.

Niklas Luhmann(1988)에 의하면 시스템의 진화란 환경과의 관계에서 시스템의 분화(differentiation)가 증가하는 과정이다. 본 연구는 시스템의 **증가된 분화**를 목표의 다원화, 수단(전략)의 다각화로 구분하고, 그 결과로서 시스템 **기능의 전문화, 구조의 복잡화**가 나타나는 것으로 파악하고자 한다.

이와 같은 국제올림픽시스템의 구조(structure) 차원에서 **증가된 분화**가 일어나는 메커니즘을 설명하기 위해 본 연구는 행위자(actor) 차원에서 공진화(co-evolution) 관점으로 분석한다. 공진화란 복잡한 시스템(complex system: 복잡계)에서 상호의존적인 둘 이상의 종들(species) 간 무수한 호혜적 순환주기를 반복하면서 영향을 미치며 함께 변화하는 과정(a process in which interdependent species evolve in an endless reciprocal cycle)을 말한다(Ehrich and Raven, 1964; Bateson, 1979; Moore, 1993).

공진화의 유형은 시스템 내외부 행위자들 간 상호작용의 양상에 따라 경쟁적, 협력적, 착취적 공진화로 구분될 수 있다(손상영 외, 2007). 첫째, 착취적(exploitative) 공진화란 예컨대 포식자-먹이(predator-prey) 관계에 있는 각각의 종들 내에서, 먹이를 포획하는 우수한 능력을 갖춘 포식자와 포식자로부터 벗어날 수 있는 생존력을 보유한 피식자가 함께 살아남는 진화 과정을 지칭한다. 착취적 공진화는 그 과정에서 어느 한 개체가 더 빠른 진화를 이루었다하더라도 다른 개체의 진화에 부의 영향을 미치게 되어 결국 상대적으로 빠른 진화를 이룬 개체에도 악영향을 미칠 수 있으며, 이러한 결과는 기존 시스템에 새로운 발전과 변화를 초래하기보다는 현상유지에 머무르게 하는데 그쳐 지속가능한 발전을 저해할 수 있다(우윤석, 2011). 둘째, 경쟁적(competitive) 공진화란 희소한 자원제약 상황에서 종들 간 생존 경쟁을 통해 각각의 종이 진화하는 것을 의미하며, 예컨대 동물들이 먹이찾기 경쟁에서 이기기 위해 사냥의 경쟁력을 키우면서 각기 진화하는 것을 들 수 있다. 셋째, 협력적(cooperative) 공진화는 예를 들어 꽃식물(flowering plants)과 수분(授粉) 매개체(pollinators)인 곤충의 관계처럼, 공생관계에 있는 종들 간 이타적(mutualistic) 협력에 기반한 포지티브섬(positive sum: 정합) 양상을 보이는 동반 성장 혹은 공동 발전을 말한다.

Chappelet(2016)는 국제올림픽시스템의 발전 단계를 올림픽 운동(the Olympic Movement) → 전통적 올림픽시스템(classical Olympic System: Chappelet, 1991) → 확장된 올림픽시스템(extended Olympic System: Chappelet & Kubler−Mabbott, 2008) → 규제된 올림픽시스템(regulated Olympic System: Chappelet & Kubler−Mabbott, 2008) → 총체적 올림픽시스템(total Olympic System: Ferrand, Chappelet & Seguin, 2012: 17−33)으로 구분하였다. 본 연구에서는 올림픽 운동에서 시작된 국제올림픽시스템이 협력적 공진화를 통해 **기능의 전문화**와 **구조의 복잡화**가 이루어지면서, 시스템의 개방성(openness)과 행위자 간 관계의 다원성(plurality)이 증가한 결과로 총체적 올림픽시스템에 이르게 된 역사적 과정을 서술한다. 이상과 같은 국제올림픽시스템의 지속가능한(sustainable) 공진화 과정을 구체적으로 다음 절에서는 이념의 운동화 → 운동의 조직화 → 조직의 제도화 → 제도의 정당화 → 이익의 다원화 단계로 나누어 설명한다.

3.2 이념의 운동화(movementization): 올림피즘 운동

1894년 피에르 드 쿠베르탱(Pierre de Coubertin)과 그의 친구들이 일종의 사적인 모임(private club)으로 시작하여 점차 사회운동으로 전개되어온 올림픽 운동(the Olympic Movement)[6]은, 오늘날 IOC라는 조직에 의한 글로벌 차원의 시스템 구축을 통해 전 세계적인 영향력을 발휘하고 있다. 그러면 어떻게 소수의 이념가들의 작은 모임이 모든 국가들이 관여하는 글로벌 거버넌스의 핵심 행위자로 부각될 수 있었는가?

이에 대한 하나의 가설은 근본적인 이념 차원으로 설명해 볼 수 있다. 여타의 사회운동과는 달리 올림픽 운동은 평화(peace)를 근본가치로 하는 **통합지향적** 운동이다. 대부분 사회운동의 경우 사회적 갈등이나 분열, 구조적 모순 등의 기존 상황을 타개하기 위해 시작되며, 이를 위해 기존 현실에 대한 진단을 통해 균열(cleavage)의 지점을 파악하고 문제해결을 위한 투쟁의 대상을 선정하여 운동을 추동할 이념적 신조를 개발하게 된다. 예를 들면, 마르크시즘(Marxism)은 자본주의 체제와 자본가 계급을 타도하기 위해 노동자 계급 주도의 해방운동을 지향하고, 민족주의(nationalism)는 역사와 전통, 문화 등을 공유하는 특정 민족 구성원들이 결속됨으로써 타 민족에게 배타적인(exclusive) 운동으로 귀결되며, 페미니즘(feminism)은 남성 중심의 사회에서 여성의 관점으로 전환하게 될 때 발견되는 모순을 해결하기 위한 운동을 추진한다. 이처럼 **갈등지향적** 운동이 **우리**와 **그들** 간의 '경계짓기'에 기반하여 이루어지는 데 비해, **통합지향적** 운동인 올림픽 운동은 계급, 민족, 성별 등 사회적 균열 지점을 초월하여 모두 **인간애**(humanism)라는 숭고한 이념하에 포용하는(inclusive) **경계허물기**를 지향하는 운동이다.

올림픽시스템 초창기부터 IOC의 규정(statutes)이자 올림픽 운동을 조율하는 절차적 규칙으로 작용해온[7] 올림픽헌장(The Olympic Charter)[8]을 살펴보면, 평화 지향성의 측면에서 UN(United Nations)헌장과 밀접한 유사성을 발견할 수 있다. 예컨대, <그림 3-1>은 올림픽헌장과 UN헌장의 내용에 담긴 주요용어(Key words)의 출현 빈도를 워드클라우드(word cloud)로 시각화하여 비교하고 있다. 이를 통해 올림픽시스템과 UN시스템이 추구하는 공통적인 지향점이 세계평화임을 유추해 볼 수 있다.

▼ 그림 3-1 올림픽헌장과 UN헌장 내용의 워드클라우드(word cloud)

출처: Chappelet(2016: 743)

┃ 표 3-1 올림피즘의 근본 원칙들(Fundamental Principles of Olympism)

영문	국문
• Fundamental principle 1: Olympism is a philosophy of life, exalting and combining in a balanced whole the qualities of body, will and mind. Blending sport with culture and education, Olympism seeks to create a way of life based on the joy of effort, the educational value of good example, social responsibility and respect for universal fundamental ethical principles.	• 근본 원칙 1: 올림피즘은 신체, 의지 및 정신의 특징을 균형 잡힌 전체로 고양하고 결합하는 삶의 철학이다. 스포츠와 문화 및 교육을 결합한 올림피즘은 노력의 기쁨, 모범의 교육적 가치, 사회적 책임 및 보편적 기본 윤리 원칙에 대한 존중을 바탕으로 삶의 방식을 창조하고자 한다.
• Fundamental principle 2: The goal of Olympism is to place sport at the service of the harmonious development of man, with a view to promoting a peaceful society concerned with the preservation of human dignity.	• 근본 원칙 2: 올림피즘의 목표는 인간 존엄성의 보존과 관련된 평화로운 사회를 촉진하기 위해 인간의 조화로운 발전에 봉사하는 스포츠를 하는 것이다.

영문	국문
• Fundamental principle 3: The Olympic Movement is the concerted, organised, universal and permanent action, carried out under the supreme authority of the IOC, of all individuals and entities who are inspired by the values of Olympism. It covers the five continents. It reaches its peak with the bringing together of the world's athletes at the great sports festival, the Olympic Games. Its symbol is five interlaced rings.	• 근본 원칙 3: 올림픽 운동은 올림피즘의 가치에 영감을 받은 모든 개인과 단체가 IOC의 최고 권위 하에 수행하는, 일치되고 조직적이며 보편적이고 영구적인 행동이다. 올림픽 운동은 오륜(五輪)이 상징하는 5개 대륙을 아우르는, 세계적인 스포츠 축제인 올림픽에 세계 선수들이 한자리에 모이는 것으로 그 절정을 이룬다.
• Fundamental principle 4: The practice of sport is a human right. Every individual must have the possibility of practising sport, without discrimination of any kind and in the Olympic spirit, which requires mutual understanding with a spirit of friendship, solidarity and fair play.	• 근본원칙 4: 스포츠의 실천은 인권이다. 모든 개인은 우정, 연대 및 페어플레이 정신으로 상호 이해를 요구하는 올림픽 정신과 모든 종류의 차별 없이 스포츠를 할 수 있는 가능성을 가져야 한다.
• Fundamental principle 5: Recognising that sport occurs within the framework of society, sports organisations within the Olympic Movement shall apply political neutrality. They have the rights and obligations of autonomy, which include freely establishing and controlling the rules of sport, determining the structure and governance of their organisations, enjoying the right of elections free from any outside influence and the responsibility for ensuring that principles of good governance be applied.	• 근본원칙 5: 스포츠는 사회의 틀 안에서 존재한다는 것을 인식하고 올림픽 운동 내 스포츠단체는 정치적 중립을 지켜야 한다. 스포츠단체들은 스포츠 규칙을 자유롭게 설정 및 통제하고 조직의 구조와 거버넌스를 결정하며, 외부 영향이 없는 선거권을 향유하고 굿 거버넌스 원칙의 적용을 보장할 책임을 포함하는 자율성의 권리와 의무가 있다.
• Fundamental principle 6: The enjoyment of the rights and freedoms set forth in this Olympic Charter shall be secured without discrimination of any kind, such as race,	• 근본 원칙 6: 이 올림픽 헌장에 명시된 권리와 자유의 향유는 인종, 피부색, 성별, 성적 취향, 언어, 종교, 정치적 또는 기타 의견, 국가적 또는 사회적 출신, 재산, 출생 또는 기타 지위 등에 관하

영문	국문
colour, sex, sexual orientation, language, religion, political or other opinion, national or social origin, property, birth or other status.	여 차별 없이 보장되어야 한다.
· Fundamental principle 7: Belonging to the Olympic Movement requires compliance with the Olympic Charter and recognition by the IOC.	· 근본 원칙 7: 올림픽 운동에 소속되기 위해서는 올림픽 헌장 준수와 IOC의 승인이 필요하다.

출처: IOC(2018: 11-12)

물론 올림픽이 세계평화에 어떻게 기여할 수 있는가, 라는 근본적인 차원의 물음에 대해서 올림픽 운동이 과연 성공적이었는지는 논의해 볼 여지가 있다. 특별히 국제정치적 맥락에서 올림픽이 인류평화 실현에 갖는 의미를 고찰해 볼 필요가 있다. 평화란 전쟁이 없는 상태를 의미한다. 그러나 더 나아가 평화로운 세상이란 인류의 공동번영, 인간의 존엄성 실현, 인간의 행복이 구현되는 세계로 볼 수 있다. 올림픽은 그 자체로 평화를 상징하며, 올림픽의 본질적인 이념, 즉 올림피즘(Olympism) 사상은 근본적으로 평화를 추구하는 이념이다. 올림피즘은 프랑스의 쿠베르탱 남작이 후세 인류에 남긴 소중한 유산이다. 그는 스포츠를 통한 인류발전과 세계평화 이념의 실현을 위하여 근대 올림픽 운동을 시작하였다. 앞에서 설명한 것처럼 올림픽 운동이란 사회주의 운동, 적십자 운동, 시민사회 운동, 인권 운동 등과 같은 인간의 집합적 행동이다. 즉, 세계를 변화시키고자 하는 이념과 이에 동의하는 집단들이 함께 만들어 나가는 사회 변혁 활동인 것이다. 이와 같은 **이념의 운동화**라는 관점에서 올림픽이 평화에 갖는 의미는 다음의 두 가지로 이해할 수 있다. 목적으로서의 올림픽, 그리고 수단으로서의 올림픽이 그것이다.

첫째, 올림픽 스포츠 경기 개최와 이를 위한 노력들은 그 자체로 평화실현을 '목적'으로 한다. 올림픽 헌장에 의하면, 올림픽 이념의 목표는 인간의 존엄성 보존을 추구하는 평화로운 사회 건설을 도모하기 위하여 스포츠를 통해 조화로운 인류 발전에 기여하는 것이다. 또한 스포츠 활동은 인간의 권리로서 모든 인간은 어떠한 차별도 없이 올림픽 정신 안에서 스포츠 활동을 할 수 있어야 한다. 스포츠라는 행위는 본질적으로 친선과 연대 그리고 페어플레이 정신과 더불어 상호이해를 기반으로 하는 것이다. 올림픽 헌장에 명시된 권리와 자유는 인종, 피부색, 민족, 성별, 언어, 종교, 정치적 의견 등에 대한 어떠한 종류의 차별도 없이 향유할 수 있도록 보장된다.

둘째, 올림픽은 세계평화 실현의 '수단'으로 활용될 수 있다. 물론 주권 국가들의 국익 추구라는 현실주의적 국제정치의 관점으로 볼 때, 우리가 사는 세상은 크고 작은 전쟁과 강대국들 간의 파워 게임이 펼쳐지는 곳이라고 할 수 있다. 그러나 동구권, 서구권 그리고 제3세계 등 이념적 진영 간의 체제 경쟁이 이루어졌던 냉전 시기에도 올림픽은 국가 간 외교의 수단으로 활용되어 왔다. 특히 1988년 서울하계올림픽은 냉전 체제의 종식의 상징으로 기억되고 있다. 이후 탈냉전기에는 단순히 국가의 군사력이나 경제력, 즉 하드파워만이 아닌 소프트파워 역시 평화실현의 중요한 요인으로 여겨지고 있다. 하버드대학의 국제정치학자 Joseph Nye가 제시한 소프트파워란 개념은 도덕적·문화적 가치 측면의 우월성에 기반하여 설득 혹은 매력 등의 방식으로 영향을 미치는 권력을 의미한다. 이와 같은 소프트파워는 근본적으로 올림픽 운동이 추구하는 핵심적 가치, 즉 올림피즘의 근본 원칙들과 밀접한 관련이 있다. 다시 말해, 스포츠를 매개로 한 연대, 화해, 조화의 가치, 세계평화, 인류 발전 및 인간 존엄성 실현 등은 올림픽 운동에 관여하는 다양한 이해관계자들의 사회적 책임 활동의 근거가 된다. 예를 들면, 오늘날 올림픽 스포츠 관련 조직들이 유엔의 저개발국 원조 프로그램에 참여하는 것, 경제, 사회, 환경 분야의 지속가능발전 원칙을 준수하는 것 등을 들 수 있다.

세계평화 실현에 갖는 올림픽의 존재 의의는, 그것이 존재하지 않았다면 우리가 사는 세계는 어떠했을까라는 가상의 상황(counter-factual)을 상상해 보면 더욱 부각될 수 있다. 1896년 이래 주기적으로 개최되는 하계 및 동계올림픽에 참가하는 국가들의 상호협력, 올림픽 경기 개최지로 선정되기 위한 국가들의 올림픽 이념 준수 노력, 올림픽 스포츠선수 육성을 위한 국가 간 상호교류 등은 단지 올림픽이 존재했기에 가능한 일들이다. 이러한 올림픽의 기능은 다양한 문화와 언어권의 국가들 간 친선과 협력을 통해 국가 간 협력의 거래비용(transaction cost)을 낮추고 편익을 높이는 결과를 가져올 수 있다.

물론 지금까지 올림픽이 국가 간 전쟁을 없애주지는 않았으며 앞으로도 그럴 수 없을 것이다. 하지만 평화의 위협 요인들이 되는 경제적 불황, 저개발, 극단주의 이념, 환경 문제 등에 대응하기 위하여 올림픽 운동은 소프트파워 측면에서 큰 기여를 할 수 있을 것이다. 특별히 오늘날 국가 간 전쟁을 넘어 비국가행위자들의 테러리즘, 내전 등 국가실패로 인한 난민 문제 등 인간안보(human security)의 심각한 위기 상황 속에서 올림픽이 인류에게 줄 수 있는 평화의 유산(peace legacy)을 고민해 보아야 할 시점이다. 최근 반세계화(anti-globalization), 반개방, 반통합 등 전 세계적 위험과 갈등 요인이 고조되는 현실 속에서 올림픽이 갖는 의미, 즉 문화와 언어 다양성에 기초한 인류의 상호이해와 협력을 지향하는 운동의 가치를 한층 더 발전시켜나갈 필요가 있을 것이다.

3.3 운동의 조직화(organization): 전통적 올림픽 시스템과 국가

올림픽 운동이 태동한 이래 점차 많은 동조자들이 올림피즘에 기반한 사회운동에 동참하게 되면서, IOC는 동조세력을 규합하고 이를 조직화(organization)[9]함으로써 '전통적 올림픽시스템(Classic Olympic System)'이 형성되었다(<그림 3-2> 참조). 특히 스포츠를 매개로 국제무대에 행위자로 등장한 IOC는 국제정치의 현실 속에서 국가들 간 권력 싸움의 한가운데로 뛰어드는 상황에 직면하게 되었다. 이 절에서는 제1, 2차 세계대전과 냉전 시기를 거치면서 IOC는 국가와 어떠한 관계설정을 통해 생존할 수 있었는지를 살펴본다.

▼ 그림 3-2 **전통적 올림픽시스템(Classic Olympic System)**

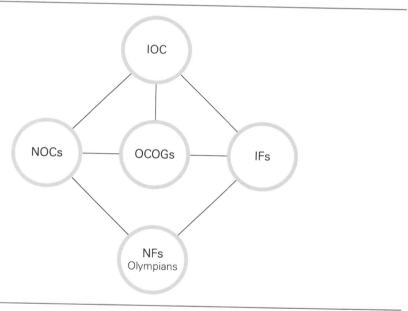

출처: Chappelet(2016: 743)

올림피즘의 근본원칙 중 하나인 스포츠의 증진[10]이라는 목표에 따라 국가들은 국민의 풀뿌리 수준(grass-roots level)의 스포츠 활동을 지원하는 프로그램을 통해 일상적인 육체활동, 즉 국민생활체육(sport for all)을 육성한다. 나아가 한 국가가 올림픽 운동에 기여할 수 있는 것은 단지 올림픽 경기들에 참여하는 것뿐만 아니라, 세계최고 수준의 운동선수의 경기력을 훈련시키고 실제 경기에서 기록경신의 성적을 낼 수 있도록 함으로써도 가능하다. 이와 같은 엘리트스포츠개발(elite sports development)과 국민생활체육 육성 간의 상호연계[11]는 전통적 올림픽시스템에서 국가의 스포츠 지원 근거로 나타났으며, IOC가 국가를 올림픽시스템의 논리에 순응하도록 포섭하는 데 활용되었다. 즉, 국가가 올림픽시스템 내에서 담당하는 역할을 자국의 국민일반 및 엘리트스포츠 증진에 집중하는 것으로 한정하여 부여함으로써, IOC는 국가의 권력발휘를 시스템 내에서 제한하기 위한 전략을 채택한 것이다. 이를 통해 현실정치의 국가 간 권력 대립과 갈등과는 다른 차원의 경쟁, 즉 스포츠경기 내에서 국가대표 선수들 간의 **선의의 경쟁**이 펼쳐짐으로써, 국제관계의 **난폭한** 권력정치가 올림픽시스템 내에서 스포츠 규율에 따라 순치(domestication)되는 결과를 가져올 수 있게 된다.

강대국 국제정치의 틈바구니에서 IOC는 정치적 중립성 표방을 통한 **비정치화** 전략을 내세웠다. 역사적으로 IOC는 올림픽 운동은 정치적 이슈들이나 특정국의 정부 관련 사안들과 연관되어서는 안 되며, 대신에 스포츠 관련 사안에만 한정되어야 한다는 아이디어를 지속적으로 고수해왔다(Miah & Garcia, 2012). 그 이유는 IOC의 주된 목적은 가능한 한 많은 나라들이 정치문제는 일단 차지하고 올림픽 운동에 동참하도록 만드는 것이었기 때문이다. 이를 위해 국가들의 이데올로기적인 차이가 아니라 올림픽가치를 서로 공유함으로써 각국이 더 많은 선수들을 올림픽에 참가시키기를 원했다. 예를 들면, IOC는 중국과 대만 각각의 NOC들을 모두 회원으로 인정하고 있다. 또한 올림픽헌장은 올림픽 기간 중에 모든 올림픽 구성원들(Family members)에게 정치적 사안에 관해 다음과 같은 규정을 따르도록 하고 있다: "어떠한 형태의 시위(demonstration)나 정치적, 종교적, 인종적 프로파간다(propaganda)도 올림픽 경기장과 시설들 및 주변 지역에서 허용되지 않는다(IOC, 2011: 98)." 이에 대해 위반(정치 문제 관련 상징 혹은 메시지가 포함된 의류의 착용 등을 포함)하는 자는 IOC 집행부(Executive Board)의 결정에 의해 올림픽경기에서 배제될 수 있다(Miah & Garcia, 2012). 이와 같은 탈정치적인 외교적 노력은 상당한 성취를 가져와 IOC가 UN보다 많은 회원국을 보유하는 결과를 가져왔다(2016년 기준 UN 193개, IOC 206개).

전 세계 모든 나라들이 공정한 스포츠 규칙에 따르기로 협력하면서 평화적으로 경쟁하는 우호친선의 장으로 스포츠경기에 의미를 부여하는 IOC의 전략은 일견 성공적인 것으로 보였다. 물론 2차례의 세계대전으로 올림픽이 중단된 적은 있었지만, 이후에는 보다 많은 국가들의 참여와 세계인들의 관심을 점차 얻어가면서 올림픽 운동에 관여하는 조직들이 늘어나는 **운동의 조직화**가 이루어지는 시기였다.

하지만 선수의 경기력과 모국의 국력은 상호 연관되어 있다. 즉, 올림픽과 다른 국제스포츠경기들에서 선수들의 높은 성적은 국가의 스포츠경쟁력 증진을 위한 장기적인 자원 투자 규모 및 자원의 활용의 효율성에 밀접히 관련되어 있다(Gratton, 1990: 50). 주요 국제경기에서 국가대표의 높은 스포츠성적의 무형적 효과로서 나타날 수 있는 국가에 대한 자부심, 지역 결속력, 일반인들의 '기분 좋은' 요인(feel—good factor) 등으로 인해 엘리트스포츠성적이 지니는 가치에 대한 정부의 인식이 고조되었다(Green & Houlihan, 2005: 1; Wicker et al., 2012: 338). 더욱이 스포츠경기는 국가들의 공공외교 혹은 문화외교 영역에서의 '군비경쟁'을 유발하는 중요한 원인이 되었다. 올림픽경기 성적은 국가들이 소프트파워를 얻고 발휘할 수 있는 주요한 수단이기 때문에 (Nye, 2004; Cha, 2009; McClory, 2010), 올림픽 출전 선수들이 더 선전할수록 소속 국가의 전 세계적 위상이 더 높아질 수 있다.

나아가 국제적인 선수들의 긍정적인 이미지는 모국의 미디어와 팬들의 관심을 끌도록 할 수 있다(Yu, 2010: 115). 이에 국가들은 승리자로서의 국가이미지를 굳히기 위해, 자국 선수들이 타국 경쟁자들보다 뛰어난 성적을 내도록 장려한다. 예를 들면, 권위주의 혹은 공산주의 정권에서는 스포츠와 체육 문화를 자국 정치체제의 남성성(virility) 상징으로서 강조해왔으며 올림픽경기 성적은 그들의 깊은 관심사였다(Cull, 2008: 120).

특히 1952년에서 1988년 사이 냉전기의 양대 초강대국인 미국과 소련 간 경쟁이 심화되면서 양국은 올림픽에서 최대한의 메달 확보를 위해 선수역량을 극대화하는 데 노력을 기울였다. 소련 붕괴 이후 미국이 유일한 초강대국 지위를 차지하게 된 1992년 이래로는 올림픽 성적은 미국의 독주가 이어졌다.

그러나 경제성장에 따른 중국의 부상(China's rise)은 2008년 베이징올림픽에서 중국에 엄청난 성공(총 메달 수 2위, 금메달 수 1위)을 가져옴과 동시에, 중국의 올림픽 국가대표 선수들은 전 세계 미디어에 인상적인 주목을 받게 되었다. 이와 같이 강대국들의 올림픽 메달의 지속적인 축적은 일종의 소프트파워로서 세계정치에서 차지하는 그들의 높은 위상을 공고화해줄 수 있다(Cha, 2009).

그러나 냉엄한 정글과 같은 국제정치 현실 속에서 전통적 올림픽시스템은 수많은 위기와 부침을 거듭하였다. 이에 많은 연구자들은 국제체제(international system)의 축소판 혹은 소우주(microcosm)로서 올림픽시스템의 정치적 속성과 동학을 포착하고 그 속에서 활동하는 IOC와 이해관계자들 간 정치적 상호작용에 주목한다(Findling & Pelle, 2004; Toohey & Veal, 2007; Poast, 2007; Cull, 2008; Cha, 2009; Lee & Chappelet, 2012).

국가이익을 위해 피터지는 군사력 갈등관계에 주목하는 현실정치(realpolitik) 논리 (Morgenthau, 1978; Waltz, 1979) 속에서 올림픽은 점차 참여국들에 의해 정치화 (politicization)되어갔다. 비록 IOC는 정치적 중립성을 표방하였음에도 불구하고 올림픽은 강대국의 우월성을 선전하는 매체(vehicle)로 이용되었다.

대표적인 사례로 1936년 나치(Nazi) 정권하의 독일은 베를린올림픽 개최를 통해 나치 이데올로기를 평화 이미지로 치장하여 국제사회의 주목을 끄는 기회로 삼았다 (Findling & Pelle, 2004: 107). 이에 몇몇 유대인 선수들은 나치의 반유대주의에 저항하여 베를린올림픽을 보이콧(boycott)하였다. 냉전기의 자본주의와 공산주의 진영 대립은 올림픽을 정치적 프로파간다(propaganda)의 장으로 만들었으며 양 진영의 이데올로기 대리전의 양상을 띠게 되었다. 이것은 올림픽개최권을 둘러싼 IOC 위원들의 선정과정에서도 각각 자본주의, 공산주의 진영 및 제3세계로 나뉘어 블록 투표(block voting)로 나타났으며, 이에 동구권(the Eastern bloc)이 소련 모스크바(1980년 하계올림픽)와 유고슬라비아 사라예보(1984년 동계올림픽) 개최권을 따내는 계기가 되었다(Toohey & Veal, 2007). 그러나 소련의 아프가니스탄 침공에 반대하여 미국은 1980년 모스크바올림픽을 보이콧하였으며, 이에 대한 보복으로 소련과 이에 동조한 공산주의 진영 국가들 역시 1984년 LA올림픽을 보이콧하였다.

이상과 같은 강대국 간 권력 갈등의 틈바구니 속에서 정치화(politicization) 현상으로 인해 시스템의 위기를 겪게 된 IOC는 비정치화 전략을 통해 평화의 안전지대로 비켜나려는 다양한 노력을 시도하였다. 그러나 시스템 행위자들 간 갈등(conflict)이 핵심 동인(driving force)인 일종의 착취적 공진화(exploitative coevolution)는 전통적 올림픽시스템하에서 행위자 간 제로섬(zero-sum: 영합) 게임(game)으로 귀결되어 시스템의 지속가능성에 심대한 위기요소로 작용하였다. 결국 미·소 냉전의 심화 속에서 자본주의 진영과 공산주의 진영의 상호 올림픽 보이콧이라는 결과에 직면하게 되면서, 국가에 단일한 자원의존의 위험성을 자각하게 된다. 여기서 단일한 자원의존은 <그림 3-3>과 같은 IOC와 국가 간 양자관계(dyadic relation) 구조에서 기인한 것이다.

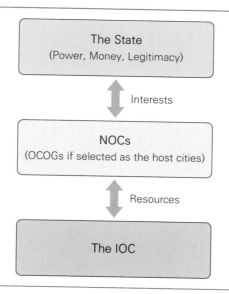

▼ 그림 3-3 IOC와 국가 간 단일한 자원의존 관계

이러한 구조하에서는 IOC가 핵심이해관계자인 국가에 권력, 돈, 정당성 등 핵심자원들을 모두 의존하게 된다. 평상시에는 IOC와 국가 사이는 국가올림픽위원회(NOC)가 매개하고 특히 올림픽 개최국일 경우 올림픽조직위원회(OCOG)를 통해 IOC와 국가 간 관계가 좀 더 밀접해진다. 이와 같은 양자관계 속에서 IOC는 국가로부터 핵심자원들, 즉 권력, 돈, 정당성을 획득하는 대가로 국가는 자국의 이익(경제적 편익, 국가이미지 제고 등)을 실현시키는 상호교환이 성립되었다. 하지만 권력과 자본의 측면에서 양자관계를 비대칭성이 점차 심해졌으며 나아가 정당성의 위기에까지 이르게 된 IOC는 점차 **자원의 다각화** 전략을 통해 위기 극복을 위한 타개책 도입을 모색하기 시작하였다.

3.4 조직의 제도화(institutionalization): 확장된 올림픽시스템과 시장

앞 절에서 살펴본 IOC와 국가의 단일한 자원의존 상황 하에서 1940년대에서 1970년대까지의 올림픽경기는 주로 공공부문에서 재원을 조달하였다(Preuss, 1998). 올림픽운동에 참여하는 조직들이 늘어남에 따라 막대한 규모의 재원이 요구되었으나, 전통적 올림픽시스템은 안정적인 재원확보를 위한 제도가 미비하였고 IOC는 국가에만 전적으로 의존하는 상황이었다. 결국 1976년 캐나다 몬트리올 하계올림픽을 치르면서 개최도시인 몬트리올은 심각한 재정적자로 납세자들이 이후 삼십 년간 빚을 갚아나가야 하는 사건이 발생하였다. 이후 미국의 덴버(Denver)는 1976년 동계올림픽을 취소하였으며, 메가 스포츠이벤트를 개최하기 원하는 도시들 수도 감소하였다. 엎친 데 덮친 격으로 1980년 초의 이데올로기 체제경쟁으로 인한 올림픽 보이콧은 전통적 올림픽시스템의 지속가능성에 회의가 들도록 하는 데 충분하였다.

이에 IOC는 국가와의 단일한 자원의존관계의 위험성을 인식하고 재정적 자원 확보를 위한 다각화 전략으로서 시장 영역과 영리기업이라는 새로운 이해관계자들에게 눈을 돌리게 되었다. 이러한 전략의 기점으로 꼽을 수 있는 것이 바로 1984년 LA올림픽이다. LA올림픽은 34개 스폰서들, 64개 공급자들 그리고 65개 라이센스들로 구성된 마케팅 프로그램을 통해 스포츠와 기업들 간의 상호의존을 구체화(crystalize)하였고(McAuley & Sutton, 1999), 최초의 스폰서 환대(hospitality) 시설을 도입함으로써 올림픽 재원확보의 전환점이 되었다(Brown, 2000: 75). 이로 인해 이전에 올림픽 핵심 가치로 여겨오던 아마추어 원칙과 정신(ethos)이 올림픽경기의 완전한 상업화로 변화되었다. 이처럼 올림픽이 전 세계 미디어들과 국제적인 TV 시청자들을 주요 대상으로 하여 개최됨에 따라서 기업가들, 마케팅과 미디어 조직들 그리고 IOC 등 관련 이해관계자들은 올림픽의 상업적 잠재력을 사업적 대성공(bonanza)으로 이어질 수 있다고 인식하게 되었다(Tomlinson, 2005).

1984년 LA올림픽 이래 지역 올림픽조직위원회들(local Olympics organizing committees)과 IOC의 표어(watchword)는 올림픽이 올림픽 비용을 지불한다(the Games will pay for the Games)가 되었다(Andreff, 2012: 37). 또한 LA올림픽의 상업적 성공으로 잠재적 개

최 후보 도시와 국가, 기업 및 소비자들은 올림픽 개최를 위한 중요한 경제적 파트너로서 인식되었고 이를 제도화하기 위한 틀(framework)과 각종 프로그램이 개발되었다. 동시에 아마추어(amateur) 올림픽스포츠의 프로화(professionalization)는 상업화 관련 올림픽의 계약들을 자유화(liberalize)함으로써 민간 자본을 통해 올림픽경기의 재원을 확보하기 위한 제도를 마련하였다(Preuss, 2000: 93).

사실 오늘날 많은 학자들은 올림픽시스템을 국제스포츠시장이라는 관점에서 IOC와 이해관계자들 간에 올림픽 개최권은 물론 올림픽 브랜드(Olympic brands)와 재산권(properties) 그리고 각종 관련 상품이 거래되는 '시장화'(Marketisation) 현상을 분석하고 있다(Chappelet, 1996; Billings & Eastman, 1998; McAuley & Sutton, 1999; Brown, 2000; Shoval, 2002; Tomlinson, 2005; Toohey & Veal, 2007; Poast, 2007; Chappelet & Kubler−Mabbott, 2008; Chappelet, 2009; Ferrand, Chappelet & Seguin, 2012).

이와 같은 상업화는 올림픽경기나 월드컵축구경기와 같은 메가(mega) 스포츠이벤트는 물론 메이저(major) 스포츠이벤트와 연례적인 스포츠이벤트를 불문하고 스포츠산업의 급격한 성장을 가져왔으며, 이로 인해 주요 관람객(spectator), 미디어, 상업적 이익이 창출되었고 스포츠이벤트산업이 스포츠산업의 중추적인 영역으로 부각되는 계기가 되었다(Walters, 2011: 208). 이에 따라 텔레비전, 스폰서십 및 여타 자금 조달원(티켓팅, 라이센스 프로그램 등)으로부터의 수익은 올림픽 운동에 재정적 독립성을 가져다줄 수 있었기 때문에, 마케팅은 올림픽 운동의 모든 이해관계자들에게 가장 중요한 이슈로 점점 인식되었다(Samaranch, 1993). 또한 IOC의 행정조직에서 올림픽마케팅 관련 중요한 기관으로서 재정(Finance), TV 중개권(TV Right), 연대(Solidarity) 위원회들(Commissions)이 생겨났다(Chappelet, 2012b).

올림픽의 상품화(Commodification)를 통해 경제적 부가가치를 극대화하고, 시장에서 영리 활동하는 기업조직들을 올림픽시스템 안으로 포섭하기 위해, IOC의 다양한 이윤창출 프로그램들을 매개로 한 공식적인 제도화가 이루어짐으로써 '확장된 올림픽시스템'(extended Olympic System)이 형성되었다.

이처럼 이윤동기(incentive)에 의해 추동되는 시장논리를 올림픽시스템에 도입함으로써, 재정적 자원을 확보하려는 IOC의 다각화 전략은 일면 성공적인 것처럼 보였다. 기업과 여러 이해관계자들은 자신들에게 많은 돈을 벌어다 줄 스포츠이벤트 산업에 투자하기 시작했고, 많은 도시와 국가들은 금전적 이익 외에도 다양한 유무형의 편익을 기대하면서 스포츠이벤트를 유치 경쟁에 뛰어들었다.

1980년대 중반 이래 메가 스포츠이벤트 개최와 관련한 경제적 동기의 중요성이 높아지게 되면서, 오늘날 글로벌 스포츠시장에서 이벤트소유주들은 경제적 이익과 상업적 논리에 따라 텔레비전 방송권, 올림픽 공식 스폰서십 및 여타 마케팅 프로그램을 통해 기대되는 재정적 수입과 편익을 극대화하는 방식으로 개최권을 배분하고 있다 (Poast, 2007; Toohey & Veal, 2007).

이러한 올림픽 상업화 경향은 점점 더 만연하게 되어 근대올림픽 탄생 100주년을 기념한 1996년 미국 애틀랜타(Atlanta)올림픽 당시 조직위원회가 대부분의 재원을 민간에서 조달하는 상황까지 발생하였고, 이에 시장 영역으로부터 올림픽 재원을 마련하는 것에 대한 비판적인 목소리까지 등장하였다(Toohey & Veal, 2007: 130).

즉, 기업과 상업적 조직들에 대한 이벤트소유주들의 재정적 의존성이 심화되면서, IOC는 영리적 이해관계자들의 영향을 차단함으로써 자율성을 유지하는 것을 주저하게 되었을 뿐만 아니라, 오히려 적극적으로 경제적 이익에 따라 행동하게 되었다는 비판이다. 이제 국제 스포츠시장에서 스포츠이벤트에 대한 수요에 따라 이벤트개최 수익 창출을 극대화하는 것이 올림픽 운동의 경제적 유산(economic legacy)으로 여겨지게 되었다.

더구나 올림픽의 규모와 범위는 급격히 증가하여 천문학적 개최비용이 요구됨으로써, 더 이상 올림픽은 개최도시 차원의 문제가 아니라 지방정부와 중앙정부 차원의 지원이 필수적이게 되었다(Chappelet, 1996). 이와 같은 소위 "올림픽 거인증(Olympic gigantism)" 현상으로 인해 가난한 나라들이 올림픽 유치에 도전하는 것 자체가 어렵게 되었고, 자연히 개최권은 대규모의 지출을 감당할 수 있거나 이윤창출이 가능한 시장을 보유한 부유국들의 차지가 되어갔다.

이처럼 올림픽이 **지나친** 상업화로 인해 사적인 이해관계(private interest) 추구의 장으로 전락함으로써, 시장에 의해 확장된 올림픽시스템하에서 순수한 이념적 가치였던 올림피즘의 진정한 의미가 퇴색되었다는 비판이 대두되면서, 올림픽 운동의 근본적인 기반인 정당성이 흔들리는 위기를 맞이하게 된다. 이와 같은 정당성의 위기를 초래한 중요한 사건 중에 하나가 2002년 동계올림픽 유치 과정에서 드러난 솔트레이크시티 (Salt Lake City) 유치위원회의 비윤리적 관행이었다. 기존의 관행은 유치후보들이 IOC 위원들을 올림픽 경기장과 시설, 주변 관광지 등을 방문하도록 함으로써 지지 표를 얻기 위해 노력하는 것이었다. 하지만 유치경쟁이 과열되면서 유치후보들은 IOC 위원들은 물론 그 가족들에게도 과도한 선물 공세를 펼치는 등 부작용을 낳았고, 결국에는

1998~1999년 로비 위기(lobbying crisis)가 발생하게 되었다(BBC News, 1999; Toohey & Veal, 2007).

　요컨대 **운동의 조직화** 단계를 거쳐 국가들에 대해 단일한 자원의존 구조하의 관계 속에서 권력, 돈, 정당성 자원을 획득하던 전통적 올림픽시스템은 국가에 대한 자율성 확보에 어려움을 겪게 되었고, 이에 다각화 전략을 통해 시장이라는 새로운 영역에서 활동하는 기업 이해관계자들로부터 재정적 자원을 확보하는데 노력을 기울였다. 이러한 노력은 **조직의 제도화**, 즉 시장 영역을 포함하는 다양한 조직들을 시스템 차원으로 제도화하는 결과로 나타났으며, 이로 인해 시장메커니즘, 즉 가격과 인센티브에 의해 올림픽시스템이 작동하는 단계에 이르게 되었다. 이러한 현상을 '시장에 의해' 확장된 올림픽시스템(Olympic system extended by market)으로 명명할 수 있다(<그림 3-4> 참조).

　결국 올림피즘이라는 운동의 이념은 일종의 경쟁적 공진화(competitive coevolution)를 통해 국가에 의한 정치적 이해관계로부터 확장된 올림픽시스템(Extended Olympic

▼ 그림 3-4 확장된 올림픽시스템(Extended Olympic system)

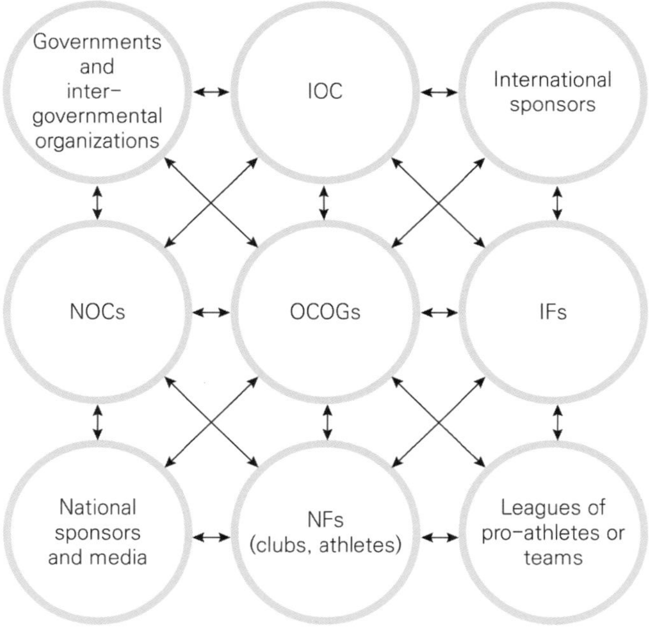

출처: Chappelet(2008: 10)

system)으로의 도피를 시도했으나, 이를 위한 '피난처'는 역설적이게도 시장에 의한 경제적 이해관계로의 종속이라는 의도하지 않은 결과를 배태한 것이었다.

3.5 제도의 정당화(legitimation): 사회에 의해 규제된 올림픽시스템

사회 속에서 활동하는 조직은, 사회적으로 수용될만한 가치체계(value system)의 범위 내에서 활동한다고 인식될 때 지속적으로 생존할 수 있다(Dowling & Pfeffer, 1975). 주된 목표가 이윤극대화인 기업을 포함하여 모든 조직은 사회가 기대하는 방식으로 사회적 책임(Corporate Social Responsibility: CSR)을 다해야 하며, 이것은 조직(기업)과 사회 간 불문의 합의 혹은 계약으로서의 사회적 의무이다(Shocker & Sethi, 1973). 한 조직이 경쟁자들에 비교하여 견고한 지위를 성취하는 데 도움이 되는 정당성[12]을 획득하기 위해서는 해당 조직은 사회체계 전반에 확립되어 있는 규칙, 규범, 문화적 가치와 기대들에 순응해야 한다(Meyer & Rowan, 1977; Suchman, 1995).

이러한 측면에서 시장논리를 포섭한 올림픽시스템은 사회가 기대하는 역할과 괴리를 가져오게 됨으로써, IOC는 정당성 자원을 획득하기 위한 새로운 다각화 전략을 모색하게 되었다. 우선, IOC 위원들의 비윤리적 스캔들로 촉발된 신뢰의 위기로부터 벗어나기 위해 기존 제도의 개혁을 추진하였다. 1999년 IOC는 보다 투명한 비드 절차를 위한 가이드라인을 도입했는데, 이를 통해 유치후보와 IOC 위원들은 물론 관련 조직들 간 접촉을 규제하였다(See, IOC, 2005a). 이와 같은 개최지 선정 관련 의사결정과정상의 투명성 제고는 IOC 위원들로 하여금 유치후보의 윤리적 평판과 투명성을 중시하도록 이끌 수 있을 것으로 기대되었다. 나아가 개최도시의 조직위원회와 정부인사들 간에는 밀접한 상호작용이 있을 것이므로, 부패가 만연한 국가일수록 올림픽 개최 시 행정적 비능률과 정치적 불안정이 더 심할 것으로 여겨지게 되어 IOC로부터 호의적인 평가를 받기 어렵게 될 수 있다(Poast, 2007). 이와 같이 개최지 선정절차의 투명성 제고를 위한 제도 개혁을 통해 IOC는 사회와 이해관계자들로부터 무너진 신뢰를 회복함으로써 정당성의 위기에 대응하려는 노력을 기울였다. 나아가 올림피즘 철학에 따라 개최후보에게 올림픽정신에 걸맞는 윤리적 의무를 요구하는 것이 점차 확산되었다(Rowe, 2012: 288).

사실 올림픽시스템 기반이 되는 올림피즘의 근본원칙(Fundamental Principles of Olympism)은 투명성, 민주성, 책무성, 자율성, 사회적 책임성을 포함한다(Chappelet &

Kubler−Mabbott, 2008). 또한 반부패(anti−corruption)[13]와 클린 스포츠(clean sport)[14]는 모든 올림픽 구성원(Olympic family)이 져야하는 책임이다. 이에 IOC의 윤리위원회 (Ethics Commissions)에서는 Code of Ethics, Anti−doping Code 등 다양한 규제를 도입하였고, 세계도핑방지기구(World Anti−Doping Agency)와 국제스포츠중재법원(Court of Arbitration for Sport)이 신설되었으며, 많은 도박방지(anti−betting) 규제들(regulations, codes, rules)이 제정되었다.

올림픽 가치로서의 청렴성(integrity)은 단순히 올림픽경기에서 선수들이 올림픽정신, 우애, 연대, 페어플레이(fair play)를 맹세하는 것을 넘어선다. 물론 IOC와 올림픽 운동에 소속된 스포츠조직들에게는 스포츠 자체의 발전이 주요 목표가 된다. 하지만 올림피즘의 가치는 보다 넓은 의미에서의 사회적 책임성, 인간개발(human development), 보편적 윤리 원칙에 대한 존중, 나아가 세계평화까지 포괄하는 개념이다. IOC의 미션은 인간개발을 위하여 스포츠를 문화 및 교육과 조합함으로써(blending sport with culture and education) 평화롭고 더 좋은 세계를 구축하는 것이다[15](IOC, 2011: 10). 이처럼 스포츠와 개발이슈를 결합하는 아이디어는 그 연원을 이미 IOC의 설립자로서 근대 올림픽을 부활시킨 쿠베르탱이 처음부터 품었던 비전에서 찾을 수 있다. 이 비전이 점점 진화하여 전 세계 인간과 사회의 웰빙 증진을 위한 국제협력으로 나타난 것이다. 예를 들면, UN의 새천년개발계획(Millennium Development Goals) 등과 같은 개발 미션을 실현하기 위한 촉매(catalyst)로 스포츠를 포지셔닝(positioning)함으로써(IOC, 2012b: 1), IOC와 여러 국제연맹들(International Federations)[16]은 다양한 UN기관들, 국제 정부 및 비정부기구들과 인도주의적 지원(humanitarian assistance)이나 HIV/AIDS 퇴치 관련 사업 등을 통해 협력하고 있다.

이와 같이 1990년대부터 이어지는 사회적 책임성의 이행들(socially responsible activities)은 오늘날 IOC와 이해관계자들의 활동에 구조적·제도적으로 배태되었으며 (embedded within the structures and frameworks), 이에 따라 IOC와 다른 올림픽조직들 모두 사회적으로 책임있는 활동을 추구하도록 요구받게 되었다(Ferrand, Chappelet & Seguin, 2012: 135−136; Chappelet & Kubler−Mabbott, 2008: 180).

올림픽시스템의 사회적 책임성은 그 범위를 점차 넓혀나감으로써 환경적 책임성까지 포섭하는 개념으로 발전되었다. 즉, 환경이슈들[17]에 대한 전 세계적 인식 제고에 따라 글로벌 사회에 배태된(embedded) 하위의 장(sub−field: DiMaggio & Powell, 1983)으로서 올림피즘의 세계에 생태적 이념이 등장한 것이다. 특히 1990년대 초[18] 이래 올림픽시스템은 환경문제 해결을 위한 실천적 프로그램들을 도입하라는 글로벌 시민사회 (Global Civil Society)의 압력에 직면하였다. 1992년 브라질 리우데자네이루(Rio de Janeiro)에서 열린 UN환경개발회의(United Nations Conference for the Environment and Development)는 국내 및 국제 조직들이 환경보호에 필수적인 일련의 활동을 시행하도록 권고하였고, 이에 따라 스포츠 공동체에서도 생태적 원칙들에 대한 인식, 태도 및 실천들이 점차 확산되기 시작했다.

특히 그간 환경적 책임성에 대한 인식에 둔감하였던 IOC가 그 심각성을 인지하게 된 계기는 올림픽 역사에 기록적인 생태적 재난이 발생한 1992년 알베르빌(Albertville) 올림픽에서 기존의 생태계가 복원이 불가능할 정도의 파괴가 일어났기 때문이었다 (Cantelon & Letters, 2000: 300). 하지만 알베르빌올림픽의 매우 심각한 환경문제를 외면했던 IOC의 당시 대응은 올림피즘이라는 고상한 이념과 IOC의 실천적 활동의 실용적 본질 사이에 극명한 간극을 보여주는 것이었다(Cantelon & Letters, 2000: 301). 또한 알베르빌올림픽 이전까지 IOC는 환경문제에 대한 시책들은커녕 경기 유치나 개최 관련 가이드라인이 전혀 없었다. 이러한 IOC의 환경적 무관심이 글로벌 시민들(global public), 특히 국제환경공동체(international environmental community)로부터 심각한 정당성의 위기를 초래하게 되면서, 올림픽시스템은 환경론자들(environmentalist)의 광범위한 비판과 저항(protests)에 직면하였다.

이러한 1992년 알베르빌올림픽의 생태적으로 불만족스러운 결과로 인해 정치적인 궁지에 몰린 IOC는 1993년에 2000년 하계올림픽 개최권을 **그린올림픽(Green Games)** 개념을 주창한 호주 시드니(Sydney)에 부여하였다(Preuss, 2000: 93). 나아가 1994년 IOC는 환경(the environment)을 올림픽 이념의 세 번째 기둥(third pillar of the Olympic ideology)으로 도입하였으며, 5년 뒤에는 올림픽 운동을 위한 아젠다21(Agenda 21)을 천명하고 환경보호를 위한 여러 종류의 지속가능발전 원칙들을 확립하였다(Chappelet, 2008b).

이에 1996년 이래로 올림픽 유치후보 도시들은 올림픽 개최준비 단계에서부터 포괄적인 환경보호 관련 계획 및 프로그램들을 실행하도록 요구되었다. 또한 2000년에는 2008년 베이징올림픽 조직위원회가 올림픽경기의 환경적 지속가능성을 증진시키기 위한 **그린올림픽** 개념을 시행하였다(Jin et al., 2011: 276-277).

사실 조직의 환경적 자각(environmental awareness) 혹은 **녹색화(going green)**란 자연환경 보호와 관련된 다양한 종류의 유의미한 활동들을 시행하는 조직의 전략으로서,

해당 조직이 사회의 가치와 규범에 조응함으로써 바람직하다고 여겨지는 활동이며, 이 것은 이해관계자들로부터 정당성을 확보하기 위해 필수적이다(Bansal, 1995; Bansal & Roth, 2000). 일단 **녹색되기(being green)**에 성공한 조직은 이를 활용하여 중요한 이해관 계자들이 신뢰할 만하다고 여겨질 수 있다(Pfeffer & Salancik, 1978). 따라서 많은 조직 들이 조직 정당성을 추구하거나 단순히 경제적 이윤을 증진시키기 위하여, 환경적으로 건전한(sound) 활동을 시행하는 것이 오늘날 널리 퍼진(prevalent) 경향이다. 예컨대, 조 직은 환경 캠페인들을 지원함으로써 자신의 환경적으로 양심적인 행동들(ecologically conscientious acts)을 대외적으로 홍보하는 **그린마케팅(green marketing)**을 할 수 있다[19].

특별히 IOC는 올림픽경기의 환경적 유산들(environmental legacies)을 창출하기 위해 유치후보 도시나 국가의 개최계획에 친환경적인 내용의 요구조건을 부과하도록 시도했 으며[20], 이를 위해 공식적(revisions to the Candidature Procedure and Questionnaire) 및 비 공식적(the Olympic Charter, Agenda 21 and environmental conferences) 강제력(coercion) 을 동시에 활용하였다(Pentifallo & VanWynsberghe, 2012: 431). 이처럼 올림픽 운동이라 는 '조직의 장'(the organizational field: DiMaggio & Powell, 1983)에서 작용하는 동형화 압력 (isomorphic pressures)[21]을 수용함으로써 유치위원회들(BOCs: Bid Organizing Committees) 이 환경보호의 요소들인 친환경 프로그램들을 도입하도록 장려되는 것을 <표 3-2> 는 보여준다. 모방적(mimetic) 그리고 규범적(normative) 동형화 압력의 결과로 유치위 원회들은 비딩(Bidding)[22] 과정에서 약속한 친환경적 개최계획들을 이행해야 할 책임을 지게 됨으로써 환경보호와 지속가능성 관련 문제에 적극적으로 관여하게 되었고, 이에 따라 올림픽 운동이 환경적 지속가능성을 증진시키도록 하는 행위자가 되었다(Pentifallo & VanWynsberghe, 2012).

Ⅰ 표 3-2 올림픽 유치위원회의 환경보호 및 지속가능성 원칙 수용 (2000~2016)

	NGO involvement	International reporting standards	Sustainability programming
2000 Sydney	• Australian Conservation Fund • Nature Conservation Fund • Greenpeace		
2002 Salt Lake City			
2004 Athens			
2006 Turin	• WWF Italia • Legambiente • Pro Natura • Italia Nostra • Club Alpino Italiano		
2008 Beijing	• 20+ NGOs involved with 'Green Olympics Programme'	• ISO 14001	
2010 Vancouver	• Environmental Working Group incorporation • Environmental NGOs • Association of Whistler Residents • Canadian Parks and Wildemess Society		• Sustainability management system • Environmental stewardship • Economic opportunity • Social responsibility
2012 London	• WWF	• ISO 14001 • EMAS	• Sustainability management system • Low carbon games • Zero waste games • Conserving biodiversity • Environmental awerness and partership
2014 Sochi	• Greenpeace • MacArthur Foundation • Wetlands International • WWF • Socio-Ecological Union • Association of Specially	• ISO 14001	• Sustainability management system • Inclusiveness • Economic viability • Environmental consciousness

	NGO involvement	International reporting standards	Sustainability programming
	Protected Territories in the North Caucasus		• Zero waste
2016 Rio de Janeiro	• WWF	• ISO 14001 • ISO 26000 • GRI • UN Human Development Index • UN Sustainable Development Index	• Sustainability management system • Water conservation games • Renewable energy games • Carbon neutral games • Waste management and social responsibility

Legend: BOC, bid organizing committee; NGO, non-governmental organization; WWF, World Wide Fund for Nature; EMAS, Eco-Management and Audit Scheme
출처: Pentifallo & VanWynsberghe (2012: 440)

이와 같이 IOC, International Federations, National Olympic Committees, National Federations 등 공식적 조직은 물론 단순한 지역 클럽들이나 동호회 등 대부분의 스포츠조직들은 자신들의 의사결정 시에 환경적 책임성을 고려함으로써 스스로를 정당화한다. 이벤트소유주들은 그들의 스포츠이벤트들이 자연 환경에 미칠 수 있는 부정적 파급영향을 예방하거나 감소시키기 위한 윤리적 의무를 이행해야 함을 인식하게 되었다. 이에 스포츠이벤트 개최를 원하는 도시나 지역, 국가들 역시 그들이 개최권을 보유한 스포츠조직들이 제시하는 환경적 권고들을 수용하거나 환경영향평가(Environmental Impact Assessments) 등을 활용하여 이벤트의 친환경성을 증명하도록 요구받는다(IOC, 2005b: 32).

이처럼 이해관계자들, 보다 일반적으로는 사회로부터 정당성 자원을 확보하기 위해 스포츠 이벤트소유주들은 1990년 이래 이벤트의 생태적 유산을 올림픽의 세 번째 기둥으로 강조해왔으며(Chappelet, 2008b), 비록 환경적 원칙들의 준수가 경제적 관점에서는 손해보는 행동이라고 여겨질지라도 유치후보들은 이벤트소유주들이 설정한 생태적 가이드라인에 순응하게 되었다.

예컨대, 이벤트소유주들은 환경보호에 기여한다는 이미지를 구축함으로써 글로벌 공공 영역에서 조직의 정당성을 획득하기 위하여, 자신들의 조직 헌장이나 정책에 환경적 지속가능성 원칙을 포함시키거나, 이벤트 개최권을 오염물질을 배출하는 국가보다는 환경적 노력을 기울이는 나라들에 배분한다. 이에 대응하여 개최권을 따내기 위해 비딩 참가자들은 환경적 차원의 정당성을 높일 수 있도록 환경친화적 이벤트 혹은 '그린게임(Green Games)'과 같은 바람직한 가치를 유지하는 전략을 취하게 된다.

▼ 그림 3-5 규제된 올림픽시스템(Regulated Olympic system)

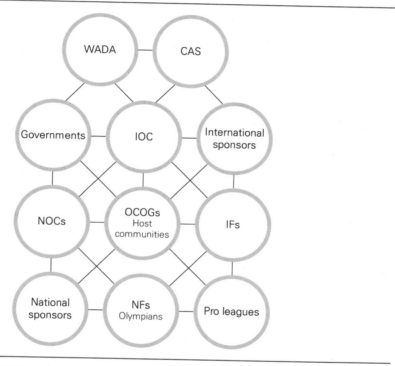

출처: Chappelet(2016: 746)

이상 본 절에서 살펴본 바와 같이 상업화의 결과로 '시장에 의해' 확장된 올림픽시스템의 정당성 위기에 대응하여, IOC는 또다시 새로운 다각화 전략을 채택함으로써 사회의 이해관계자들로부터 **제도의 정당화**를 통해 정당성 자원을 확보하려고 시도하였다. 이러한 현상은 '사회에 의해' 규제된 올림픽시스템(Olympic System regulated by the Society)으로 명명할 수 있다(<그림 3-5> 참조). 이로 인해 국가 이해관계자들의 요구와 시장 이해관계자들의 수요 사이에서 아슬아슬한 균형점을 찾는 것을 목표로 했던 올림픽시스템은 일종의 **협력적 공진화**(cooperative coevolution)를 통해 사회가 요청하는 정당성에 책임있는 답변을 제공해야 하는 의무까지 지게 되었다. 이에 IOC와 국제스포츠기구들은 다양한 종류의 사회적·환경적 책임 이행활동 및 프로그램들을 도입함으로써 자신들의 존재가치를 사회로부터 인정받으려는 정당화 노력을 기울이게 되었다.

이와 같은 **제도의 정당화** 단계에서 IOC와 국제스포츠기구들은 단지 스포츠 관련 활동만이 아니라 사회에 기여하는 역할을 담당하고 있다. 이러한 다양한 활동을 가장 효과적이고 효율적으로 집행하기 위하여 조직 규모의 확대와 범위의 확장 현상이 나타났으며, 그 결과 조직 기능의 복합화와 인력의 전문화, 업무의 분업화 등이 이어지게 되었다. 이른바 조직의 **관료제화** 현상이다. 예를 들면, IOC 조직의 **관료제화**는 <그림 3-6>과 같이 거대화·공식화된 구조로서 관료제 조직의 형태를 띠게 되었다.

이제 올림픽 운동 초기의 신념에 찬 운동가들이 주도하던 스포츠 평화운동은, 거대화·공식화된 관료제 조직에 소속된 합리성과 전문성에 기초한 관료들이, 그들에게 주어진 '정당한' 권한과 책임 범위 내에서 '정당한' 규칙과 절차에 따른 정책수립과 집행이 이루어지는 올림픽시스템으로 '진화'한 것이다. 즉, **제도의 정당화**에 의해 '제도화된 정당성'은 이제 올림픽시스템의 관료화라는 의도하지 않은 결과를 낳게 되었다. 따라서 관료제의 역기능과 병리현상이라는 '형식적인 정당성'을 극복하고 '실질적인 정당성'을 확보함으로써, 관료조직의 경직성을 타파하고 운동조직의 유연성을 회복하는 것이 21세기 올림픽 운동의 새로운 좌표라고 할 수 있을 것이다.

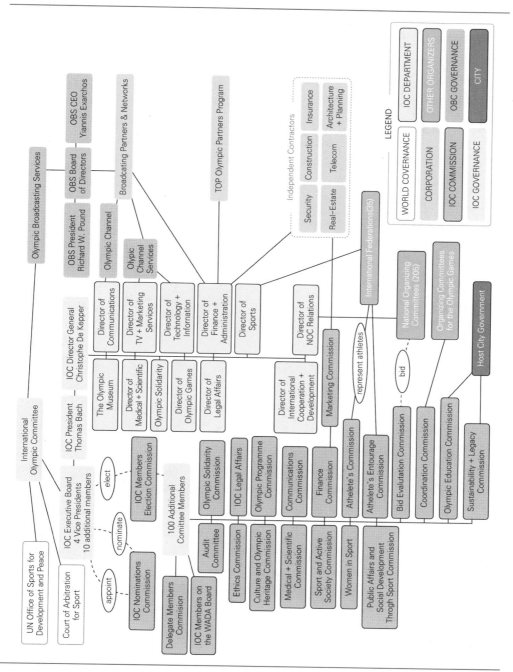

출처: https://www.rioonwatch.org/?p=31955

3.6 이익의 다원화(multiplication): 총체적 올림픽시스템과 다중이해관계자

▼ 그림 3-7 총체적 올림픽시스템(Total Olympic System)

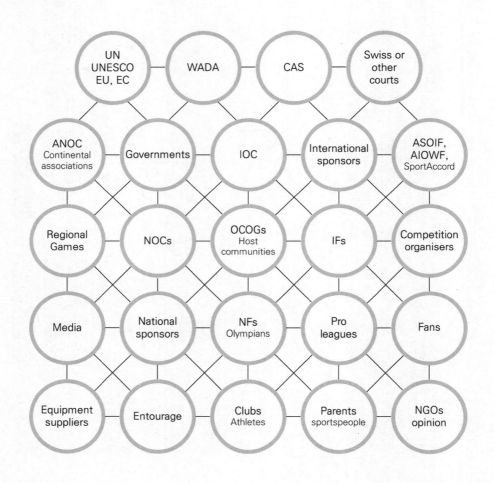

출처: Chappelet(2016: 9)

초기 올림픽 운동의 단순한 구조 하에서 IOC는 관리(Administration)를 주로 담당하는 하나의 조직이었으나 오랜 기간의 진화를 거쳐 오면서, 현재 "총체적 올림픽시스템(Total Olympic System)"의 복잡한 구조하에서 IOC는 올림픽시스템의 협력적 거버넌스(Collaborative Governance of the Olympic System)의 핵심(centerpiece)이 되었다(Chappelet, 2016; 2021). 총체적 올림픽시스템에서 활동하는 다수준(multi-level), 다차원(multi-dimensional)의 다중(multiple) 이해관계자들은 <그림 3-7>과 <표 3-3>에 제시되어 있다.

▌ 표 3-3 총체적 올림픽시스템의 다중(multiple) 이해관계자

수준/영역	비영리 및 시민사회 영역	정부 및 공공 영역	영리 및 비즈니스·산업 영역
국제	• the International Olympic Committee (IOC) • International Sports Federations (IFs) • Associations of IFs(Sport Accord, ASOIF, AIOWF, ARISF) • ANOC(world associations of NOCs) • five continental associations of NOCs • World Anti-Doping Agency(WADA) • Court of Arbitration for Sport(CAS) • international(sport) NGOs	• the United Nations(UN) • United Nations Educational, Scientific and Cultural Organization (UNESCO) • European Union(EU) • international courts and other intergovernmental organizations	• international Olympic sponsors (e.g. TOP sponsors)
국내 및 지방	• 204 National Olympic Committee(NOCs) • Organizing Committees of the Olympic Games(OCOGs) • international competition organizers (World and European Championships and Cups, etc.) • continental and multi-sport games organizers • professional sport leagues • national federations(NFs) • national sport NGOs	• Federal, regional, local government • Swiss courts and each country's judiciary as well as legislature • other governmental public organizations	• national Olympic sponsors • OCOGs' domestic sponsors • broadcasters and rights-holding media • written press

수준/영역	비영리 및 시민사회 영역	정부 및 공공 영역	영리 및 비즈니스·산업 영역
	• Olympians • Clubs and athletes • athletes' entourages • judges, referees, coaches and other sport officials and technicians • leisure sport participants • sport fans and young spectators • sport teachers • young sports people		and non-rights-holding media • sport equipment manufacturers

출처: Ferrand, Chappelet & Seguin (2012: 9) 수정

이러한 이해관계자들은 국제적, 국내적 그리고 지역적 차원에서 상업적, 비영리 그리고 공공 조직들 간 광범위하게 상호의존적이다. 이들 가운데 IOC는 올림픽 헌장에서 부여한 정당한 권위(legitimate authority)와 통치 역할(governing role)을 바탕으로 IFs, NOCs, OCOGs 및 개최권을 얻기 원하는 도시와 국가들에 상당한 영향력을 행사한다.

특별히 올림픽시스템의 중요한(key) 이해관계자인 국제스포츠기구(international sport governing body)는 글로벌 스포츠이벤트 개최권을 배분할 권한을 갖고 이벤트 관련 규제 및 제재 기능을 담당하는 이벤트소유주(event owner)[23]로서, 개별 스포츠 종목 및 경기들의 복잡성에 따라 다양한 종류의 조직형태를 갖는 스포츠조직이다. 이 중 국제연맹(International Federations: IFs)은 IOC에 의해 공식적으로 인정받은 올림픽스포츠 관할기관들(Olympic sport governing bodies)로서, 해당 올림픽스포츠 및 관련 경기 종목들의 규칙을 제정·시행하고 행정적인 관리업무를 담당하는 등 개별 스포츠에 연관된 권한 및 책임을 부여받은 비정부(non-governmental) 조직이다. 구체적으로 이 조직들은 경기장 안에서(on the field) 선수들과 다른 참여자들에게 공통된 규범들을 제정·개발하며, 동시에 경기장 밖에서(off the field) 관련 이해관계자들(관람객, 팬, 스폰서, 미디어 등)에게 이벤트에 관여하도록 장려하며 세계선수권대회나 대륙별 선수권대회 등 국제적인 경기들을 조직한다. <표 3-4>와 <표 3-5>를 통해 각각 종합경기대회와 단일경기대회를 관할하는 다양한 종류의 국제스포츠기구들을 비교해 볼 수 있다. 여기서

IOC, FISU, IWGA는 여러 스포츠경기들을 포함하는 종합경기대회(각각 올림픽, 유니버시아드, 월드게임)의 이벤트소유주들이다.

▌ 표 3-4 종합 스포츠 경기를 위한 국제 스포츠 관리 기구 목록

기관명	설립 연도	회원조직	소유한 이벤트명	경기 종목 수	참가 선수/국가 수
IOC	1894	105 active and 32 honorary members	Olympic Games (S/W)	26(2012, S) 7(2010, W)	10,820/204(2012, S) 2,566/82(2010, W)
FISU	1949	163 national university sports federations	Universiades (S/W)	24(2011, S) 11(2011, W)	10,622/150(2011, S) 1,880/58(2011, W)
IWGA	1981	34 international sports federations	World Games[24]	26(2009)	3,235/90(2009)

주: S=Summer, W=Winter
출처: collected from each organization's official website by author(Lee, 2013)

▌ 표 3-5 올림픽 스포츠 단일종목 국제경기연맹 목록

계절별 스포츠 종류	기관명: 본사	설립연도 /올림픽 프로그램에 포함된 연도	스포츠/종목	올림픽에서의 경쟁종목 수 (하계:2012, 동계:2010)	국가협회 /연맹 수	최고 수준의 이벤트 (즉, 세계 선수권 대회: WC)	대회 참가 선수/팀 수
하계	FIFA: Switzerland	1904/1900	Football	2	209	FIFA World Cup™ (M/W)	32(2010) 16(2011)
하계	IAAF: Monaco	1912/1896	Athletics	47	212	IAAF WCs in Athletics	1,867(2011)
하계	FINA: Switzerland	1908/1896	Swimming Diving Synchronized Water polo	34 8 2 2	202	World Aquatics Championships	2220(2011)
하계	FIBA: Switzerland	1932/1936	Basketball	2	213	FIBA World Cup (M)/WC(W)	28(2010) 16(2010)
하계	FIVB: Switzerland	1947/1964	Volleyball(beach) Volleyball(indoor)	2 2	220	Volleyball WCs (I, B)	24(M, 2010)

계절별 스포츠 종류	기관명: 본사	설립연도/올림픽 프로그램에 포함된 연도	스포츠/종목	올림픽에서의 경쟁종목 수 (하계:2012, 동계:2010)	국가협회/연맹 수	최고 수준의 이벤트 (즉, 세계 선수권 대회: WC)	대회 참가 선수/팀 수
하계	FIG: Switzerland	1881/1896	Artistic Rhythmic Trampoline	14 2 2	128	World Gymnastics Championships (A, R, T)	528 (Artistic, 2011)
	UCI: Switzerland	1900/1896	Road cycling Track cycling BMX Mountain biking	4 10 2 2	178	UCI WCs (Road, Track, BMX, Mountainbiking)	333 (Track, 2010)
하계	FEI: Switzerland	1921/1900	Dressage Eventing Jumping	6	134	FEI World Equestrian Games	767(2006)
	ICF: Switzerland	1924/1936	Canoe/kayak (sprint) Canoe/kayak (slalom)	12 4	147	ICF Canoe (Sprint, Slalom) WCs	669 (Sprint, 2009)
하계	FITA: Switzerland	1931/1900	Archery	4	140	Archery WCs (Outdoor, Indoor, Field)	412 (outdoor, 2009)
	BWF: Malaysia	1934/1992	Badminton	5	170	BWF WCs	347(2011)
하계	AIBA: Switzerland	1920/1904	Boxing	13	194	AmateurBoxing WCs (M/W)	685(2011, M)
	FIE: Switzerland	1913/1986	Fencing	10	145	World Fencing Championships	950(2010)
하계	FIH: Switzerland	1924/1908	Field hockey	2	127	Hockey World Cup(M/W)	12(2010, M)
	IHF: Switzerland	1946/1936	Handball	2	163	World Handball Championships (M/W)	24(2011, M)
하계	IJF: Switzerland	1951/1964	Judo	14	200	World Judo Championships	871(2011)
	UIPM: Monaco	1948/1912	Modern pentathlon	2	104	World Modern Pentathlon Championships	182(2012)
하계	FISA: Switzerland	1892/1900	Rowing	14	118	World Rowing Championships	700+(2010)
	ISAF:theUK	1907/1900	Sailing	10	120+	ISAF Sailing WCs	1500+(2011)
하계	ISSF: Germany	1907/1896	Shooting	15	154	ISSF World Shooting Championships	2300(2010)
	ITTF: Switzerland	1926/1988	Table tennis	4	217	Table Tennis WCs (Team, Individual)	212 (Team, 2012)

계절별 스포츠 종류	기관명: 본사	설립연도 /올림픽 프로그램에 포함된 연도	스포츠/종목	올림픽에서의 경쟁종목 수 (하계:2012, 동계:2010)	국가협회 /연맹 수	최고 수준의 이벤트 (즉, 세계 선수권 대회: WC)	대회 참가 선수/팀 수
하계	WTF: South Korea	1973/2000	Taekwondo	8	204	World Taekwondo Championships	865(2007)
	ITU: Canada	1989/2000	Triathlon	2	193	ITU World Triathlon Series Grand Final	5,208(2012)
하계	IWF: Hungary	1905/1896	Weightlifting	15	187	World Weightlifting Championship0s	519(2011)
	FILA: Switzerland	1912/1986	Wrestling Freestyle Greco-Roman	18	174	FILA Wrestling WCs (Free & GR)	111(2012)
하계	ITF:theUK	1913/1896	Tennis	5	206	No WCs (thus no bidding)	–
동계	FIS: Switzerland	1924/1924	Cross country skiing	12	111	FIS WCs(Nordic, Alpine, freestyle, Ski-Flying, Snowboarding)	589 (Nordic, 2009) 525 (Alpine, 2011)
			Alpineskiing	10			
			Skijumping	3			
			Nordic combined	3			
			Freestyle skiing	6			
			Snowboarding	6			
동계	ISU: Switzerland	1892/1924	Figureskating	4	63	ISU WCs (Figure skating, Speed Skating, Short Track Speed Skating)	195(F, 2011)
			Speedskating	12			
			Short track speed skating	8			
	IIHF: Switzerland	1908/1924	Ice hockey	2	70	IIHF WCs(M/W)	16(M, 2012)
동계	FIBT: Switzerland	1923/1924	Bobsleigh	3	62	FIBT WCs	274(2012)
			Skeleton	2			
	IBU:Austria	1993/1924	Biathlon	10	68	Biathlon WCs	300(2007)
동계	FIL: Germany	1957/1934	Luge	3	53	FIL World Luge Championships	100+(2011)
	WCF: the UK	1966/1924	Curling	2	50	World Curling Championship(M/W)	12(M, 2012)

주: M=Men, W=Women
자료: collected from each organization's official website by author(Lee, 2013)

한편, <표 3-6>에는 총체적 올림픽시스템의 이해관계자 간 영향력-의존성 관계가 제시되어 있다(Ferrand, Chappelet & Seguin, 2012: 92)[25]. 이를 구체적으로 살펴보면 우선, 특정 이해관계자가 다른 이해관계자들에게 미치는 총 영향력은 IOC(25)가 가장 높고, OCOGs(24), 각국정부(20) 및 선수들(20), CAS(19) 등 순이다. 이에 비해 NFs(11), NOCs(13) 및 OCOG 스폰서(13)는 상대적으로 영향력이 낮다. 다음으로, 특정 이해관계자가 다른 이해관계자들에게 의존하는 총 정도는 OCOGs(30)가 가장 높고, 선수들(28), NOCs(25), IOC(23) 등 순이다. 이에 비해 각국정부(6), CAS(9), TV중계권자(11), TOP 스폰서(12)는 상대적으로 덜 의존적(즉, 더 자율적)이다.

표 3-6 총체적 올림픽시스템의 이해관계자 간 영향력-의존성 관계 매트릭스

	IOC	NOCs	IFs	NFs	Governments	OCOGs	Gov. Host. OCOG	TOP sponsors	OCOG sponsors	TV rights holder	WADA	CAS	Athletes	Total influences
IOC		3	1	0	1	4	2	2	2	2	3	3	2	25
NOCs	0		0	3	1	1	1	2	0	0	1	1	3	13
IFs	2	1		4	1	3	1	0	1	0	1	1	3	18
NFs	0	2	2		0	1	0	1	1	0	0	0	4	11
Governments	1	3	1	4		2	2	0	0	1	3	0	3	20
OCOGs	3	3	2	2	0		3	2	4	3	0	0	2	24
Gov. Host. OCOG	3	1	1	0	1	4		1	2	1	2	1	1	18
TOP sponsors	3	2	1	0	0	3	1		3	2	0	0	1	16
OCOG sponsors	2	2	1	0	0	3	2	1		1	0	0	1	13
TV rights holder	3	1	2	0	0	3	1	2	2		0	0	1	15
WADA	2	2	2	2	1	1	2	0	0	0		1	4	17
CAS	2	2	2	2	0	2	1	1	1	1	2		3	19
Athletes	2	3	3	4	1	3	0	0	0	0	2	2		20
Total direct dependence	23	25	18	21	6	30	16	12	16	11	14	9	28	

주: scale from 0 to 4 refers to as below;

4. Stakeholder A can neutralise any marketing project by stakeholder B.

3. Stakeholder A can jeopardise the implementation of any marketing programme by stakeholder B.

2. Stakeholder A can jeopardise the success of a marketing action by stakeholder B.

1. Stakeholder A can jeopardise, to a limited extent in space and time, the operational processes stakeholder B uses to manage its marketing.

0. Stakeholder A has little influence over stakeholder B.

출처: Ferrand, Chappelet and Seguin (2012: 92)

<그림 3-8>에 제시된 이해관계자 간 영향력－의존성 관계를 살펴보면, 영향력은 높지만 의존성은 낮은 Dominant stakeholders는 CAS, governments, WADA이다. 영향력도 높고 의존성도 높은 Relay stakeholders는 IOC, OCOGs, IFs, host country government(Gov. Host.) OCOG, Athletes이다. 영향력은 낮지만 의존성도 낮은 Autonomous stakeholders는 OCOG 스폰서, TV중계권자, TOP 스폰서이다. 영향력도 낮고 의존성은 높은 Dominated stakeholders는 NOCs, NFs이다.

▼ 그림 3-8 총체적 올림픽시스템의 이해관계자 간 영향력-의존성 관계 그래프

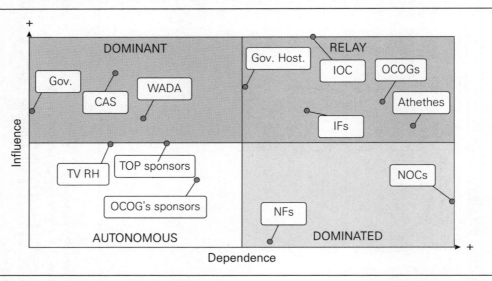

출처: Ferrand, Chappelet & Seguin (2012: 93)

개별 이해관계자 간 영향력과 의존성 관계의 네트워크는 각각 <그림 3－9>와 <그림 3－10>에 제시되어 있다. 각 이해관계자들 간 영향력(의존성)의 수준이 높을수록 진한 선으로 표시되어 있다. 여러 이해관계자들에게 영향을 주는(의존되어 있는) 이해관계자는 네트워크의 중심에 위치한다.

▼ 그림 3-9 총체적 올림픽시스템의 이해관계자 간 영향력 관계 네트워크

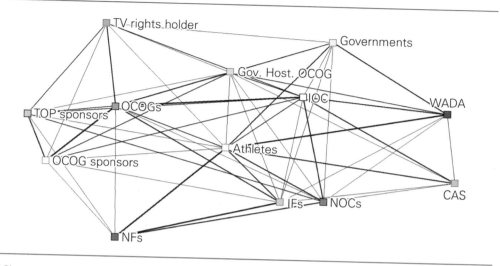

출처: author's elaboration using Ucinet 6 based on Ferrand, Chappelet & Seguin (2012: 92)

▼ 그림 3-10 총체적 올림픽시스템의 이해관계자 간 의존성 관계 네트워크

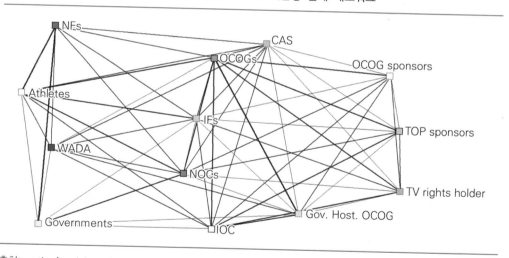

출처: author's elaboration using Ucinet 6 based on Ferrand, Chappelet & Seguin (2012: 92)

특별히 다른 이해관계자들에 대한 영향력이 높고 상대적으로 의존성도 높은 IOC 는 조직 정당성을 확보하기 위해 포섭(Co-optation: Selznick, 1948) 전략을 활용하였

다. 핵심 이해관계자의 포섭은 조직의 생존을 위해 필수적이다. 따라서 IOC는 이해관계자들의 이해를 수용하거나 반영하지 않고는 정당성 자원을 확보하기 어려웠다. Coubertin과 그의 15명의 동료들로 구성된 작은 조직은 영향력 있는 다중이해관계자로부터 115명의 회원(명예 회원인 국제 외교계 저명인사 Dr. Henry Kissinger 포함)을 포섭했다. 다음의 <표 3-7>, <표 3-8>과 같이 IOC는 각 대륙의 각국 정부와 글로벌 유수의 기업, 국제 스포츠 단체 및 명예 올림픽 선수들의 대표적인 이해관계자들로 구성되어 있다.

▌표 3-7 IOC 위원의 소속조직 및 대륙별 구성

	Independent	NOCs	IFs	Athletes	Totals
Africa	14	1	1	4	20
Americas	11	3	1	2	17
Asia	22	2	1	0	25
Europe	31	1	10	6	48
Oceania	3	1	0	1	5
Totals	81	8	13	13	115

주: as of July, 2007
출처: Chappelet(2008: 22)

▌표 3-8 IOC 위원의 직업 경력

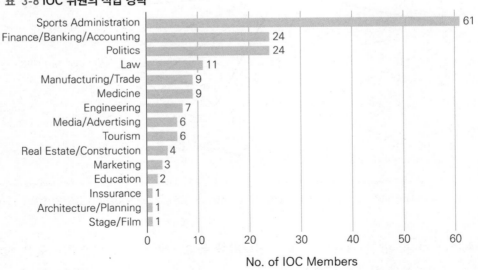

Coporate or Institutional Affiliations

PriceWaterhouseCooper	BT Investment Management	World Bank	Singha Corp
OPEC	British Coal Corp	WHO	Shell
NBC	Avtotraktoroexport	WADA	Samsung
NATO	ALITALIA	Verizon	Royal Dutch Airlines
Media Group Imagen	Aker SA	UN	Rowsley, Ltd.
JP Morgan Chase	Clorox	Treet Manufacuring	Red Cross
GBS Finanzas SA	Activision	Suzuki	
Easton Sports Inc.	Keshet Broadcasting	Societät für Unternehmensplanung	
Delhaize Grouop			

주: IOC website data as of August 18, 2016
출처: https://www.rioonwatch.org/?p=31955

국제올림픽시스템의 트릴레마(Trilemma): 관료제화, 상업화, 정치화 간 균형잡기?

앞 절에서 살펴 본 <표 3-9>와 같은 글로벌 올림픽 거버넌스의 협력적 공진화를 통해 형성된 현재의(current) 총체적 올림픽시스템하에서 다중이해관계자들 간 관계의 복잡성은 국가, 시장, 사회 각 부문의 작동원리의 상호충돌을 야기하였고, 결국 관료제화, 상업화, 정치화 간 트릴레마(Trilemma)를 야기하였다.

▌표 3-9 글로벌 올림픽 거버넌스의 협력적 공진화

시작 시기		1894~	1900's~	1980's~	1990's~	2010's~
양상	기능의 전문화	이념의 운동화	운동의 조직화	조직의 제도화	제도의 정당화	이익의 다원화
	구조의 복잡화	IOC 설립	전통적 올림픽시스템	확장된 올림픽시스템	규제된 올림픽시스템	총체적 올림픽시스템
결과		자원의존하에서 조직 자원의 다각화	정치화	상업화	관료제화	트릴레마

출처: Chappelet(2016, 2021) 수정·보완.

국제올림픽시스템의 트릴레마가 제시된 <그림 3-11>은 권력, 자본, 정당성의 3요소 중 어느 하나를 추구하려다 보면, 다른 두 가지를 이룰 수 없는 삼각 딜레마 상황을 보여주고 있다.

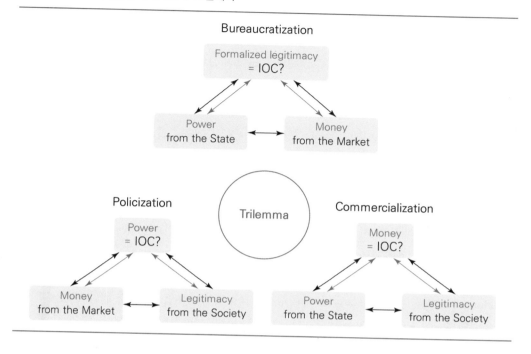

첫째, IOC가 사회로부터 형식화된 정당성을 추구한 결과 **관료화**가 이루어졌다. 그러나 위계질서를 통한 관료적 조직의 리더들의 결정은 여러 이해관계자의 동의 없이는 정당성을 얻지 못할 수 있다. 예를 들어, IOC가 핵심 올림픽 스포츠 종목에서 레슬링을 제외한 사례는 국제올림픽시스템의 트릴레마를 보여주었다. 2013년 2월 IOC 집행이사회(위원 15명)가 26개 핵심 올림픽 하계종목에서 레슬링을 제외하기로 한 결정은 레슬링 경기의 경제적 수익성에 근거한 결정으로 인식되었다. 하지만 레슬링은 고대 올림픽까지 그 뿌리를 추적할 수 있는 스포츠이며, 1896년 근대올림픽의 기원 종목으로 채택되었다. 이에 레슬링 관련 단체뿐만 아니라 많은 올림픽 메달을 획득한 국가 등 여러 이해당사자들이 이 결정을 비판하고 원상회복을 위해 노력하였다. 결국 2013년 9월 IOC 총회는 레슬링을 2020년 올림픽의 올림픽 프로그램으로 복원하였다.

둘째, 스포츠 행사를 통해 수익을 얻으려는 올림픽 이해관계자들은 **상업화**를 가속화시켰다. 코로나19의 세계적 대유행 이후, 일본 OCOG와 IOC는 2020년 도쿄 하계 올림픽을 2020년 7월에 예정대로 개최할지 아니면 연기하거나, 취소할지에 대한 어려운 결정이 필요한 트릴레마에 직면했다. 그러나 일본 OCOG와 IOC는 올림픽 개최를 준비하는 막대한 매몰 비용을 감안하여, 여러 이해 관계자의 많은 비판에도 불구하고 경기장에 국제 관중이 없는 2021년 7월 도쿄 하계 올림픽을 연기하여 개최했다.

셋째, 미·중 '신냉전' 시대가 도래하면서 국제올림픽시스템의 **정치화**가 다시 부각되었다. 2022년 베이징 동계올림픽은 패권의 현실정치가 부활한 사건이었다. 중국이 올림픽을 통해 국가적 성취를 자축하는 동안, 미국, 서방 국가, 일본, 인도 등은 '외교적 보이콧(Diplomatic Boycott)'을 통해 중국의 인권 문제는 물론 '늑대' 외교와 '샤프(sharp)' 파워에 대한 국제적 우려를 보여주었다. 심지어 2022년 베이징 동계 패럴림픽 기간 중에는 러시아가 우크라이나를 침공하였다.

이상과 같은 총체적 올림픽시스템의 트릴레마로 인해 <그림 3-12>와 같이 국가, 시장, 사회의 본질적 차이 속에서 각 영역의 이해관계자들의 때로는 상충되는 목표 간에 균형을 잡고 조화시켜야 하는 과제에 직면하게 되었다. 즉, 세 영역으로부터 각각 권력, 자본, 정당성 자원들의 최적조합을 찾음으로써, 자신의 존재의의를 정당화 (legitimization)하는 것이 시스템의 자율성 유지와 지속가능한 생존을 위해 핵심적인 과업이 되었다. 예를 들면, 총체적 올림픽시스템의 정당화를 위한 개혁 노력의 대표적인 사례인 2020 올림픽 의제(the 2020 Olympic Agenda)와 2020+5 올림픽 의제(the 2020+5 Olympic Agenda)의 전략적 로드맵에는 전체 올림픽 운동과 더 넓은 사회에 속한 여러 이해관계자의 이해관계가 반영되었으며, 그 주요 목표는 올림픽 가치를 보호하고 젊은이들과 연결되며 사회에서 스포츠의 역할 수행과 스포츠를 통해 더 나은 세상을 만들기 위한 미래 비전 실현이었다(<표 3-10> 참조)[26].

▌표 3-10 **이해관계자별 Olympic Agenda 2020 및 Olympic Agenda 2020+5와의 관계**

이해관계자	Olympic Agenda 2020과의 관계	Olympic Agenda 2020+5와의 관계
IOC	강화된 올림픽게임 이미지, 비용 절감, 사회에서 중요한 역할	선수, 파트너 및 주최측과의 새로운 관계
운동선수	올림픽게임, 양성평등, 도핑방지, 난민이슈의 핵심	새로운 권리와 책임, 청렴한 선수 보호, 가상 스포츠 개발
조직위원회	행사장 관리의 유연성 향상	새로운 레거시 계획

이해관계자	Olympic Agenda 2020과의 관계	Olympic Agenda 2020+5와의 관계
국제 스포츠 연맹	청렴한 선수의 보호, 굿 거버넌스, 연대 (solidarity) 강화	각 조직의 스포츠 캘린더 간 조화 (harmonization of the sports calendar), 올림픽게임의 새로운 길
국가 올림픽 위원회	준비 단계 지원, 굿 거버넌스, 연대 강화	최고의 선수 유치
스폰서	긴 기한이 있는 새로운 계약, 신뢰가능한 안정성	새로운 최고의 파트너십 프로그램
공급업체	지속 가능성, 탄소 발자국(carbon footprint) 저감	UN 지속가능발전목표를 위한 조력자로서의 역할 강화
방송인	올림픽 채널 런칭	수익 창출 모델 혁신
기타 미디어	새로운 콘텐츠, 소셜 미디어에서의 새로운 역할	선수들과의 새로운 관여
인력	새롭고 더 방대하고 포괄적인 참여	굿 거버넌스
자원 봉사자	새롭고 더 방대하고 포괄적인 참여	굿 거버넌스
관중	이벤트에 참석하는 새로운 방식	디지털 참여
차기 올림픽 대회 조직위원회	투입 시간 단축 및 비용 절감	새로운 레거시 계획

출처: Nicoliello (2021: 136-137)

그러면 이처럼 불가능해보이는 3가지 미션들을 성공적으로 달성할 수 있을 것인가? 아니면 결코 화해할 수 없는(irreconcilable) 가치들 간의 트릴레마인가? 환경과 내외부 행위자의 상호영향을 통해 공진화해온 총체적 올림픽시스템은 단지 착취적(exploitative) 공진화의 제로섬 게임으로 귀결될 것인가? 아니면 현재의 관료제화, 상업화, 정치화 간 트릴레마를 극복하고, 생존의 위기를 도약의 기회로 승화시키는 경쟁적(competitive) 공진화의 장이 될 수 있을 것인가? 나아가 공생관계에 있는 다중이해관계자들 간의 이타적(mutualistic) 협력을 통한 협력적(cooperative) 공진화의 포지티브섬(positive sum) 게임을 만들어 낼 수 있을 것인가? 바로 여기에 올림픽시스템의 미래가 달려 있다.

Legitimization

1 올림픽경기대회에 참가하는 국가의 숫자를 보면, 1896년 제1회 그리스 아테네올림픽 14개에서 2012년 영국 런던올림픽 204개로 급격히 늘어났다.

2 이에 비해 UN은 '국가권력에 의한 투표(vote by power)'가 이루어진다. 즉, 회원국들의 투표제도가 있으며 중요 의사결정에는 안전보장이사회 상임이사국들(Security Council's permanent nations)의 거부권(veto power) 행사가 가능하여 이들의 의사가 과대대표(over-represented)된다는 지적이 있다. IMF의 경우는 회원국들이 조직에 내는 기여금(quota contribution) 비율에 따라 해당국의 투표가 의사결정에 미치는 영향이 달라져 '돈에 의한 투표(vote by money)'로 볼 수 있다.

3 이해관계자 관리(Stakeholder management)란 이해관계자를 식별(Stakeholder Identification)하고, 우선순위를 매기며(Prioritize Your Stakeholders), 중요한 이해관계자를 이해하고(Understanding Your Key Stakeholders), 그들과 관여 및 소통하는 것(Engaging and Communicating with Stakeholders)을 말한다.

4 이 세 가지 자원들은 Max Weber의 3P, 즉 Property, Power, Prestige에 대응해 볼 수 있다.

5 여기서 자원이란 유형적, 무형적인 것을 모두 포함하며, 돈, 정보, 사람, 조직 구성원 간의 신뢰, 연대성, 사회자본, 사회운동의 목표와 수단, 방법 등에 대한 정당성 등을 포괄한다.

6 올림픽 운동의 초기의 주요 연혁은 올림픽헌장 서문(Preamble of the Olympic Charter)에 다음과 같이 제시되어 있다: "Modern Olympism was conceived by Pierre de Coubertin, on whose initiative the International Athletic Congress of Paris was held in June 1894. The International Olympic Committee (IOC) constituted itself on 23 June 1894. The first Olympic Games (Games of the Olympiad) of modern times were celebrated in Athens, Greece, in 1896. In 1914, the Olympic flag presented by Pierre de Coubertin at the Paris Congress was adopted. It includes the five interlaced rings, which represent the union of the five continents and the meeting of athletes from throughout the world at the Olympic Games. The first Olympic Winter Games were celebrated in Chamonix, France, in 1924."

7 "어떠한 방식으로든 올림픽 운동에 소속된 개인이나 조직은 올림픽헌장의 규정들에 의해 구속되며 IOC의 결정들을 준수해야 한다"(Any person or organisation belonging in any capacity whatsoever to the Olympic Movement is bound by the provisions of the

Olympic Charter and shall abide by the decisions of the IOC.) (IOC, 2011: 14)

8 올림픽 헌장(The Olympic Charter)은 국제 올림픽 위원회(IOC)에서 채택한 올림픽의 기본 원칙, 규칙 및 부칙을 성문화한 것으로서, 올림픽 운동의 조직, 행동 및 운영을 관장하고 올림픽 경기를 성공적으로 개최하기 위한 조건을 규정한다. 본질적으로 올림픽 헌장은 세 가지 주요 목적을 갖는다: a) 헌법적 성격의 기본 도구인 올림픽 헌장은 올림피즘의 기본 원칙과 본질적 가치를 명시하고 상기시킨다. b) 올림픽 헌장은 IOC의 법령(statutes)으로도 사용된다. c) 올림픽 헌장은 올림픽 운동의 세 가지 주요 구성 요소, 즉 IOC, 국제 연맹 및 국가 올림픽 위원회, 그리고 올림픽 게임 조직 위원회 각각의 주요한 상호 권리와 의무를 정의하며, 이들 모두는 올림픽 헌장을 준수해야 한다.

9 영어로 organization은 조직하는 과정(process)으로서의 조직화(組織化)와 그 결과로 조직된 상태(being organized)로서의 조직(組織)을 모두 함의하며, 전자의 의미는 organizing(Weick, 1979: 26)이라는 용어로 구분할 수 있다.

10 "a philosophy of life, exalting and combining in a balanced whole the qualities of body, will and mind" (IOC, 2011: 10)

11 양자 간 상호연계성에 대해 쿠베르탱은 다음과 같은 비전을 표현하였다: "For 100 people to take an interest in physical fitness, 50 must do sports; for 50 people to do sports, 20 must specialize in a discipline; for 20 people to specialize in a discipline, 5 must show exceptional prowess" (Chappelet, 1991: 34).

12 정당성(Legitimacy)은 다음과 같이 정의될 수 있다: "a generalized perception or assumption that the actions of an entity are desirable, proper, or appropriate within some socially constructed system of norms, values, beliefs, and definitions" (Suchman, 1995: 574).

13 부패(Corruption)는 다음과 같이 정의될 수 있다: "a behavior which deviates from the formal duties of a public role because of private regarding [...] pecuniary or status gains; or violates rules against the exercise of certain types of private-regarding influence." (Nye, 1967: 419)

14 예를 들어, 국제승마연맹(FÉDÉRATION EQUESTRE INTERNATIONALE/International Equestrian Federation: FEI)이 도입한 클린 스포츠 캠페인(Clean Sport Campaign)은 조직 위원회, 임원, 수의사, 운동선수 및 지원 팀과 같은 승마 스포츠와 관련된 모든 이해관계자들로 하여금, 페어플레이, 청렴성 및 더 나은 판단의 이상(ideals)에 대한 책임성뿐만 아니라, 말 도핑 방지, 금지 약물 목록 및 약물 관리 규정의 중요성을 환기시킨다(자세한 내용은 http://www.feicleansport.org/를 참조).

15 이에 대해 前 IOC 위원장 자크 로게(Jacques Rogge)는 다음과 같이 선언하였다: "as a values-based sports organization, we can't change the world on our own. But we can — and we do — help to make it a better place" (IOC, 2012: 1).

16 IFA는 1999년부터 UNDP, UNICEF, ILO, WHO 등과 같은 UN 기관 및 프로그램과 협력하여 다양한 캠페인 및 프로그램을 시작했다(https://www.fifa.com/).

17 주요 이슈들은 다음과 같다: global warming, air pollution, deforestation, biodiversity

conservation, protection of ecosystems, land use and landscape, resource and waste management, health and safety, nuisances, safeguard of cultural heritage (IOC, 2005b: 10-18)

18 생태적 재앙을 방지하고 다자간 행동을 촉구하기 위해 1990년대 초부터 온실 가스(특히 CO_2) 배출을 통제하고 줄이기 위한 협상을 시작한 국제 사회는 마침내 1992년 리우데자네이루에서 열린 지구정상회의에서 유엔 기후 변화 협약(the United Nations Framework Convention on Climate Change)에 서명했다. (Chen, 2009: 227).

19 심지어 환경보호를 위한 실질적인 노력들 없이 겉으로만 보여주기 식으로 '친환경적'이라고 과장 혹은 허위 광고·포장함으로써 부당한 이득을 취하는 경우에는 이를 '그린워싱(green washing)' 혹은 '위장환경주의'라고 한다.

20 예를 들면, 2000년에 비딩 도시와 잠재적 유치 조직들이 올림픽 게임의 혜택을 극대화할 수 있는 잠재적 유산을 식별할 수 있도록 IOC는 OGGI(Olympic Games Global Impact) 연구를 시작했으며, 이후 조직위원회들은 게임의 유치부터 개최 단계에 걸쳐, 지속 가능한 개발의 세 가지 영역(경제, 사회 및 환경)에서 약 150개의 성과 지표들로 구성된 OGGI 연구를 수행해왔다(Leonardsen, 2007). OGGI 연구에 포함된 여러 지표들은 다음과 같다: 경제 영역(사회경제적 지표, 1인당 국내총생산), 사회 영역(정치권력 배분, 국제등급분류, 교육수준, 보건서비스, 영양, 위생시설, 최고 수준의 운동선수 및 여성, 프로선수권대회, 올림픽 및 세계선수권대회 성적, 국가대표선수 불법 약물 남용 사례, 대회 조직에 대한 정치적 참여, 올림픽 대회 기간 동안 공식적으로 대표되는 국가, 보안 프로그램, 약물 검사, 메달 및 국가 기록, 올림픽 기록 및 세계 기록), 환경 영역(온실가스 배출량, 대기오염물질, 야외휴양지, 오존, 실내공기질). 대회 개최를 희망하는 도시에 대한 매뉴얼은 지속적으로 수정되었고, 2002년 올림픽의 유치 후보자들은 처음으로 환경 보호에 관한 몇 가지 질문에 답해야 했으며, 이는 IOC에 제출할 후보자 파일(candidacy files)의 한 장을 구성하게 되었다(Chappelet, 2008: 1892).

21 조직이 유사한 문제에 대한 적응 해법을 실현하는 데 유사한 형식과 관행을 갖는 이유를 설명하면서, Dimaggio와 Powel(1983)은 '제도적 동형화(institutional isomorphism)'라는 용어를 제안했다. 이는 개별적이지만 때로는 동시적 과정을 나타내는 세 가지 다른 메커니즘에 의해 주도된다. '강제적 동형화(Coercive isomorphism)'는 조직이 의존하고 있는 외부 구성요소가 권위 있는 압력에 의해 해당 조직으로 하여금 특정 관행을 채택하도록 강요할 때 발생할 수 있다. '모방적 동형화(Mimetic isomorphism)'는 조직이 불확실성에 대한 대응으로 다른 사람의 성공적인 역할 모델이나 모범 사례를 모방하거나 벤치마킹할 때 발생할 수 있다. '규범적 동형화(Normative isomorphism)'는 주로 사회화 또는 전문화에 의해 야기될 수 있으며, 이는 라이센스(licensing), 교육 자격 증명 및 기존 조직 간의 상호 고용을 통해 전문적 가치를 일치시키는 것을 의미한다. 사회적 수용을 얻고 바람직하고 적절한 사회적 실체로 보이기 위해(Deephouse & Carter, 2005; Provan, Lamb, & Doyle, 2004), 많은 조직들은 이해관계자가 해당 조직들에 대해 갖는 사회적 기대 또는 인식에 순응한다. 기업의 사회적 및 환경적 책임의 원칙은 강제적 동형화로 해석될 수 있다(DiMaggio & Powel, 1983). 점점 더 많은 개척자가 자신의 상황에서 원칙을 실천에 적용하고, 관련 이해 관계자

및 사회의 관점에서 합법적으로 간주되는 적용 모델이 추종자로 확산됨에 따라 조직 형태, 활동, 사명 및 문화가 유사한 제도적 분야에서 점점 더 동질화되고 있다(모방적 동형화). 이러한 동조화(homogenization)는 교육 성취도를 인정하거나 또는 직원 이주, 컨설팅 회사, 기타 전문직을 통한 조직 간 네트워킹(규범적 동형화) 등을 통하여 발전된 규범의 정당화에 의해 장려되고 강화될 수 있다.

22 비딩(bidding)이란 이벤트 개최권을 보유한 이벤트 소유주들이 가장 성공적으로 개최할 만한 후보 도시 혹은 국가를 선정하는 방식을 말한다. 즉 이벤트 소유주들은 이벤트라는 일종의 재화(서비스)의 질(quality)에 대한 기준을 정해 놓고 이러한 기준을 충족하는 여러 이벤트 비드(bid) 중 가장 적합한 것을 일정한 절차를 거쳐 선정하게 된다. 여기서 이벤트 비드란 특정한 목적지(destination)나 장소(venue)에 이벤트를 유치하거나 개최권을 확보하기 위한 공식적 시도를 의미한다(Getz, 2004: 5).

23 이벤트소유주는 일종의 지식재산권 소유자(intellectual property rights owner)이며 이벤트 개최권은 물론 관련 재산들을 이벤트유치참여자들(event bidders)에게 배분한다. 여기서 올림픽 관련 다양한 종류의 재산들과 그 보호권에 대해서는 Ferrand, Chappelet & Seguin (2012: 34-53)을 참조할 수 있다.

24 The World Games is a non-Olympic event run by the International World Games Association (IWGA), an organization that operates under the patronage of the IOC. It is a planetary competition held every four years with staging a number of recognized sports events that are recognized by the IOC but not represented at the Olympic Games (Chappelet & Kubler-Mabbott, 2008: 75-76). However, as a 'gateway' for past non-Olympic sports to show up at the Olympic Games (since the start of the World Games in 1981, several sports first featured at the Games, including badminton, taekwondo and triathlon have all subsequently been incorporated into the Olympic programme), the IWGA is closely related to the Olympic sport because it explicitly accepts and adheres to all principles of the Olympic Charter, which give a rationale for being included in the sample of this study.

25 Using the MACTOR (Matrix of Alliances and Conflicts: Tactics, Objectives and Recommendations) toolbox stemming from the formalized scenario planning methodology proposed by Godet (2001), three experts working within the Olympic System evaluated all actors' relations according to their influence and dependence(Godet, M., 2001; Ferrand, Chappelet & Seguin, 2012: 91).

26 2014년 12월 8일과 9일 모나코에서 열린 제127차 IOC 총회에서 40개의 세부 권고안이 포함된 2020 올림픽 의제(Olympic Agenda 2020)가 만장일치로 합의되었다. COVID-19 전염병 대유행 시기인 2021년 3월, 제137차 IOC 총회는 코로나바이러스 이후 세계에서 보다 포괄적인 올림픽을 설계하고 성공을 보장하는 데 기여할 수 있는 15개 권장 사항으로 구성된 올림픽 의제 2020+5(Olympic Agenda 2020+5)를 승인함으로써, 더 큰 결속력, 더 많은 디지털화, 지속 가능성 증가, 신뢰성 강화 및 사회에서 스포츠의 역할 강화를 도모하였다.

글로벌 스포츠이벤트 개최권 배분의 동학

4.1 글로벌 스포츠이벤트 개최권 배분 메커니즘

일반적으로 글로벌 스포츠이벤트 개최권은 비딩(bidding) 절차를 거쳐 특정 도시나 국가에 배분된다. 예를 들면, FIFA 축구월드컵의 경우 국가별 스포츠연맹, 즉 국가 단위의 개최지로 선정되는데 비해 올림픽경기는 도시에 개최권이 부여된다. 그러나 최근에는 하나의 개최 도시가 국가적인 지원 없이 메가 스포츠이벤트[1]를 성공적으로 개최하기는 어려운 상황이기 때문에 이벤트 소유주들은 개최도시가 모국의 지원을 받는 조건으로 개최권을 부여하는 경향이 있다[2].

이벤트의 종류나 이벤트 소유주가 처한 정치적 상황 혹은 맥락에 따라 비딩 절차의 소요 시간이나 순서, 조건 그리고 이에 관여하는 의사결정자 등이 달라질 수 있다 (Diaey et al., 2011: 7). 공식적인 비딩 절차는 일반적으로 다음의 내용을 포함한다 (Emery, 2001: 93): "스포츠기구에 관심표명서를 제출하도록 초대; 다양한 선정 단계들 (국내 혹은 국제, 지원자(applicant) 혹은 후보자(candidate) 지위 등); 비드 북(bid books)[3] 의 제출; 비딩참여자를 위한 워크숍이나 세미나의 조직; 평가위원회의 유치후보의 공식 사이트 방문; 국제스포츠기구로부터 득표하기 위한 비딩참여자의 프리젠테이션; 국제스포츠기구에 의한 개최지 결정; 개최지와의 계약체결."

대표적인 메가 스포츠이벤트 중 올림픽경기와 FIFA 축구월드컵의 비딩 절차를 인터뷰 조사한 결과는 <표 4-1>과 같다(Diaey et al., 2011: 16-17).

┃ 표 4-1 IOC 및 FIFA의 비딩 절차에 대한 인터뷰 결과

	IOC	FIFA
비딩 과정은 얼마나 걸립니까?	보통 1~2년	약 2년
비딩 후보자와 귀하의 기관 사이에 계약이 있습니까?	입찰 과정에서 당사자 간의 계약은 없음.	국가 축구협회의 비딩 위원회는 FIFA 월드컵을 개최하고 개최할 수 있는 권리에 대한 입찰서 제출과 관련하여 FIFA와 계약을 체결할 의무가 있음. 입찰 동의서의 목적은 입찰 위원회로부터 FIFA에 대회 입찰서를 제출하고 FIFA에 제출된 입찰서의 구속력 있는 성격에 동의하고 인정한다는 약속을 받는 것임.
비딩 단계는 어떻게 구성됩니까?	1999년부터 프로세스는 두 단계로 구성됨: 입찰 제출 마감일 직후에 시작되는 첫 번째 단계에서 "신청 도시"는 성공적인 대회 조직에 중요한 주제를 다루는 질문에 답해야 한다. 두 번째 단계는 진정한 후보자 단계입니다. 승인된 신청 도시는 이제 "후보 도시"라 불리며, 확장되고 더 자세한 후보자 파일 형식으로 두 번째 설문지를 제출해야 함.	비딩 과정은 다음의 단계가 있음: 지원서 초청, 입찰의사 등록 마감일, 완료된 입찰 등록 양식 제출, 입찰의 전체 세부 사항 제출, 검사 시작, 점검 종료, FIFA 월드컵 개최국 지정(월드컵 개최국은 보통 대회 6~7년 전에 결정됨).
비딩 후보자는 비딩 등록을 위해 비용을 얼마나 지불해야 합니까?	2단계로 나누어져 있음: 우선, 신청 NOC/도시에서는 IOC에 미화 150,000달러의 환불 불가능한 후보자 수락 수수료를 지불해야 함. 입찰 프로세스의 두 번째 단계에서 후보 도시는 미화 500,000달러의 환불 불가능한 후보 수수료를 지불해야 함.	비딩 등록에는 수수료가 필요 없음.

	IOC	FIFA
개최지 선정을 위해 누가 투표/결정합니까?	IOC 집행위원회(Executive Board)는 신청자 목록에서 후보 도시를 선택하는 책임이 있는 기관임. 후보 도시 단계에서 선거는 각 1표를 소유한 IOC 위원들에 의해 이루어짐. 선거에 참여하는 도시가 있는 국가의 위원은 해당 도시가 출마하는 동안 투표할 수 없음. 투표는 하나의 비딩이 절대 과반수 득표를 얻을 때까지 연속적인 라운드로 수행됨. 첫 번째 라운드에서 이것이 발생하지 않으면 가장 적은 표를 얻은 비딩이 제거되고 다른 투표가 시작됨. 최하위 득표자가 동점일 경우 특별 결선 투표를 실시하여 승자가 다음 라운드에 진출함. 각 라운드가 끝나면 탈락한 입찰가가 발표됨. 개최 도시가 발표된 후, 선정된 도시는 IOC와 "개최 도시 계약"에 서명하며, 이를 통해 올림픽 조직의 책임을 도시와 해당 NOC에 위임함.	FIFA 집행위원회(Executive Committee)는 2022년 월드컵까지 대회 개최권을 부여하는 일을 담당하는 기관이었으며, 대회 개최국을 결정하기 위해 다회차 투표제를 적용하였음. FIFA 집행 위원회의 모든 적격 회원은 한 표를 가짐. 각 라운드에서 가장 적은 표를 얻은 후보국가는 단일 후보가 다수에 의해 선택될 때까지 제거됨. 동점일 경우 FIFA 회장이 결정권을 가짐. 각 라운드에서 13표의 과반수가 필요했었음. 2011년 6월 1일부터는 2026년 월드컵 유치를 시작으로, 1974년 이후 처음으로 FIFA 총회에서 모든 회원국이 차기 월드컵 개최지를 결정하게 됨. 개최국 발표에 이어, 선정된 국가는 월드컵 1년 전 월드컵 및 컨페더레이션컵 개최를 위한 공식 협약에 서명함.

출처: Diaey et al.(2011: 16-17)

한편, FISU, FINA와 FEI의 세계선수권대회(World championships) 비딩 절차를 비교한 <그림 4-1>을 보면 각 대회는 유사한 단계를 거쳐 개최권이 배분됨을 알 수 있다.

▶ 그림 4-1 FISU, FINA와 FEI의 세계선수권대회의 비딩 절차

SUMMER & WINTER UNIVERSIADES 2017
UNIVERSIADE D'ÉTÉ ET D'HIVER 2017

BIDDING PROCEDURE – PROCÉDURE DE CANDIDATURE

2017 WINTER AND SUMMER UNIVERSIADES - CALENDAR	
September 2010	Launch of the bidding process
September 2010 – May 2nd 2011	Submission of the letter of intent
November 17th-19th, 2010	Interactive workshop at the City Events Conference (Brussels, Belgium)
January 27th- February 6th, 2011	Observer Program for Applicant Cities during the 2011 Winter Universiade in Erzurum
May 2nd, 2011	Deadline for letters of intent & payment of bidding fee
May 13th, 2011	Candidate city workshop in Brussels Belgium
August 12th-23rd, 2011	Observer Program for Candidate Cities during the 2011 Summer Universiade in Shenzhen
September 30th, 2011	Submission of the bidding book
October~November 2011	Inspection visits by the FISU Winter & Summer Universiade Evaluation Committees
November 2011	Final presentations by the Bidding Committees to the FISU Executive Committee followed by the attribution of the 2017 Winter & Summer Universiade

18th FINA WORLD CHAMPIONSHIPS 2019
BIDDING PROCEDURE MILESTONES

Monday, 22 October 2012	Date for interested NF's and Cities to notify FINA of their intention to be involved in the Bid Process(non-binding).
Wednesday, 16 January 2013	Briefing to take place between FINA and interested National Federations of FINA(NF's) and Cities in Lausanne, Switzerland. FINA will provide the interested NF's and Cities with general information, background and details of the FINA World Championships and the Bid Process.
Thursday, 17 January 2013- Wednesday, 3 April 2013	Preparation of Formal Bid by NF's and Cities with the assistance of FINA.
Thursday, 4 April 2013	NF's Cities to submit their Formal Bid to FINA(Bid Questionnaire, Initial Budget, etc.).
Friday, 5 April 2013	FINA to provide a draft Host City Agreement to NF's and Cities that are to be involved in the Bid Process
Friday, 5 April 2013- Friday, 24 May 2013	Inspection of the various Bid Cities by FINA Delegation to develop the Formal Bid, address relevant issues(venues, TV, marketing, etc.) and to progress the Host City Agreement.
Monday, 27 May 2013- Friday, 28 June 2013	FINA, NF's and Bid Cities to work together as regards finalising the Host City Agreement. FINA available to meet with NF's Bid Cities in Lausanne, Switzerland if necessary.
Monday, 1 July 2013	NF/City to present a fully executed Host City Agreement to FINA.
Friday, 19 July 2013	Presentation of Bid by each NF/City to the FINA Bureau at a meeting to be held during the 14th FINA World Championships in Barcelona (ESP) followed by the 14th FINA Bureau voting and awarding the 18th FINA World Championships 2019 to the successful NF and Host City.

BIDDING PROCESS
FEI WORLD EQUESTRIAN GAMES™ 2018

Phase 1: Applicant Phase

September 2011	Request for Expression of Interest sent out by FEI to National Federations
15 November 2011	Expressions of Interest returned to FEI by National Federations
Mid March 2012	Bid Guide and Bid Application & Questionnaire sent out to Applicants
30 April 2012	Bid Application & Questionnaire signed and returned by Applicants
May/June 2012	Bid Application & Questionnaire reviewed by the FEI

Phase 2: Candidate Phase

11 June 2012	Announcement of Candidates
End of June 2012	FEI WEG 2018 presentation to Candidates at FEI Headquarters
	Host Agreement provided to Candidates
July-15 December 2012	Opportunity for Q&A with the FEI Site visits by FEI Delegation to all Candidates venues
	Host Agreement discussions and clarifications
15 December 2012	Deadline for submission of completed and signed Host Agreement
January 2013	FEI evaluation of bids
February 2013	Technical presentation of bids by Candidates to the FEI Bid Evaluation Commission

Phase 3: Decision Phase

March 2013	Evaluation of bids by FEI Bid Evaluation Commission and delivery of report to the FEI Bureau
	Presentation of bids by Candidates to the FEI Bureau
April-June 2013	Decision by the FEI Bureau
	Announcement of the host organiser of the FEI World Equestrian Games™ 2018

출처: official webstes of FISU, FINA and FEI(Lee, 2013: 55)

4.2 글로벌 스포츠이벤트 유치의 성공요인

앞 절에서 살펴본 스포츠이벤트 유치 전략이 실제 개최권 획득을 가져올 수 있는 가? 아니면 유치 성공에 영향을 미치는 다른 요인들이 존재하는가? 이와 같은 연구질 문에 답하기 위해 글로벌 스포츠이벤트 비딩(bidding)의 성공요인에 대한 연구들이 축 적되어 왔으나[4], 체계적인 분석모형이나 종합적 분석틀이 여전히 부족한 실정이다[5]. 이 에 본 절에서는 그간 축적된 여러 연구들을 종합적으로 검토하여 글로벌 스포츠이벤트 유치 성공의 다층적 영향요인(multi-level determinants)에 대한 통합적인 개념적 분석 틀(integrative and conceptual framework)을 제시한다. 구체적으로 본 절에서는 글로벌 스포츠이벤트 개최 성공의 영향요인에 대한 선행연구들을 분석단위 및 수준(unit and level of analysis)에 따라 각각 미시적(Micro), 중범위(Meso), 미시적(Macro) 요인으로 구 분하여 살펴본다.

<표 4-2>에는 주요 선행연구들이 이벤트 종류, 핵심 영향요인, 분석수준(분석단 위), 학문적 관점, 연구방법에 따라 정리되어 있다. 여기서 미시적 수준의 연구는 비딩 조직을 분석단위로 하고, 거시적 연구는 국가 수준에서 비딩에 참여하는 나라의 특성 에 주목하며, 중범위 수준 연구는 비딩이 이루어지는 제도 및 정책에 초점을 둔 연구 로 대별하였다[6].

미시적 수준의 연구는 개별 행위자 혹은 이해관계자의 역할이나 전략들에 초점을 맞추고 있으며, 대부분 전략 및 경영의 관점에서 수행된 컨설팅 보고서들이라서 엄밀 한 학문적 논의라기보다는 주로 실무적 활용에 주안점을 두고 있다. 이러한 미시적 수 준의 연구들은 비딩 참가자들이 참고할 만한 유치경쟁의 중요 성공 요인들(critical success factors) 관련 지식의 축적에 많은 기여를 하였다. 하지만 이러한 연구들이 때로 는 비딩 전략에 영향을 미치는 제도적 혹은 구조적 요인을 간과하고 있다. 예컨대 유 치후보 도시나 국가에 고유한 제도적 배열(institutional arrangements)이나 규칙 등은 이 들의 비딩 전략 수립과 집행에 촉진 혹은 저해 요인으로 작용할 수 있다. 이러한 중범 위 수준(meso-level) 요인들은 공공정책분석의 관점에서 정부조직과 정책의 영향에 관 해 수행된 연구들에서 찾아볼 수 있다(Chappelet, 2006; Leopkey, Mutter & Parent, 2010;

Merkel & Kim, 2011; Walters, 2011). 한편, 미시적 수준 행위자 및 중범위 수준 제도의 영향력 외에 거시적 수준 요인으로서 국가가 보유한 자원들도 비딩 국가들이 유치 성공 확률을 높이기 위해 구비해야 할 필요조건으로 지목되어 왔다(Poast, 2007; Feddersen et al., 2008; Feddersen & Maennig, 2012; Lee & Chappelet, 2012).

▌ 표 4-2 글로벌 스포츠이벤트 개최 성공의 영향요인에 대한 선행연구

선행연구	이벤트 유형	주요 성공 요인	분석 수준(단위)	관점 / 분야	연구 방법
Horte and Persson (2000)	The 2002 Olympic Winter Games	동계올림픽 개최와 관련된 메시지 및 관련되지 않은 메시지, 메신저로 구성된 비언어적 구성요소, 기타 행위자 및 채널	Micro: members of 4 bid committees	Managerial	Survey
				Marketing	Archive study
Persson (2000; 2002)	The 2002 Olympic Winter Games	선수 수용을 위한 올림픽 빌리지, 모든 방문객을 위한 교통 시설, 스포츠 경기장, 대회 재정, 통신, 정보 기술, 미디어 센터 및 IOC 위원 유치 도시 방문(2000)	Micro: members of the IOC (2000) and 4 bid committees as well (2002)	Managerial	Survey
		비딩 위원회와 IOC 위원 간의 비딩 제안에 대한 인식 적합도(2002)		Marketing	Archival material and participant observation
Ingerson & Westerbeek(2000)	7 major sporting events	1차(정치, 경제, 미디어, 인프라, 기술, 사회 문화적 영향, 관계 구축, 입찰 브랜드 자산, 공약, 부가가치 보장, 유산, 비딩 경험, 비딩 팀 구성, 창조적 통계) 및 2차(경쟁 및 경영지원) 기준	Micro: 6 bid organizers	Managerial	Semi-structured interviews
				Marketing	
Westerbeek, Turner and Ingerson (2002)	135 major sporting events in 21 countries	이벤트 조직 능력, 정치적 지원, 인프라, 기존 시설, 커뮤니케이션 및 노출, 책임, 비딩 팀 구성, 관계 마케팅	Micro: event owners and organizers	Managerial	Survey, principal components analysis
				Marketing	

선행연구	이벤트 유형	주요 성공 요인	분석 수준(단위)	관점 / 분야	연구 방법
Emery (2002)	46 major sports events in 10 countries	관련 분야의 전문적 신뢰성	Micro: Local Organizing committee (chief executive officer)	Managerial	Survey, semi-structured interviews
		간략하고 (비)공식적인 의사결정 과정에 대한 완전한 이해		Marketing	
		의사결정자가 전문가이거나, 합리적인 선택 기준을 사용한다고 가정하지 않음			
		전문 유무형의 제품/서비스 맞춤화와 기대 이상의 제공			
		경쟁자에 비교하여 비딩의 강점과 약점 파악			
Chappelet (2005)	14 major international sporting events in 5 Alpine countries	비딩을 스포츠 이벤트 개최 공식 정책의 일부로 설정	Micro: bid members	Managerial	Case study using interviews
		스포츠 이벤트 분야의 신뢰성 개발		Marketing	
		공식 및 비공식 의사 결정 프로세스의 이해			
		이벤트 사양의 요구 사항을 뛰어 넘는 "플러스" 제공			
Haugen (2005)	The 2008 Olympics	비딩국의 경제성장과 올림피즘을 잇는 비딩캠페인	Micro: bid campaigners and related stakeholders	Sociology	Case study through discourse analysis and interviews
Carey et al.(2011)	The 2016 Olympics	비딩과 올림픽 관련 개발을 연계시키는 미디어 보도 전략	Micro: bid campaigners and related stakeholders	Sociology	Case study through content analysis
White (2011)	The 2000 Olympics	스포츠, 문화, 환경의 3가지 올림피즘의 흐름에 부합하는 비딩 캠페인	Micro: bid campaigners and related stakeholders	Sociology	Case study (Documental analysis)
Rowe (2012)	The 2000 and 2008 Olympics	비딩국 인권 이슈와 관련된 전략적 이미지 관리	Micro: bid campaigners and related stakeholders	Sociology	Case study (Documental analysis)

선행연구	이벤트 유형	주요 성공 요인	분석 수준(단위)	관점 / 분야	연구 방법
Chappelet (2006)	Several countries including Switzerland, Canada, Denmark and Great Britain, etc.	지방, 권역 및 국가 차원에서 공공 기관이 시행하는 유치 정책	Meso: Government and its policy	Policy analysis	Comparative case study (Documental analysis)
Leopkey, Mutter & Parent (2010)	Major sporting events for which Canada and Switzerland bid	다양한 정부 수준의 유치정책 및 프로그램	Meso: Government and its policy	Policy analysis	Comparative case study (Documental analysis)
Merkel & Kim (2011)	Major sporting events for which South Korea bid (The 2010, 2014, 2018 Olympics)	정부의 지원 및 조정	Meso: Government and its policy	Policy analysis	Single case study (Documental analysis)
Walters (2011)	Major sporting events for which the UK bid	조세 정책과 조화를 이루는 국가 및 지역 차원의 정치적 지원 및 정부 정책	Meso: Government and its policy	Policy analysis	Single case study (Semi-structured interview)
Poast (2007)	Summer and Winter Olympics (1964~2012)	비딩국의 경제 성장, 대륙 순환	Macro: characteristics of bid countries	International relations	Quantitative methods (regression analysis)
Feddersen et al.(2008)	6 Summer (1992~2012) Olympics	올림픽 선수촌에서 스포츠 경기장까지의 거리, 올림픽 선수촌 주변에 사용 가능한 호텔 침대 수, 입찰 국가의 현지 기온	Macro: characteristics of bid cities/ countries	Economics	Quantitative methods (regression analysis)
Feddersen & Maennig (2012)	8 Winter (1992~2018) Olympics	기존 경기장, 경기장과 올림픽 선수촌 및 공항 간의 거리, 올림픽 선수촌 주변의 이용 가능한 호텔 침대 수, 고도, 강수량, 눈, 인구, 입찰 국가의 인플레이션 및 부패	Macro: characteristics of bid cities/ countries	Economics	Quantitative methods (regression analysis)
Lee & Chappelet (2012)	Summer and Winter Olympics (1996~2018)	경제성장, 스포츠 성공, 투명성, 비딩국의 환경적 노력, 대륙순환	Macro: characteristics of bid countries	International relations	Quantitative methods (regression analysis)

이상의 선행연구들을 종합하여 글로벌 스포츠 유치 성공에 영향을 미치는 다층적 요인들에 대한 통합적 분석모형을 설정하면 <그림 4-2>와 같다.

▼ 그림 4-2 글로벌 스포츠 유치 성공요인 통합모형

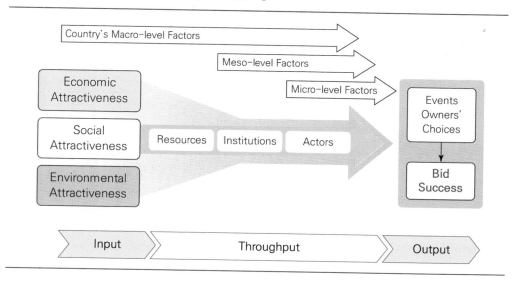

결론적으로 선행연구에서 제시한 다층적 성공요인들은 각 분석 수준 및 단위별로 구분하여 다음 <표 4-3>과 같이 요약될 수 있다.

▎표 4-3 글로벌 스포츠 유치의 다층적 성공요인

분석 수준	분석 단위	이론	주요 성공 요인	실증 연구
미시	행위자	마케팅 이론	비딩 품질, 로비, 마케팅 전략(예 장소 또는 관계 마케팅)	Horte and Persson(2000), Persson(2000; 2002), Ingerson & Westerbeek(2000), Westerbeek, Turner and Ingerson(2002), Emery (2002), Chappelet(2005), Haugen (2005), Carey et al.(2011), White (2011), Rowe(2012)
중범위	제도	제도론	공식화된 스포츠이벤트 유치 전략(공공 유치 정책), 비딩 도시의 역할, 비딩 프로세스에 관한 제도적 규칙, 정치-행정 시스템	Chappelet(2006), Leopkey, Mutter & Parent(2010), Merkel & Kim(2011), Walters(2011)
거시	자원	국제 관계 또는 비즈니스 이론(예 소프트파워 이론 또는 국가 매력)	경제, 사회, 환경 영역의 국가별 특성	Poast(2007), Feddersen et al.(2008), Feddersen & Maennig(2012), Lee & Chappelet(2012)

4.3 글로벌 스포츠이벤트 개최권의 국가별 배분 패턴

　　본 절에서는 국가별 비딩 성공 횟수[7]의 비교를 통해 글로벌 스포츠이벤트 개최권의 국가별 배분 패턴을 살펴본다. 분석대상 메가/메이저 스포츠이벤트는 다음과 같이 선정하였다. 우선 올림픽 정식종목 스포츠 국제경기대회 중 종합스포츠이벤트인 하계/동계 올림픽(IOC 소관), 하계/동계 유니버시아드(FISU 소관)와 비공식 올림픽스포츠인 월드게임(World Games)을 포함시켰으며, 2012년 런던올림픽 기준 모든 올림픽 정식 단일종목들의 세계선수권대회(World championships) 총 54개 이벤트[8](하계 스포츠 25개, 동계스포츠 7개 포함 총 32개 국제연맹 소관)를 선정하였다. 이상 35개 각각의 국제스포츠기구 웹사이트 및 스위스 로잔(Lausanne)에 위치한 올림픽도서관에서 데이터를 수집한 결과, 총 857개의 비딩 결과에 따른 개최권 배분 국가들 관련 자료를 구축하였다.

　　<그림 4-3>에는 1990년부터 2012년까지 총 857개의 글로벌 스포츠이벤트 개최권이 모두 60개 국가들에 배분되었음을 보여주고 있다. 이처럼 UN 가입국 기준 190여개 나라들 중 약 3분의 1 정도만 해당되는 60개국만이 개최권을 부여받은 것은 글로벌 스포츠이벤트 개최가 가능하기 위해서는 국가가 갖추어야할 특정한 기준점(threshold)이 존재할 수 있음을 시사한다. 구체적인 국가별 순위를 살펴보면, 1990년에서 2012년까지 23년 동안 독일이 69회 개최권을 획득하여 1위를 차지하였고 캐나다가 66회, 미국 56회, 이탈리아 50회, 일본 38회, 프랑스 37회, 중국 35회, 영국(대영제국: 잉글랜드, 스코틀랜드, 웨일즈, 북아일랜드 포함) 34회, 스페인 32회, 스위스 31회 등의 순이다. 하지만 거의 절반에 해당하는 27개국들의 개최권 획득 수는 5회 미만이었으며, 이 중 10개국들은 단지 1회에 그치는 것으로 나타나 국가별 개최권 배분 분포는 상당한 차이를 보여주고 있다.

▼ 그림 4-3 국가별 글로벌 스포츠이벤트 개최권 배분 결과(1990~2012)

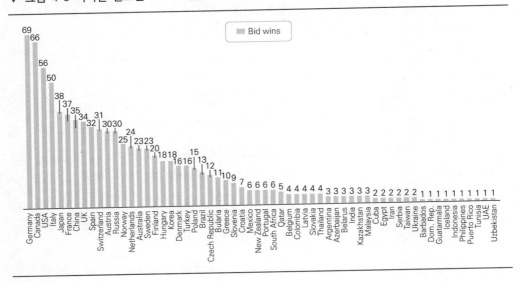

　　개최시기에 따라 하계와 동계이벤트로 구분한 국가별 개최권 배분 분포가 나타나 있는 <그림 4-4>를 보면 국가마다 하계 또는 동계이벤트 간의 구성비율이 상당한 차이가 있음을 알 수 있다. 예를 들면, 독일의 경우 하계이벤트가 40회로 동계이벤트 29회보다 많은 반면, 캐나다는 하계이벤트가 24회로 동계이벤트 42회보다 적었다. 특히 개최권 획득 횟수가 적은 국가들이 주로 하계이벤트를 개최한 것은 이들 국가가 위치한 지역 (아프리카 대륙 등)의 기온이 높기 때문에 동계스포츠를 개최하는 것이 불가능하기 때문인 것으로 추론해 볼 수 있다.

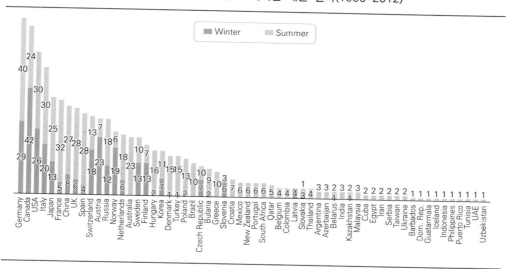

<그림 4-5>와 <그림 4-6>은 각각 하계와 동계이벤트 개최권 배분결과 (1990~2012년)를 보여준다. 먼저, 하계이벤트의 개최 순위를 보면 독일이 40회로 1위를 차지하였고 프랑스 32회, 미국 30회, 이탈리아 30회, 영국 28회, 스페인 28회, 중국 (27), 일본 25회, 캐나다 24회, 오스트리아 23회 등 순이었다. 다음으로 동계이벤트 순위는 캐나다가 42회로 가장 높았으며 독일 29회, 미국 26회, 오스트리아 23회, 이탈리아 20회, 노르웨이 19회, 스위스 18회, 스웨덴 13회, 핀란드 13회, 일본 13회 등 순이었다. 이에 비해 하계이벤트 개최 순위가 높았던 국가들이 동계이벤트 순위가 낮은 경우는 중국 8회, 영국 6회, 프랑스 5회, 스페인 4회 등이었다.

▼ 그림 4-5 하계 글로벌 스포츠이벤트 개최권 배분 결과(1990~2012)

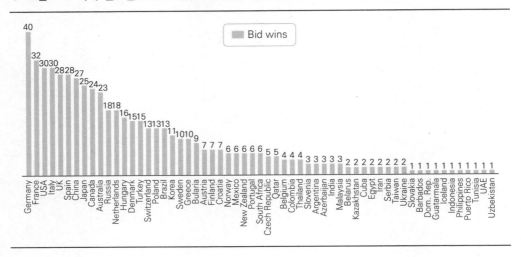

▼ 그림 4-6 동계 글로벌 스포츠이벤트 개최권 배분 결과(1990~2012)

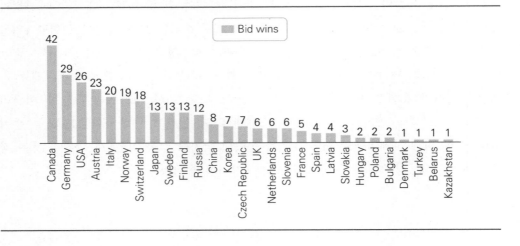

<그림 4-7>은 가로축을 하계이벤트 개최수로 하고 세로축을 동계이벤트 개최수로 한 그래프로, 이를 통해 각국이 하계와 동계이벤트 중 어느 것을 더 개최했는지 상대적인 비교가 가능하다. 예컨대, 캐나다, 스위스, 노르웨이, 러시아 등은 하계이벤트보다 동계이벤트를 더 많이 개최한 나라인데 비해, 독일, 미국, 이탈리아, 프랑스, 영국, 스페인, 중국, 일본 등은 하계이벤트를 주로 개최하였으며, 호주의 경우 동계이벤트 개

최실적은 전혀 없다. 이러한 결과는 각국에서 하계 또는 동계스포츠가 활성화되어 있는지 여부는 물론 지리적 원인, 즉 동계스포츠 개최의 필수조건인 낮은 기온, 강설량, 산악지대 여부 등에 의해 영향을 받음을 시사한다.

▼ 그림 4-7 국가별 하계 및 동계 글로벌 스포츠이벤트 개최권 배분 비율

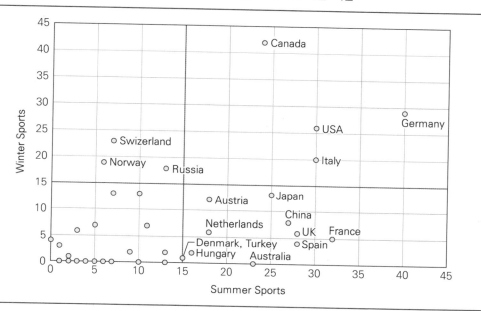

단일종목경기대회(single sports events)인 세계선수권대회(world championships)와 종합스포츠경기대회(multi-sports events)의 개최실적을 구분해 놓은 <그림 4-8>을 보면, 60개국 중 24개국만이 종합스포츠경기대회를 개최한 경험이 있는 것으로 나타났다.

▼ 그림 4-8 세계선수권대회 및 종합스포츠경기대회 개최권 배분 결과(1990~2012)

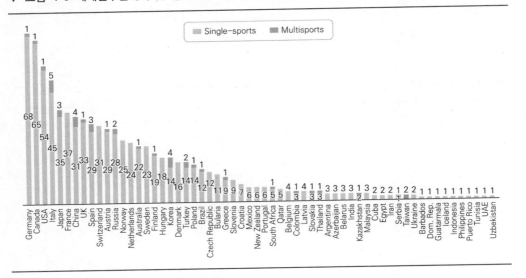

<그림 4-9>와 <그림 4-10>은 각각 국가별 세계선수권대회(동계 및 하계)와 종합스포츠경기대회 개최실적을 보여준다. 여기서 세계선수권대회의 경우 독일이 68회로 가장 많이 개최하였고, 다음으로 캐나다 65회, 미국 54회, 이탈리아 45회 등의 순이었다.

▼ 그림 4-9 하계 및 동계 세계선수권대회 개최권 배분 결과(1990~2012)

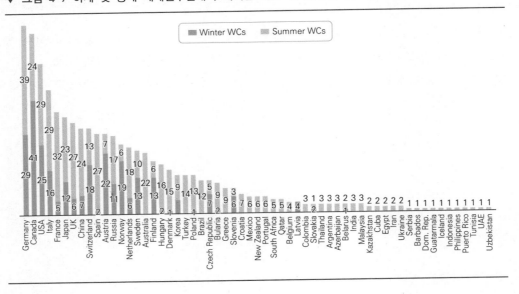

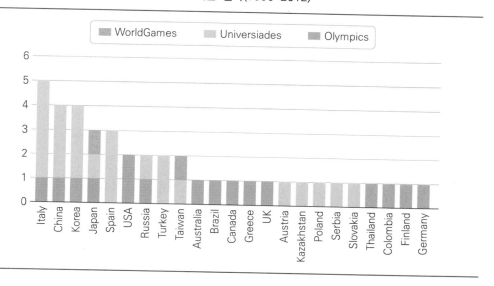

종합스포츠경기대회의 경우 이탈리아가 5회로 1위를 차지했고, 다음으로 중국과 한국이 모두 4회, 일본과 스페인 모두 3회 등의 순이었다. 올림픽만 한정하면 미국이 2회로 가장 많았으며 그 외 10개국이 한 차례씩 올림픽 개최경험이 있었다.

한편, 소위 그랜드슬램(Grand Slam) 경기라고 하는 하계 및 동계올림픽, FIFA 월드컵축구대회, 세계육상선수권대회로만 한정하면(<그림 4-11> 참조), 한국, 일본, 러시아가 모두 3회로 가장 많이 개최한 것으로 나타났다.

▼ 그림 4-11 그랜드슬램(Grand Slam) 경기 개최권 배분 결과(1990~2012)

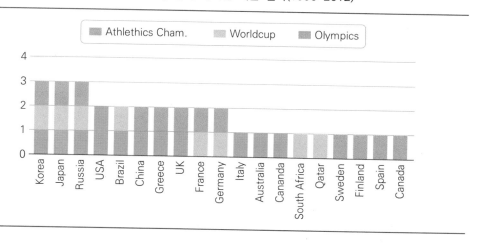

<그림 4-12>는 가로축을 종합스포츠경기대회 개최수로 하고 세로축을 단일종목 경기대회 개최수로 한 그래프로서, 이를 통해 각국이 종합 또는 단일 이벤트 중 어느 것을 더 개최했는지 상대적인 비교가 가능하다. 여기서 두 종류의 이벤트 가운데 어느 것에 국가가 더 관심을 두는지 또는 각국이 대규모의 메가 이벤트를 개최할 역량이 있는지 등에 따라 국가별 개최실적이 달라질 수 있음을 예상할 수 있다. 한국의 경우 전체 개최횟수에 비해 종합스포츠경기대회를 많이 개최한 것에 비해, 프랑스와 스위스는 종합스포츠경기대회 개최실적이 전무하였으며, 대만은 2회의 종합경기대회를 개최했으나 단일종목대회를 개최한 실적이 없었다.

▼ 그림 4-12 국가별 단일 및 종합 스포츠 경기대회 개최권 배분 비율

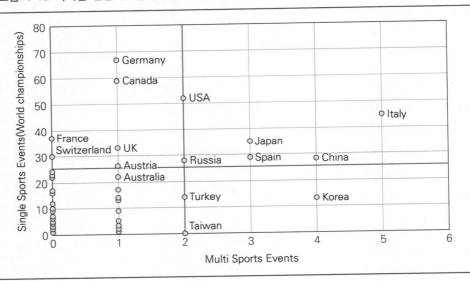

<그림 4-13>은 1990~1996년, 1997~2004년, 2005~2012년 3개의 올림피아드 (Olympiads) 기간 동안 각국의 이벤트 유치실적을 비교하고 있다. 독일, 캐나다, 미국, 이탈리아, 프랑스, 영국 등은 전 기간에 걸쳐 높은 개최성과를 보였다(빨간색과 초록색 선 표시). 하지만 스위스, 일본, 스페인의 경우 과거에 비해 최근의 개최실적인 낮은 것 (파란색 선 표시)에 비해, 한국, 중국, 러시아는 전 기간 동안 개최성과가 눈에 띄게 향상된 것으로 나타났다(검정 점선 표시).

▼ 그림 4-13 올림피아드 기간별 글로벌 스포츠이벤트 개최권 배분 결과(1990~2012)

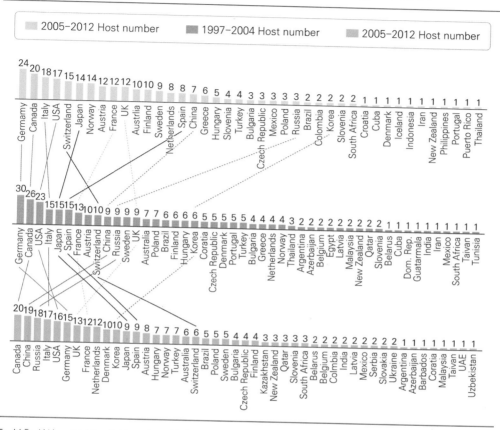

주: 분홍 실선 = highly stable wins; 검정 실선 = decreasing wins; 분홍 점선 = stable wins; 검정 점선 = increasing wins

　　<그림 4-14>는 1990~1996년, 1997~2004년, 2005~2012년 세 올림피아드 기간 동안 유럽연합(EU) 회원국과 비회원국의 집단 간 그리고 집단 내 국가들의 이벤트 개최실적의 패턴 변화를 보여준다. EU 회원국의 개최실적의 경우, 러시아, 헝가리, 덴마크, 터키는 증가하는데 비해, 스위스, 오스트리아, 핀란드, 그리스는 감소하였다. EU 비회원국의 개최실적의 경우, 호주는 감소하는 경향을 보임에 비해, 한국, 중국, 뉴질랜드, 카타르, 인도는 증가하는 것으로 나타났다.

▼ 그림 4-14 올림피아드별 유럽 및 비유럽 국가의 개최권 배분 결과(1990~2012)

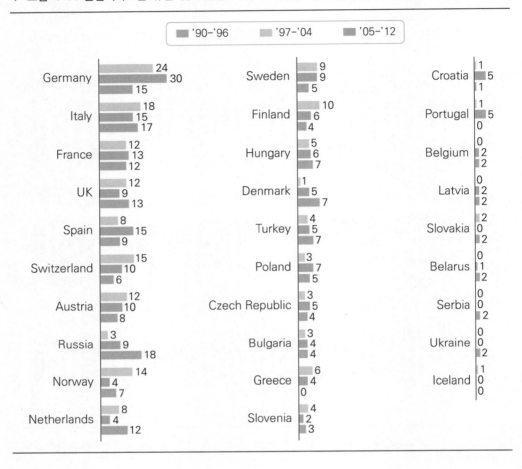

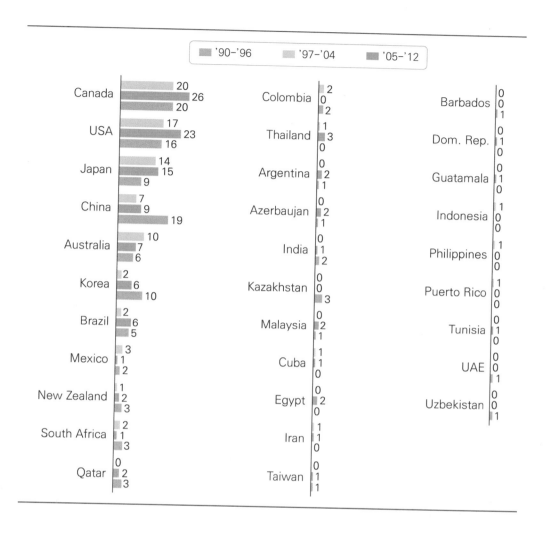

<그림 4-15>는 1990~2012년 사이에 이벤트 개최경험이 있는 총 60개국이 속한 대륙별 배분 비율을 보여준다. 유럽 대륙 국가들이 거의 절반(49%)에 달하고 있으며, 다음으로 아시아(25%), 아메리카(18%), 아프리카(5%), 오세아니아(3%) 순이었다.

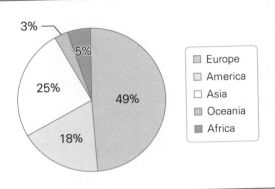

▼ 그림 4-15 글로벌 스포츠이벤트 개최 경험국의 대륙별 비율(1990~2012)

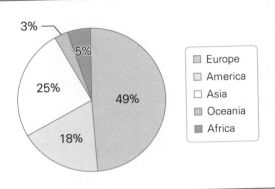

<그림 4-16>에 나타난 1990~2012년 60개국에 배분된 총 857개의 이벤트들의 대륙별 비중을 보면, 대부분(64%) 유럽 대륙에게 개최권이 배분되었고, 다음으로 아메리카(18%), 아시아(14%), 오세아니아(3%), 아프리카(1%) 순이었다. 이상의 대륙별 개최지 분포를 통해 유럽과 다른 대륙들 간에 큰 배분 차(distributional gap)가 존재함을 알 수 있다. 특히 아시아 및 아프리카에 비해 유럽 대륙의 국가들이 한 나라당 개최 이벤트 수가 더 많은 것으로 나타났다. 예를 들면, 총 60개국 중 49%를 차지하는 유럽 국가들이 전체 857개 이벤트 중 64%를 배분받은 데 비해, 총 60개국 중 25%를 차지하는 아시아 국가들은 총 이벤트 중 14%만을 배분받았음을 알 수 있다.

▼ 그림 4-16 대륙별 글로벌 스포츠이벤트 개최권 배분 결과(1990~2012)

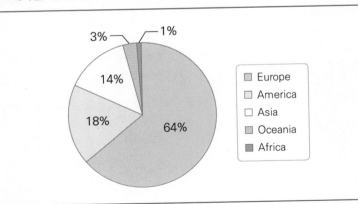

1990~1996년, 1997~2004년, 2005~2012년 세 기간 동안의 대륙별 개최지 배분비율의 변화를 보여주는 <그림 4-17>을 보면, 전 기간에 걸쳐 유럽대륙이 과반수 이상의 비중을 차지하나, 그 비율은 최근으로 올수록 점점 감소함을 알 수 있다. 반면에 아시아 대륙의 비중이 점점 높아지고 있다. 이러한 경향은 연도별 대륙 간 개최지 배분 비율의 변화를 보여주는 <그림 4-18>에서도 나타난다.

▼ 그림 4-17 대륙별 개최지의 올림피아드별 변화 추이(1990~2012)

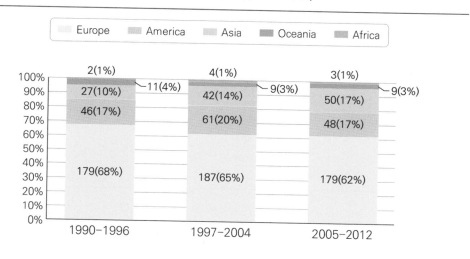

▼ 그림 4-18 대륙별 개최지의 연도별 변화 추이(1990~2012)

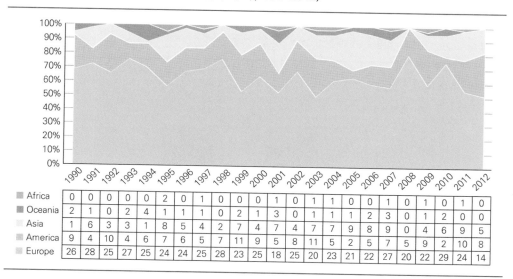

	1990	1991	1992	1993	1994	1995	1996	1997	1998	1999	2000	2001	2002	2003	2004	2005	2006	2007	2008	2009	2010	2011	2012
Africa	0	0	0	0	0	2	0	1	0	0	0	1	0	1	1	0	0	1	0	1	0	1	0
Oceania	2	1	0	2	4	1	1	1	0	2	1	3	0	1	1	1	2	3	0	1	2	0	0
Asia	1	6	3	3	1	8	5	4	2	7	4	7	4	7	7	9	8	9	0	4	6	9	5
America	9	4	10	4	6	7	6	5	7	11	9	5	8	11	5	2	5	7	5	9	2	10	8
Europe	26	28	25	27	25	24	24	25	28	23	25	18	25	20	23	21	22	27	20	22	29	24	14

더운 지역과 온화한 기후[9] 지역에 위치한 나라들의 이벤트 개최실적을 비교한 <그림 4-19>에 의하면, 덥거나 열대성의 기후지역에 위치한 20개국이 총 이벤트 중 단지 7%의 비율을 차지함에 비해, 온화한 기후 지역의 40개국은 93%(총 857개 중 796개)나 독점하고 있다.

▼ 그림 4-19 열대 및 온대 기후별 개최지 배분 비율(1990~2012)

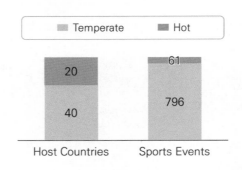

<그림 4-20>을 보면, 개최실적이 있는 60개국 중 OECD[10] 회원국은 29개로서 약 절반의 비중을 차지하는데 비해, 이들이 개최한 이벤트의 비율은 82%(총 857개 중 699개)에 이르렀다.

▼ 그림 4-20 OECD 회원국의 개최지 배분 비율(1990~2012)

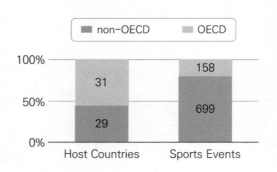

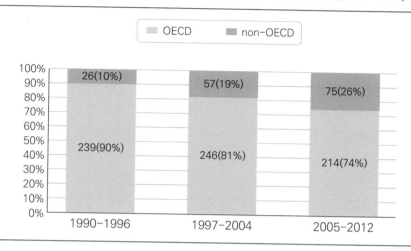

1990~1996년, 1997~2004년, 2005~2012년 세 기간 동안의 OECD 회원국 및 비회원국의 개최지 배분비율의 변화를 보여주는 <그림 4-21>을 보면, 전 기간에 걸쳐 OECD 회원국이 절대 다수를 차지하고 있으나, 그 비율 값은 90% → 81% → 74%로 점차 감소한 반면에 OECD 비회원국의 비중은 10% → 19% → 26%로 점차 증가하였다. 이러한 경향은 연도별 OECD 회원국 및 비회원국의 개최지 배분 비율의 변화를 보여주는 <그림 4-22>에서도 나타난다.

▼ 그림 4-22 OECD 회원국 및 비회원국 개최지의 연도별 변화 추이(1990~2012)

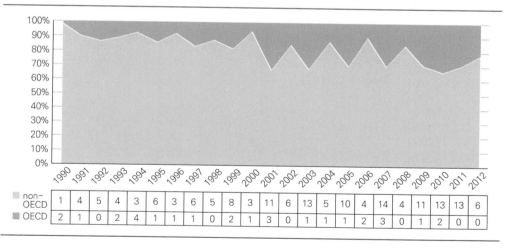

	1990	1991	1992	1993	1994	1995	1996	1997	1998	1999	2000	2001	2002	2003	2004	2005	2006	2007	2008	2009	2010	2011	2012
non-OECD	1	4	5	4	3	6	3	6	5	8	3	11	6	13	5	10	4	14	4	11	13	13	6
OECD	2	1	0	2	4	1	1	1	0	2	1	3	0	1	1	1	2	3	0	1	2	0	0

<그림 4-23>을 보면, 개최실적이 있는 60개국 중 G20[11] 회원국은 18개로서 30% 정도의 비중을 차지하는데 비해, 이들이 개최한 이벤트의 비율은 59%(총 857개 중 504개)에 이르렀다. 1990~1996년, 1997~2004년, 2005~2012년 세 기간 동안의 G20 회원국 및 비회원국의 개최지 배분비율의 변화를 보여주는 <그림 4-24>를 보면, 전 기간에 걸쳐 G20 회원국의 비율 값은 57% → 59% → 61%로 점차 증가한 반면에 G20 비회원국의 비중은 점차 감소하였다. 이러한 경향은 연도별 G20 회원국의 개최지 배분 비율의 변화를 보여주는 <그림 4-25>에서도 나타난다.

▼ 그림 4-23 G20 회원국의 개최지 배분 비율(1990~2012)

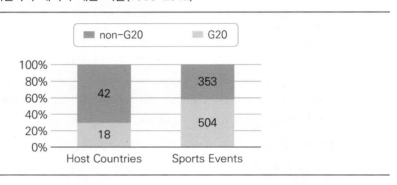

▼ 그림 4-24 G20 회원국 및 비회원국 개최지의 올림피아드별 변화 추이(1990~2012)

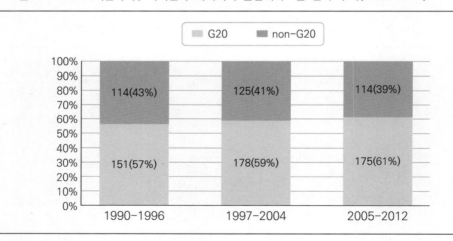

▼ 그림 4-25 G20 회원국 및 비회원국 개최지의 연도별 변화 추이(1990~2012)

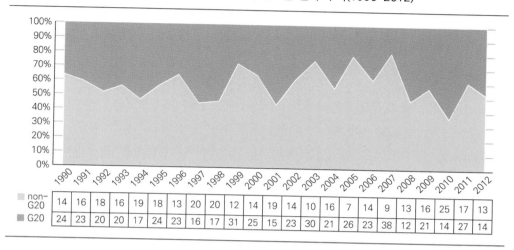

	1990	1991	1992	1993	1994	1995	1996	1997	1998	1999	2000	2001	2002	2003	2004	2005	2006	2007	2008	2009	2010	2011	2012
▨ non-G20	14	16	18	16	19	18	13	20	20	12	14	19	14	10	16	7	14	9	13	16	25	17	13
▨ G20	24	23	20	20	17	24	23	16	17	31	25	15	23	30	21	26	23	38	12	21	14	27	14

4.4 글로벌 스포츠이벤트 개최권 배분결과와 국가지표 간 상관성

어떤 나라가 글로벌 스포츠이벤트 개최권 배분실적이 더 높은가? 다시 말해, 특정 국가의 어떠한 특성을 이벤트소유주들이 선호하는가? 올림픽스포츠 이벤트 유치성공의 영향요인에 관한 기존 연구들을 종합해보면, 이벤트소유주들은 유치후보국들의 경제적, 사회적, 환경적 상황을 고려하는 것을 알 수 있다. 즉, IOC는 높은 경제성장 중인 나라를 선호하며(Poast, 2007), 사회적 책임, 투명성, 환경적 지속가능성 등 올림피즘의 가치에 상대적으로 부합하는 나라를 선호하는 경향이 있다(Chappelet, 2008a; 2008b). 또한 오늘날 스포츠조직들은 경제적 및 사회문화적 이슈들과 환경적 사안들이 상호연관되어 있다는 인식을 공유하고 있다(Ferrand & McCarthy, 2009: 51).

따라서 본 절에서는 글로벌 스포츠이벤트 개최권 배분결과(1990~2012년의 23년간 60개국 대상 총 이벤트 개최 횟수)와 국가별 경제·사회·환경 관련 지표들 간 상관관계 분석을 통해 개최실적과 국가특성 간에 관련성이 존재하는지를 탐색해본다. 분석에 사용된 국가지표들은 <표 4-4>와 같다.

▎ 표 4-4 경제·사회·환경 관련 국가지표

구분	변수명	측정지표	자료 출처
경제 지표	GDP	Market Size: GDP	World Bank
	GDP growth	Market Growth: GDP growth rate	World Bank
	GDP per capita	Purchasing Power: GDP per capita	World Bank
사회 지표	Human Development	Human Development Index	UN
	Transparency	Corruption perception Index	Transparency International
	Sporting Success	Gold medals in the previous Summer and Winter Olympics	IOC

구분	변수명	측정지표	자료 출처
환경 지표	CO₂ emissions	Emitted Carbon dioxide per GDP	World Bank
	PM10 emissions	Emitted PM10 (particle) per GDP	World Bank
	Renewable energy	Renewable electricity generation	U.S. Energy Information Administration

우선, 국가별 경제지표들(2011년 기준 값)의 경우를 살펴보면 다음과 같다. <그림 4-26>은 글로벌 스포츠이벤트 개최실적(총 57개국)과 GDP(로그변환 값) 간에 양의 상관관계(상관계수＝0.6553)를 보여준다.

▼ 그림 4-26 GDP와 글로벌 스포츠이벤트 개최실적 간 상관관계

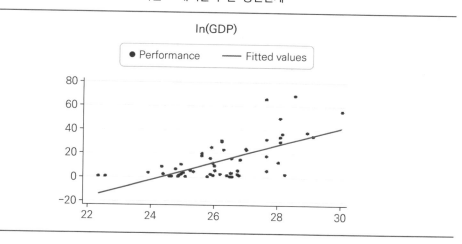

<그림 4-27>과 같이 1인당(per capita) GDP(로그변환값)과 개최실적(총 58개국) 간에 양의 상관관계(상관계수＝0.4628)가 존재하였다. 이에 비해 <그림 4-28>과 같이 GDP 성장률(GDP growth rate)은 개최실적(총 60개국)과 유의미하지는 않지만(유의확률＝0.5517), 약한 음의 상관관계를 보여준다(상관계수＝-0.0784). 양자 간 관계는 선형적 관계(linear relation)가 아니라 역U자형(reversed-U curve)인 것으로 보인다. 이것을 통해 경제성장률이 매우 높거나 아주 낮은 나라의 경우 현재 개발도상국 혹은 저개발국 상태에 있는 국가들일 가능성이 높으며, 이러한 경제적 요인이 국가별 이벤트 개최

실적에 영향을 미친 것으로 해석해 볼 수 있다.

▼ 그림 4-27 1인당 GDP와 글로벌 스포츠이벤트 개최실적 간 상관관계

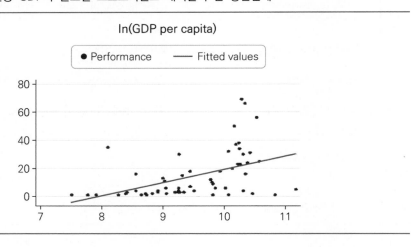

▼ 그림 4-28 GDP 성장률과 글로벌 스포츠이벤트 개최실적 간 상관관계

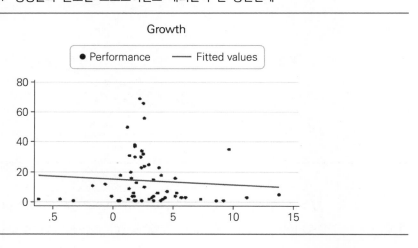

　　다음으로, 국가별 사회지표들(2011년 기준 값)의 경우를 살펴보면, 인간개발지수(Human Development Index: HDI)와 개최실적(총 58개국) 간에는 <그림 4-29>와 같이 양의 상관관계가 존재하였다(상관계수＝0.5367).

▼ 그림 4-29 인간개발지수(HDI)와 글로벌 스포츠이벤트 개최실적 간 상관관계

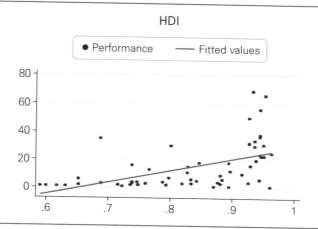

<그림 4-30>은 부패인식지수(Corruption Perception Index: CPI)와 개최실적(총 59개국) 간에 양의 상관관계가 존재함을 보여준다(상관계수＝0.4712).

▼ 그림 4-30 부패인식지수(CPI)와 글로벌 스포츠이벤트 개최실적 간 상관관계

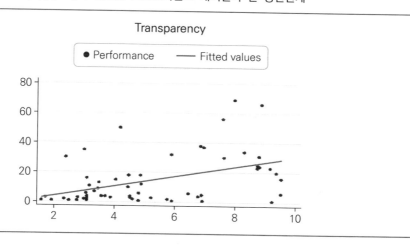

<그림 4-31>은 각국이 올림픽에서 획득한 금메달 수와 개최실적(총 60개국) 간에 양의 상관관계가 존재함을 보여준다(상관계수＝0.7135).

▼ 그림 4-31 획득한 금메달 수와 글로벌 스포츠이벤트 개최실적 간 상관관계

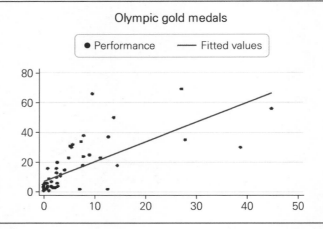

끝으로, 국가별 환경지표들(2011년 기준 값)의 경우를 살펴보면, CO_2 배출량과 개최실적(총 57개국) 간에는 <그림 4-32>와 같이 약한 음의 상관관계(상관계수＝－0.1597)가 존재하였으나 유의미하지는 않았다(유의확률＝0.2355).

▼ 그림 4-32 CO_2 배출량과 글로벌 스포츠이벤트 개최실적 간 상관관계

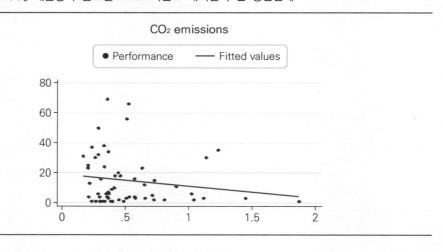

<그림 4-33>은 미세먼지(PM10) 배출량과 개최실적(총 58개국) 간에 음의 상관관계가 존재함을 보여준다(상관계수＝－0.2834).

▼ 그림 4-33 미세먼지(PM10) 배출량과 글로벌 스포츠이벤트 개최실적 간 상관관계

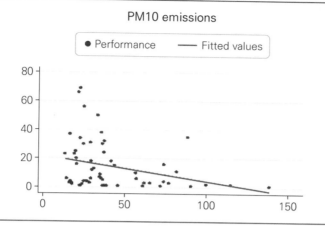

<그림 4-44>는 신재생에너지(Renewable energy) 생산량(로그변환값)과 개최실적 (총 57개국) 간에 양의 상관관계가 존재함을 보여준다(상관계수＝0.6170).

▼ 그림 4-44 신재생에너지 생산량과 글로벌 스포츠이벤트 개최실적 간 상관관계

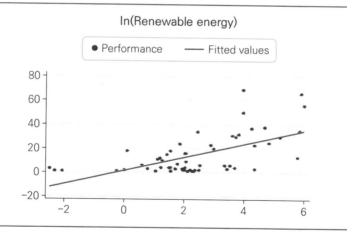

종합지표	발표기관	하위 차원/요인	하위 지표의 수	국가 수	최초 발표 년도
1. Global Competitive -ness Index	World Economic Forum(WEF)	Basic requirements (Institutions, Infrastructure, Macroeconomic stability, Health and primary education), Efficiency enhancers (Higher education and training, Goods market efficiency, Labor market efficiency, Financial market sophistication, Technological readiness, Market size, Innovation and sophistication factors (Business sophistication, Innovation)	110	133 (as of 2010)	2004
2. World Competitive -ness Index	International Institute for Management Development (IMD)	Economic Performance (Domestic Economy, International Investment, Employment, Prices); Government Efficiency (Public Finance, Fiscal Policy, Institutional Framework, Business Legislation, Societal Framework); Business Efficiency (Productivity And Efficiency, Labor Market, Finance, Management Practices, Attitudes And Values); Infrastructure (Basic Infrastructure, Technological Infrastructure, Scientific Infrastructure, Health And Environment, Education)	329	59 (as of 2010)	1989
3. The KOF Economic Globalization Index	ETH Zürich	1) For actual economic flows, Trade (percent of GDP), Foreign Direct Investment, stocks (percent of GDP), Portfolio Investment (percent of GDP), Income Payments to Foreign Nationals (percent of GDP); 2) For economic restrictions, Hidden Import Barriers, Mean Tariff Rate, Taxes on International Trade (percent of current revenue), Capital Account Restrictions.	9	207(as of 2010)	1970

종합지표	발표기관	하위 차원/요인	하위 지표의 수	국가 수	최초 발표 년도
4. Soft Power Index	Institute for Government (UK)	Government, Culture, Diplomacy, Education, and Business/Innovation	50	30 (as of 2011)	2009
5. Nation Brands Index	GfK Custom Research & Simon Anholt	Culture, Governance, People, Exports, Tourism, Investment/Immigration	6	50 (as of 2010)	2008
6. Travel & Tourism Competitive-ness Index	World Economic Forum(WEF)	Policy rules and regulations, Environmental sustainability, Safety and security, Health and hygiene, Prioritization of Travel & Tourism (T&T), Air transport infrastructures, Ground transport infrastructure, Tourism infrastructure, ICT infrastructure, Price competitiveness in the T&T industry, Human resources, Affinity for Travel & Tourism, Natural resources, Cultural resources	72	139 (as of 2011)	2008
7. Environmental Performance Index	Yale & Columbia University	1. Environmental Health (Environmental Burden of Disease, Water (effects on humans), Air Pollution (effects on humans)), 2. Ecosystem Vitality (Forestry, Fisheries, Agriculture, Climate Change, Air Pollution (effects on ecosystem), Water (effects on ecosystem), Biodiversity & Habitat)	25	163 (as of 2010)	2006
Sustainable Society Index	Sustainable Society Foundation(Netherlands)	Economic Wellbeing (Transition, Economy); Human Wellbeing (Basic Needs, Health, Personal & Social Development); Environmental Wellbeing (Nature & Environment, Natural Resources, Climate & Energy)	24	151 (as of 2010)	2006

1. The WEF's Global Competitiveness Index ('2010): n=56, r=0.5746

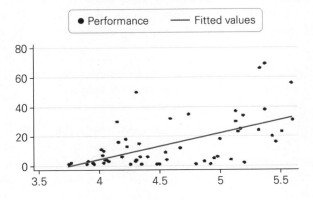

2. The IMD's World Competitiveness Yearbook ('2010): n=46, r=0.4474

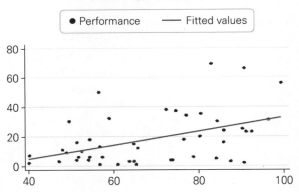

출처: http://www.imd.org

3. The KOF Economic Globalization Index (Market Openness) ('2010): n＝55, r＝0.2872

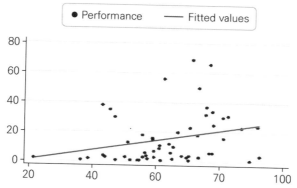
Market Openness

출처: http://globalization.kof.ethz.ch

4. The IfG－Monocle Soft Power Index ('2011): n＝27, r＝0.6188

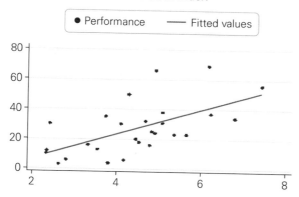
Soft Power Index

출처: http://www.instituteforgovernment.org.uk

5. The Anholt—GfK Roper Nation Brands Index ('2010): n＝39, r＝0.8052

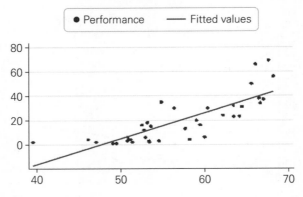

Nation Brands Index

출처: http://www.simonanholt.com

6. The Travel & Tourism Competitiveness Index ('2011): n＝57, r＝0.6499

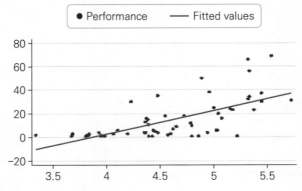

Tourism Competitiveness Index

출처: http://www.weforum.org

7. Environmental Performance Index ('2010): n＝57, r＝0.2953

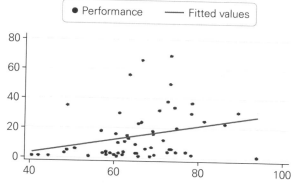

출처: http://www.epi2010.yale.edu/Countries

8. Sustainable Society Index ('2010): n＝58, r＝0.3780

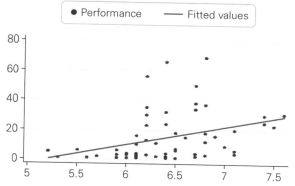

출처: http://www.ssfindex.com/results~2010/ranking-all-countries

4.5 올림픽 개최권 배분의 영향요인: 소프트파워 가설 검증[12]

1. 서론

탈냉전 이후 글로벌 세계정치 환경 속에서 국제기구, 다국적기업, 국제 NGO 등 다양한 형태의 초국가적 행위자, 즉 비국가행위주체들(non-state actors)이 등장하면서 새로운 차원의 국제관계 분석과 정책 수립의 필요성이 제기되고 있다. 단일 정부가 존재하지 않는 세계정치의 장에서도 여전히 '정부 없는 통치(global governance without world government)'의 영역이 광범위하게 존재하는 것이 엄연한 현실이다(Benz, 2004; Rosenau & Czempiel, 1992). 그러나 행정학·정책학의 주요 관심 영역인 거버넌스 및 제도 연구는 그간 주로 국내적 차원에 한정되어 왔다(김선혁, 2004). 이에 국제적 (inter-national) 혹은 세계적(global) 차원에서 이루어지는 정치경제적 자원배분에 관한 의사결정 메커니즘으로서, 글로벌 거버넌스의 형성 및 작동과정에서 나타나는 새로운 차원의 권력적 특성이 새로운 학문적 관심 대상으로 부각되고 있다.

기존 국제관계에 관한 대부분의 문헌들은 Joseph Nye에 의하면 하드파워에 초점을 맞추어온 경향이 있었다. 하지만, 미국과 소련을 정점으로 한 체제경쟁이 종식되고 국제관계가 다양한 수준에서 새로운 변화의 국면을 맞이하게 된 탈냉전기에는 국제관계에서 소프트파워(Nye, 1990; 2002; 2004; 2008a; 2008b; 2011) 요인에 의해 정치적·경제적 자원의 배분이 이루어지는 의사결정 메커니즘을 고찰할 필요성이 커지고 있다[13]. 실제로 세계정치 혹은 글로벌 거버넌스의 영역에서 소프트파워가 구체적으로 어떤 영향을 미치고 있는가에 관한 경험적 연구는 드물며(Kroenig et al., 2010), 양적 접근에 의한 연구 역시 드문 상황이다. 따라서 소프트파워 개념이 보다 엄밀한 이론적 지위를 부여받고, 국가전략 수립 및 정책결정에 있어서도 실제적인 근거로 활용되기 위해서는 개념의 정교화 및 적용의 확대와 더불어 현실 국제관계에서 실제로 작용하는 소프트파워의 영향력에 대한 실증연구가 축적되어야 할 것이다[14]. 이를 통해 하드파워가 약한 국가가 실제로 소프트파워 전략을 통해 국제경쟁에서 우위를 점할 수 있음을 보여주는 경험적 증거를 발견할 수도 있을 것이다.

그간 국가 간 경쟁에 있어 소프트파워의 중요성을 강조하는 기존 연구들은 연구방법의 측면에서 볼 때, 대체로 사례연구에 치중된 경향이 있었다. 또한 이벤트 개최성공의 영향요인에 대하여 소수의 의미있는 사례연구들(e.g. Chappelet, 2005; Chappelet, 2006; McCloy, 2006; McCloy, 2009; Leopkey, Mutter & Parent, 2010)이 수행되었으나, 양적분석방법을 활용한 연구는 여전히 미흡한 실정이다. 질적 연구들은 특정한 사건, 역사적 사례들에 대한 심층 분석에는 유리하나 분석결과의 외적 타당성을 확보하는 데에는한계가 있다. 이에 본 연구는 Lee & Chappelet(2012)의 연구에서 제시된 분석방법론에기초하여, 하드파워 측면을 통제한 상태에서 소프트파워의 진정한 영향력을 포착해 내기 위한 방법론적 시도를 하고 있다. 즉 올림픽 개최지 경쟁에 참여한 국가들에 관한자료를 대상으로 패널데이터를 구축하고 이를 패널회귀분석모형으로 분석하는 양적접근방법을 적용하였다.

이를 위해 우선 글로벌 거버넌스를 통해 이루어지는 자원배분 결정에 영향을 미치는 요소로서 개별 행위자 차원의 요인과 행위자 간 관계에 영향을 미치는 구조적 차원의 요인을 식별하는 것이 필요하다. 따라서 본 연구는 Nye(2004)가 정의한 소프트파워의 구성요소를 기반으로 이를 글로벌 거버넌스에서 작용하는 구조적 차원의 영향력까지 포괄하는 개념으로 확장하여, 개별 국가 차원과 글로벌 거버넌스 차원으로 변수를설정하고 각각에 대해 조작적 정의를 하였다(<표 4-5>). 나아가 여러 종류의 국가지표들로 측정된 개별 국가의 소프트파워 요소가 글로벌 거버넌스의 작동과정에서 실제로 어떻게 영향을 미쳤는지를 검증하고자 하였다.

▌표 4-5 본 연구에서의 소프트파워의 조작적 정의

분석의 차원	내 용	조작화
개별 행위자 차원	사회발전정도, 즉 한 국가가 사회적·문화적으로 얼마나 성숙하고 발전되어 있는지를 나타내는 속성들을 반영한 지표들.	교육수준, 문맹률, 기대여명, 소득 수준 등을 토대로 산출한 인간개발지수(Human Development Index) 등
구조적 차원	둘 이상의 국가가 관련된 관계의 네트워크 차원에서 작용하는 다양한 종류의 영향력의 문제. 즉 반부패 및 환경원칙 준수여부 등과 같이 다국적 관계에서 규범적 압력 혹은 제도적 유인으로 작용할 수 있는 속성들을 반영한 지표들.	부패인식지수, 대기오염물질 배출량, 청정에너지 생산량 등

2. 연구대상의 선정

글로벌 거버넌스에서 작용하는 소프트파워의 영향을 검증하기 위해서는 우선 연구대상을 선택함에 있어서 특정 요건이 충족되는지의 여부를 검토할 필요가 있다. 첫째로, 분석대상 및 분석단위의 문제이다. 본 연구는 구조적(제도적 혹은 체제적) 수준에서 "글로벌 거버넌스"를 대상으로 삼는다. 그리고 분석대상인 글로벌 거버넌스의 속성을 포착하기 위하여 개별행위자인 국가를 분석단위로 해서 하드파워와 소프트파워가 글로벌 거버넌스의 작동 결과로서의 자원배분에 어떠한 영향을 미치는가를 탐색하고 있다.

둘째, 국가 간 상호작용 관계가 구조화된 장으로서의 글로벌 거버넌스일 것이 요구된다. 이처럼 국가 간 상호작용 및 관계의 실체가 구조화된다는 것은 환언하면 글로벌 거버넌스가 관련 국가 간의 상호관계에 모종의 질서와 예측가능한 패턴을 부여하는 제도로서 기능한다는 것을 의미한다. 이에 따라 글로벌 거버넌스의 또 하나의 속성을 도출할 수 있는데 그것은 신제도주의에서 논의하는 '제도', 즉 행위자들의 행태에 질서를 부여하는 게임의 규칙(North, 1990:3)으로서의 속성을 말한다.

본 연구에서는 이상의 조건을 만족하는 글로벌 거버넌스로서 국가 간 유치경쟁을 통해 올림픽 개최지가 결정되는 국제 올림픽 위원회(IOC)의 의사결정과정에 주목하고 있다[15].

먼저, 올림픽 개최지 선정과정을 희소한 자원배분을 둘러싼 국가 간 경쟁이라는 관점으로 파악하고, IOC라는 국제기구를 그러한 경쟁의 규칙을 제공하고 게임의 과정을 관리하는 글로벌 거버넌스 기제의 하나라고 볼 때, 자원배분의 결과가 개별 국가에 귀속되므로 이를 위해 개별 국가들의 치열한 유치경쟁이 벌어진다는 점에서 첫 번째 조건을 만족한다.

또한, IOC를 중심으로 이루어지는 국가 간 상호작용 및 경쟁과정에는 1894년 근대올림픽 운동(the Olympic Movement)이 시작된 이래 현재까지 백여 년의 기간 동안 역사적·제도적으로 형성되어 온 성문·불문의 규칙이 존재함으로써 경쟁의 결과에 유치지원국들이 모두 승복하게 된다[16]. 따라서 IOC를 중심으로 하는 올림픽 개최지 선정절차는 공식적·비공식적 제도의 집합체로서 다양한 행위자의 행위에 질서를 부여하고 예측가능한 패턴을 형성하게 만드는 역할을 하는 일종의 글로벌 거버넌스로 볼 수 있다[17].

3. 연구가설의 설정

올림픽 개최지 선정을 위한 의사결정과정에서 드러나는 글로벌 올림픽 거버넌스의 특성은 자원배분 메커니즘의 제도적 안정·지속성이라 할 수 있다. 즉, 의사결정 절차와 규칙의 제정, 유지 및 준수 등이 잘 작동하고 있다. 따라서 다양한 국가들의 상호작용 결과의 예측가능성이 높은 편이다.

IOC 위원들의 투표권 행사는 "주권국가로부터 독립된 기관에 의한 의사결정(박재영, 1998)"이다. 사적 권위(private authority)[18]를 행사하는 초국가적 기구인 IOC는 올림픽 개최권을 행사할 국가를 일련의 투표절차에 의해 선정한다. 이 과정에서 투표결과가 투표권 행사자들이 보다 많은 소프트파워를 지닌 후보국을 선호하는 정도에 좌우될 수 있다. 특별히 IOC의 역사와 조직 이념 및 철학 등을 고려할 때 인도주의나 환경보존, 그리고 스포츠 철학 등 보편적 가치를 준수하는 국가를 선호할 가능성이 높다. 따라서 소프트파워의 맥락에서 이러한 일개 국가의 좋은 이미지와 평판은 IOC의 지지를 얻게끔 하는 요인이 될 수 있으며 후보국가들은 자국의 소프트파워 자원들을 활용하여 올림픽의 가치와 이상에 합치하는 개최국임을 호소하는 마케팅 전략을 취할 가능성이 크다.

글로벌 올림픽 거버넌스에서 소프트파워가 중요한 의미를 갖는 이유는 근본적으로 올림픽 운동이 추구하는 핵심적 가치로서 올림픽 헌장[19]에 명시되어 있는 올림피즘(Olympism)[20]이라는 이념과 밀접한 관계가 있다. 즉 스포츠를 매개로 한 연대(solidarity), 화해, 조화의 가치, 세계평화, 인류 발전 및 인간 존엄성(human dignity) 실현이라는 올림피즘의 근본 가치, 철학, 원칙들은 올림픽 운동의 일원으로 참여하는 국가들이 준수해야 하는 규범으로서, 소프트파워의 개념과 깊은 관련성을 갖는다(Lee & Chappelet, 2012: 52).

이러한 맥락에서 인간개발(human development), 보편적인 윤리적 원칙에 대한 존중(respect for universal fundamental ethical principles), 나아가 세계 평화의 실현(world peace in general) 등 올림픽헌장에 명문화되어 있는 올림픽 운동의 철학과 원칙을 준수하는 국가일수록, 소프트파워의 수준이 높을 것이고 이러한 국가가 IOC로부터 올림픽 경기 개최지로서 적합하다고 인정받을 가능성이 높을 것으로 예상할 수 있다. 그러므로 사회발전 정도가 높은 국가일수록 개최지로 결정될 가능성이 높아질 것이다(가설①).

소프트파워의 윤리적 차원으로서 투명성(transparency)은 영향력을 발휘하는 경우는,

한 국가의 문화가 보편적 가치와 함께 이러한 가치 및 타국이 공유하는 이익을 증진시키는 정책들을 포함할 때이다(Nye, 2004: 11). Chappelet(2008a)는 올림픽 거버넌스의 원리로서 투명성, 민주성, 책임성, 자율성, 사회적 책임성 등을 들고 있다. 만일 IOC가 올림픽개최의 상징적 의미를 고려하여 개최국을 선정한다면, 올림피즘에서 강조하는 바람직한 윤리적 가치들에 적합한 국가가 그렇지 못한 국가보다 개최지로 선정될 가능성이 더 높을 것이다. 개최신청국의 윤리적 측면에 대한 IOC의 고려는 단순히 IOC 위원들의 자발적인 선호라기보다는, 올림픽 역사 속에서 제정되어 온 공식적 규칙들에 의해 요구되는 측면이 있다(Lee & Chappelet, 2012). 과거에 IOC 위원들로부터 표를 확보하기 위한 개최신청국들간 과열경쟁은 급기야 1998~1999년에 로비활동의 위기로 발전하였으며, 결과적으로 현재의 IOC 지침(guideline)은 후보국들과 IOC 위원들 및 관련 기관들간의 접촉을 규제하고 있다(IOC, 2005; Toohey & Veal, 2007; Lee & Chappelet, 2012: 53에서 재인용). 후보국들이 더 투명하고 덜 부패하겠다는 바람직한 약속을 표명함으로써 윤리적 이미지를 개선시킨다면 IOC에게 해당국이 정당한(rightful) 개최지라고 설득하는데 유리할 것이다. 그러므로 윤리적 투명성이 높은 국가일수록 개최지로 결정될 가능성이 높아질 것이다(가설②).

환경보호 이슈와 관련하여 1994년에 IOC는 올림픽 이념의 세 번째 축으로서 환경문제를 채택하였고, 5년 뒤에는 올림픽 운동을 위한 의제 21(Agenda 21 for the Olympic Movement), 즉 일련의 지속가능한 개발 원리들을 하계와 동계 올림픽 경기에 적용한 결과, 현재 올림픽 헌장에는 환경 이슈에 대한 사회적 책임과 관심을 고양하는 것을 목적으로 하는 13개 항의 새로운 미션을 추가함으로써 지속가능한 발전과 조화되는 올림픽 개최가 중요한 가치로 인식되고 있다(Chappelet, 2008b; Lee & Chappelet, 2012: 53에서 재인용).

올림픽 가치와 이념에 적합하다는 것을 보여주기 위해 후보국들은 높은 수준의 환경적 성과와 기후변화 예방에 기여 등 환경적 이미지나 평판을 마케팅 전략의 수단으로 활용할 수 있다. IOC 역시 환경보호를 위한 사회의 압력으로부터 정당성을 확보하기 위해 보다 친환경적인 국가를 개최지로 선호할 가능성이 높다. 그러므로 환경적 지속가능성이 높은 국가일수록 개최지로 결정될 가능성이 높아질 것이다(가설③).

한편, 소프트파워의 효과는 그것이 작용하는 구체적인 문맥과 대상(context and recipients)에 따라 달라질 수 있다는 Nye(2004)의 주장의 연장선상에서, 스포츠 분야에 특별히 작용하는 소프트파워에 대하여 생각해 볼 필요가 있다. 한 국가의 월등한 스포츠 경기력(sporting success)은 해당 국가가 스포츠의 장(field)에서 올림픽 운동의 활성화에 기여하고 있다고 인정받는 긍정적인 평판으로 이어져서, 이것은 국제스포츠외교계에서 효과적인 로비 효과로 작용할 수 있다. 올림픽경기 등에서 많은 메달리스트들을 배출하는 '스포츠강국'의 경우, 이들이 보유하는 스포츠 관련 인적·물적 네트워크를 활용하여 국제스포츠계에서 높은 영향력을 발휘할 수 있을 것이다. 유치지원국이 스포츠강국일 경우 그렇지 못한 국가보다 IOC에 미치는 영향력이 클 수 있다는 가설의 인과 고리는, 특별히 국제스포츠 외교의 장에서 갖는 메달리스트의 후광효과(halo effect)와 관련지어 생각해 볼 수 있다. 전현직 메달리스트들이 자국의 국제경기 유치과정에 참여할 경우, 같은 스포츠인으로서 IOC 위원들에게 로비 혹은 호소 전략을 펼치기에 용이할 수 있다[21]. 즉, 올림픽챔피언(Olympic champions)과 국제적 지명도가 있는 유명선수들(athletic celebrities)을 배출한 국가들은 세계 스포츠발전에 기여한 정당성을 IOC 위원들로부터 인정받을 수 있기 때문에, 이를 활용하여 유치지원국들은 유치경쟁 승리확률을 높일 수 있다. 그러므로 올림픽 경기 성적이 좋은 국가일수록 개최지로 결정될 가능성이 높아질 것이다(가설④).

4. 연구설계

1) 분석모형 및 변수

본 논문의 연구가설을 검증하기 위한 분석모형은 아래와 같다.

$$Bid\ Result_{it} = \beta_0 + \beta_1 * Human\ Development_{it-1} + \beta_2 * Transparency_{it-1} +$$

$$\beta_3 * CO_2\ Emissions_{it-1} + \beta_4 * Particulate\ Emissions_{it-1} + \beta_5 * Renewable\ Energy_{it-1} +$$

$$\beta_6 * Olympic\ Records_{it} + \beta_7 * GDP\ per\ capita_{it-1} + \beta_8 * GDP_{it-1} + \beta_9 * GDP\ Growth_{it-1}$$

$$+ \beta_{10} * Military\ Expenditure_{it-1} + \beta_{11} * Continental\ Rotation_{it} + \epsilon_{it}$$

위 모형에서 i는 개최지 경쟁에 나선 국가들을 나타내고 t는 IOC에서 개최국을 결정한 해당 연도를 의미한다[22]. 종속변수인 올림픽 개최지 선정결과(Bid Result)는 세 가지 방식으로 측정한다[23]. 우선, 최종개최지로 선정되었는지 여부에 따라 선정 시 1, 탈락 시 0을 부여한 더미변수(Host Success)를 사용한다(Feddersen et al., 2008). 둘째로

IOC 순위(IOC Ranks)는 t년도에 IOC가 결정한 개최후보국들의 최종득표 순위를 나타낸다(Poast, 2007). 셋째로 IOC 투표율(IOC Votes)은 최종개최지로 선정되기까지의 투표과정에서 개최신청국들이 IOC 위원들로부터 획득한 투표수를 총투표수로 나눈 값이다(Lee & Chappelet, 2012).

　설명변수인 소프트파워와 관련하여 기존의 소프트파워 측정관련 연구들은 주관적 지표 혹은 객관적 지표를 활용하고 있다[24]. 두 종류의 지표를 함께 활용하여 Lee & Chappelet(2012)는 Nye(2004)가 제시한 소프트파워의 세 가지 차원[25]에 따라 국가의 투명성, 환경적 지속가능성, 스포츠 성적의 우수성 등 세 가지 차원으로 측정하였다. 그러나 일반적으로 국가단위의 지표에서 매우 중요한 것으로 여겨지는 1인당 GDP를 포함하지 못한 점과 소프트파워의 사회문화적 측면 지표들을 간과하여 분석하였다는 한계를 지닌다. 본 연구는 앞에서 논의한 행위자 및 구조적 영향력을 측정 차원으로 구분하고, 구성개념의 타당성을 높이기 위하여 소프트파워의 사회적 차원과 환경적 차원의 지표들을 새로이 추가하고 있다.

　특별히 본 연구에서 주목하는 것은 1인당 GDP의 소프트파워 측정 지표로서의 가능성이다. 다시 말해 여타의 경제지표인 GDP나 경제성장률이 한 국가의 하드파워적인 측면을 대표하는 것과는 달리 1인당 GDP의 경우 소프트파워 변수들과 밀접한 상관관계가 있는 것으로 볼 수 있다[26]. 따라서 기존 소프트파워 논의에서 단순히 경제 관련 요인들이 하드파워적 속성으로 간주되었던 것과는 달리, 본 논문에서는 소프트파워의 척도로서 1인당 GDP를 주목하고 있다.

　요컨대 본 연구에서는 자료의 수집가능성[27] 등을 고려하여, 한 국가의 소프트파워를 사회문화적 발전 정도, 윤리적 투명성, 환경적 지속가능성, 올림픽 경기 성적 및 1인당 GDP 등으로 조작적 정의를 내리고 있다.

　먼저, 국가의 사회발전도(Human Development)는 단순한 경제지표로는 담아낼 수 없는 삶의 질(quality of life)이나 웰빙의 수준을 의미하며, 이를 측정하기 위해 UN의 인간개발지수(HDI)를 이용하였다. 동 지수는 기대여명(Life Expectancy Index), 평균교육연수(Education Index), 생활수준(Income Index)을 포함하는 종합지수(composite Index)로서, 0~10 사이의 범위에서 발전단계가 높을수록 10에 가까운 값을 갖는다.

　둘째, 윤리적 투명성(Transperency)은 윤리적 측면에서 한 국가의 소프트파워를 나타낸다. 투명성의 대리변수로서 국제투명성기구(Transparency International)에서 조사·발표하는 부패인식지수[28](Corruption Perceptions Index: CPI)를 활용하며, 이 지수는 0에서 10까지의 값을 갖는데, 한 국가의 정부가 광범위하게 부패한 상태라면 0의 값을, 그리고 반대의 경우에는 10의 값을 부여하고 있다.

셋째, 환경적 지속가능성(Environmental Sustainability)은 세 개의 환경관련 지표로 측정한다. 국가의 환경개선에 대한 노력의 대리 지표로서, CO_2 배출량(CO_2 Emissions)과 미세먼지 배출량(Particulate Emissions)은 GDP 대비 이산화탄소나 입방미터당 미세입자 등과 같은 한 나라의 대기오염물질 배출량을 나타내는 변수들이다. 위의 두 지표가 높은 값을 가질수록 부정적인 영향을 의미하는 반면, 신재생에너지 생산량을 통하여 한 국가가 환경에 미치는 긍정적인 영향력을 측정하였다[29].

넷째, 소프트파워 확산 및 공공외교의 효과적인 수단으로서 스포츠(Nye, 2004; McClory, 2010; 정기웅, 2010) 분야와 관련하여, 올림픽 경기 성적(Olympic Records) 변수는 각국가의 엘리트 운동경기 역량을 나타내며 개최지 선정연도 직전 개최된 하계 및 동계 올림픽 게임에서 획득한 금메달의 수로 측정한다.

마지막으로, 인구 규모까지 고려한 한 국가의 경제력으로서 1인당 GDP의 소프트파워 측정 지표로서의 가능성을 탐색한다.

통제변수로서 하드파워 요인은 후보국가의 경제적·군사적 역량을 포함하고 있다. 먼저 국방비 지출을 통해 각국가의 군사력을 간접적으로 비교한다[30]. 한편 GDP와 GDP 성장률은 각각 한 국가의 전반적인 경제성과와 경제의 영역에서 부각되는 추세를 가늠할 수 있는 대리변수이다. 전자가 한 국가 전체의 경제적 역량의 총량을 대변한다면, 후자는 그러한 경제력의 시간적 증감량을 나타낸다고 할 수 있다

한편, 기존 문헌(Poast, 2007; Feddersen et al., 2008)에서 지적하고 있듯이, 글로벌 올림픽 거버넌스의 제도적 특성 요인으로서 대륙별 순환 개최에 대한 암묵적 합의를 들 수 있다. 동일한 대륙에서 연이어 올림픽이 개최되는 것은 국가 간 형평성에 어긋나기 때문에 바람직하지 못하다는 인식을 IOC 위원들이 공유하고 있으며, 이는 IOC의 의사결정에 있어 일종의 불문법처럼 작용할 수 있다. 이러한 묵시적 규범은 올림픽 운동의 정신 및 올림픽경기의 세계적 확산이라는 IOC의 운영 방침과도 일치하는 것으로 볼 수 있다. 따라서 대륙별 순환원칙(Continental Rotation)은 후보 국가가 개최지 선정연도 직전의 하계 및 동계올림픽 개최국과 동일한 대륙에 위치하고 있으면, 0의 값을 그렇지 않으면 1의 값을 갖는 더미변수로 설정하였다.

분석모형에 포함된 모든 변수와 조작적 정의 및 자료원은 <표 4-6>, 변수들의 기초 통계량 및 상관관계는 <표 4-7>과 <표 4-8>에 제시되어 있다.

구분		변수명	조작적 정의	자료원
종속변수		Host Success	개최국으로 최종 선정되었는지 여부(더미값)	International Olympic Committee
		IOC Ranks	IOC에 의해 부여된 최종순위	International Olympic Committee
		IOC Votes	IOC로부터 획득한 투표율	International Olympic Committee
설명 변수	소프트 파워	Human Development	한 국가의 사회의 질(social quality) 및 웰빙(well-being)의 수준	Human Development Index, UN
		Transparency	인지된 정부부패 정도(개최지선 정해의 전년도 값)	Corruption Perceptions Index, Transparency International
		CO_2Emissions	GDP 대비 이산화탄소 배출량 (개최지선정해의 전년도 값)	World Development Indicators, World Bank
		Particulate Emissions	GDP 대비 미세먼지 배출량 (개최지선정해의 전년도 값)	World Development Indicators, World Bank
		Renewable energy	신재생에너지 생산량 (개최지선정해의 전년도 값)	U.S. Energy Information Administration
		Olympic Records	개최지 선정년 직전 하계·동계 올림픽에서 획득한 금메달 수	International Olympic Committee
		GDP per capita	실질 1인당 GDP(PPP, constant 2005, 개최지선정해의 전년도 값)	World Development Indicators, World Bank
통제 변수	하드 파워	GDP	실질GDP(PPP, constant 2005, 개최지선정해의 전년도 값)	World Development Indicators, World Bank
		GDP Growth	실질GDP 성장률(PPP, constant 2005, 개최지선정해의 전년도 값)	World Development Indicators, World Bank
		Military Expenditure	한 해 국방비 총액(PPP, constant 2005, 개최지선정해의 전년도 값)	World Development Indicators, World Bank
	제도적 특성	Continental Rotation	개최지 선정년 직전 올림픽 개최 국과 다른 대륙에 위치한 국가인 지 여부(더미값)	International Olympic Committee

▌ 표 4-7 변수의 기초 통계량

Variable	Obs	Mean	Std. Dev.	Min	Max
Host Success	92	0.14	0.35	0.00	1.00
IOC Ranks	92	5.11	3.23	1.00	11.00
IOC Votes	92	0.14	0.18	0.00	0.66
GDP	88	1.56E+12	2.36E+12	1.72E+10	1.32E+13
GDP Growth	92	4.10	4.36	−12.57	25.48
GDP per capita	90	21803.43	13325.39	1337.50	77108.00
Human Development	89	0.88	0.09	0.57	0.99
Transparency	88	5.78	2.27	1.90	9.60
CO2Emissions	87	0.48	0.30	0.16	1.73
Particulate Emissions	91	33.30	19.78	12.45	124.84
Renewable energy	91	86.77	113.45	0.00	392.74
Olympic Records	92	10.45	12.74	0.00	56.00
Military Expenditure	87	4.60E+10	1.05E+11	7.38E+08	5.75E+11
Continental Rotation	92	0.43	0.50	0.00	1.00

▌ 표 4-8 변수 간 상관관계

	Variable	1	2	3	4	5	6	7	8	9	10	11	12	13
1	Host Success	1.00												
2	IOC Ranks	−0.52	1.00											
3	IOC Votes	0.74	−0.80	1.00										
4	GDP	0.23	−0.25	0.24	1.00									
5	GDP Growth	0.00	0.05	−0.03	−0.15	1.00								
6	GDP per capita	0.04	−0.26	0.10	0.27	0.14	1.00							
7	Human Development	0.11	−0.31	0.15	0.22	−0.38	0.64	1.00						
8	Transparency	0.07	−0.38	0.16	0.19	−0.21	0.65	0.71	1.00					
9	CO2Emissions	0.04	0.08	0.00	0.01	0.22	−0.36	−0.50	−0.40	1.00				
10	Particulate Emissions	−0.04	0.16	−0.01	−0.10	0.28	−0.44	−0.56	−0.48	0.23	1.00			
11	Renewable energy	0.26	−0.21	0.24	0.66	−0.13	0.07	0.08	0.14	0.11	−0.11	1.00		
12	Olympic Records	0.21	−0.16	0.23	0.70	−0.29	0.08	0.11	0.01	0.32	−0.11	0.55	1.00	
13	Military Expenditure	0.18	−0.20	0.18	0.94	−0.13	0.24	0.20	0.17	0.08	−0.10	0.62	0.69	1.00
14	Continental Rotation	0.16	0.18	−0.01	−0.12	−0.11	−0.14	−0.06	−0.15	0.03	0.09	0.06	−0.10	−0.13

2) 자료 및 분석방법

본 연구에서 사용하는 데이터는 불균형패널자료로서 탈냉전기의 하계 및 동계 올림픽 개최경쟁에 지원한 모든 국가들을 대상으로 작성되었다[31]. 구체적으로 1990년부터 2013년 9월에 있었던 2020년 하계올림픽 개최지 선정까지 총 16회의 올림픽 개최지 투표결과이다[32]. 한 국가가 여러 번 지원하였을 경우 각각을 별개의 사례로 간주하여, 총 92개의 후보국들을 표본으로 하고 있으며, 그중 결측치 5개를 제외한 87개(하계 올림픽은 50개, 동계 올림픽은 37개)를 대상으로 분석하였다[33]. 이와 같이 전체 올림픽과 하계 및 동계올림픽으로 구분한 데이터셋을 각각 패널데이터 추정 방법을 사용하여 패널 로짓/프로빗 모형, 순위서열로짓 모형, 고정효과와 랜덤효과 모형으로 분석하였다 (Baltagi, 2008)[34]. 그리고 고정 및 랜덤효과 모형 중에서는 보다 데이터에 적합한 모형을 선택하기 위해 하우스만(Hausman, 1978) 검정을 실시하였다. 한편, 일부 소프트파워 변수들간의 다중공선성 문제 가능성을 고려하여 단계적 회귀분석(stepwise regression) 중 양방향 절차(bi-directional procedure) 기법을 사용하였다[35].

5. 분석결과 및 해석

<표 4-9>와 <표 4-10>에는 합동(pooled) 올림픽 자료 및 동계와 하계 올림픽 자료를 대상으로 각각 패널회귀분석을 실시한 후, 각각 유의수준 약 10%, 5% 및 1% 이하에서 유의미한 결과가 나타난 모형들이 제시되어 있다. 추정 결과를 종합하면 다음과 같다.

첫째, 1990년에서 2013년까지 기간의 모든 올림픽 개최지 선정결과(N=87)를 풀링한 자료를 분석한 결과, 최종적인 올림픽 개최지 선정여부(Host Success)를 좌우하는 설명변수는, 패널프로빗 및 패널로짓 모형에서 사회발전도와 대륙별 순환개최 요인이 양 (+)의 방향으로 유의미한 것으로 나타났다. 반면, 패널로짓 모형에서는 경제성장률이 긍정적인 영향을 미쳤으나, 패널프로빗 모형에서는 군사력이 오히려 개최성공에 부정적인 영향을 미치는 것으로 나타났다. 종속변수가 IOC 순위(Ranks)인 경우 순위서열로짓모형으로 분석한 결과, 사회발전도, 투명성, 신재생에너지, 올림픽 성적 변수들이 유의미하였으며, 모두 부호가 음수로서 순위를 낮추는 것으로 나타나고 있다. 이를 반대로 해석하면, 네 가지 소프트파워 변수는 개최지로 선정될 가능성을 높일 수 있다는 것이다. 한편, IOC 득표율(Votes)을 종속변수로 하는 모형에서는 1인당 GDP가 높은

나라일수록 보다 많은 득표를 한 반면에 미세먼지 배출량이 많을수록 개최 경쟁에서 승리할 확률이 낮아지는 것으로 나타났으며, 경제성장률은 긍정적인 영향을 미치는 것으로 나타났다.

둘째, 1990~2013년도의 하계 올림픽 개최지 선정 결과(N=50)에서는 IOC 순위 및 득표율[36]과 관련하여 사회발전도, 투명성, 신재생에너지 및 1인당 GDP 변수 값이 클수록, 미세먼지 배출량이 적을수록, 개최지로 선정될 가능성이 높아지는 것으로 나타났다. 그러나 GDP는 음의 값으로 유의미한 영향을 미쳤다.

셋째, 1991~2011년 기간의 동계 올림픽 개최지 선정 결과(N=37)에서는 IOC 순위 및 득표율과 관련하여 신재생에너지 변수를 제외하고는, 소프트파워와 관련된 모든 설명변수가 유의미한 영향을 미치는 것으로 나타났다. 이와 함께, 대륙별 순환개최 변수도 유의미한 영향을 주는 것으로 나타났다. 반면, 하드파워 변수는 GDP 성장률만이 긍정적인 영향을 미치는 것과는 달리, 군사력과 GDP의 효과는 통계적으로 유의미하지 않았다.

표 4-9 패널회귀분석결과: 합동(pooled) 올림픽 자료(1990~2013)

독립변수 \ 종속변수	Host Success Coef. (z-stat)	Host Success Coef. (z-stat)	IOC Ranks Coef. (z-stat)	IOC Ranks Coef. (z-stat)	IOC Votes Coef. (t-stat)	IOC Votes Coef. (t-stat)
Military Expenditure	−0.00* (−1.69)	−0.00 (−1.60)	0.00 (0.78)	0.00 (1.56)	−0.00 (−1.44)	−0.00 (−1.13)
GDP	0.00 (1.59)	0.00 (1.44)	−0.00 (−0.83)	−0.00 (−1.39)	−0.00 (−1.36)	−0.00 (−0.52)
GDP Growth	0.10 (1.60)	0.20* (1.72)	−0.01 (−0.28)	−0.07 (−1.30)	0.01 (0.75)	0.02* (1.76)
Human Development	7.84* (1.65)	14.42* (1.67)	−5.02* (−1.71)		0.17 (0.22)	−0.41 (−0.43)
Transparency				−0.28** (~2.39)		
CO_2 Emissions		0.17 (0.10)	−0.42 (−0.62)	0.64 (0.87)		0.21 (0.63)
Particulate Emissions		−0.01 (−0.44)	−0.01 (−0.73)			−0.01** (~2.23)
Renewable energy	0.00 (1.02)	0.00 (1.09)	−0.00* (−1.66)			
Olympic Records	0.03 (1.49)	0.06 (1.31)		−0.05* (−1.66)		0.01 (1.08)
GDP per capita	−0.00 (−1.12)	−0.00 (−1.27)		0.00 (1.39)	0.00*** (3.25)	
Continental Rotation	0.69* (1.73)	1.39* (1.82)	−0.35 (−0.97)	−0.29 (−0.82)	0.01 (0.17)	−0.03 (−0.60)
상수항	−8.84* (~2.17)	−15.83* (~2.05)			−0.59 (−0.79)	0.79 (0.91)
모형	패널프로빗	패널로짓	순위서열로짓	순위서열로짓	고정효과	고정효과
N	87	87	87	87	87	87

주: * 10% 유의수준, ** 5% 유의수준, *** 1% 유의수준에서 유의미

표 4-10 패널회귀분석 결과: 하계/동계 별도 분석

종속변수 / 독립변수	하계 올림픽 자료, 1990~2013					동계 올림픽 자료, 1991~2011				
	IOC Ranks	IOC Ranks	IOC Votes	IOC Votes	IOC Votes	IOC Ranks	IOC Ranks	IOC Ranks	IOC Votes	IOC Votes
	Coef. (z-stat)	Coef. (t-stat)	Coef. (t-stat)	Coef. (t-stat)	Coef. (t-stat)	Coef. (z-stat)	Coef. (z-stat)	Coef. (z-stat)	Coef. (z-stat)	Coef. (z-stat)
Military Expenditure	0.00 (0.05)	−0.00 (−0.29)	−0.00 (−0.43)	−0.00 (−0.14)	0.00 (0.27)	−0.00 (−0.50)	0.00 (1.45)	0.00 (0.86)	−0.00 (−0.49)	−0.00 (−0.26)
GDP	−0.00 (−0.14)	−0.00 (−0.31)	−0.00 (−0.70)	−0.00 (−1.05)	−0.00** (~2.19)	−0.00 (−0.21)	−0.00 (−0.95)	0.00 (0.03)	0.00 (0.60)	0.00 (0.20)
GDP Growth	0.00 (0.05)	0.00 (0.01)	−0.01 (−0.50)	0.00 (0.26)	−0.01 (−0.40)	−0.32 (−1.49)	−0.68* (−1.93)	−0.42* (−1.80)	0.03** (2.47)	0.03*** (2.82)
Human Development	−9.90* (−1.77)			1.13 (0.78)	1.85 (1.36)	~26.46* (−1.92)				
Transparency		0.10* (1.73)						−0.39* (−1.75)		−0.01 (−0.59)
CO2Emissions	−1.46 (−1.57)			0.35 (0.85)	0.34 (0.89)		8.22* (1.85)	5.11 (1.11)	−0.29** (~2.44)	−0.06 (−0.30)
Particulate Emissions	−0.01 (−0.97)			−0.01* (−1.85)	−0.01 (−1.07)		0.15** (2.44)		−0.01** (~2.14)	−0.00 (−0.99)
Renewable energy	−0.00 (−1.33)		0.00* (1.78)	0.00 (0.69)	0.00 (0.65)	−0.01 (−1.60)		−0.00 (−0.29)		−0.00 (−0.47)
Olympic Records	0.01 (0.43)	0.01 (0.83)		0.01 (0.83)	0.01 (0.92)	−0.23** (~2.01)	−0.22** (~2.00)		0.01** (2.57)	0.01** (2.44)
GDP per capita	0.00 (0.96)				0.00** (2.19)				0.00* (1.69)	
Continental Rotation	0.05 (0.10)	−0.03 (−0.50)	−0.07 (−1.02)	−0.10 (−1.32)	−0.08 (−1.08)	−5.23* (−1.75)	~2.48** (−2.21)	~2.35** (−2.02)	0.05 (0.75)	0.06 (0.85)
상수항		−0.39 (−1.00)	0.12 (0.74)	−0.57 (−0.44)	~2.13 (−1.55)				0.20** (2.19)	−0.17 (−0.58)
모형	순위서열 로짓	고정 효과	고정 효과	고정 효과	고정 효과	순위서열 로짓	순위서열 로짓	순위서열 로짓	랜덤 효과	랜덤 효과
N	50	50	50	50	50	37	37	37	37	37

주: * 10% 유의수준, ** 5% 유의수준, *** 1% 유의수준에서 유의미

이상의 추정 결과를 통해 글로벌 올림픽 거버넌스의 개최권 배분 메커니즘에 작용하는 소프트파워의 영향 경로에 관하여 다음과 같은 해석을 해 볼 수 있다.

첫째, 소프트파워의 중요한 요소로서 한 국가의 높은 사회발전도 혹은 사회적 웰빙이 개최지 선정 확률을 높이는 것으로 나타났다(가설① 채택). 이것은 IOC의 미션이 스포츠라는 수단을 문화 및 교육과 조화시켜 인류발전에 더 좋은 세계를 건설하는 것이라는(IOC, 2011: 10) 측면에서, 인간개발이라는 목표는 IOC의 개최권 배분의 정당화 근거로 인정될 수 있다는 것을 의미한다[37]. 여기서 인간개발지수로 측정한 국가적 웰빙 내지 삶의 질 등의 요소는 소프트파워 측면을 대표하는 요인으로 볼 수 있다.

둘째, 한 나라의 높은 투명성은 올림픽 개최 경쟁에서 승리할 가능성을 높이는 것으로 나타났다(가설② 채택). 투명성이 높을수록 그 국가는 윤리적 평판이 상대적으로 높다고 본다면, 한 국가의 높은 윤리적 평판은 IOC로 하여금 올림픽 정신에 걸맞는 개최국으로서의 자격을 보유한 것으로 인식될 수 있다. 이것은 아마추어 올림픽 스포츠맨십, 즉 친선, 연대, 페어플레이 등을 강조하면서, 윤리강령(Codes of Ethics), 반도핑규칙(Anti−doping Code) 등을 제정하고 이를 집행하기 위해 IOC 윤리위원회(Ethics Commission), 국제스포츠중재재판소(Court of Arbitration for Sport), 국제반도핑기구(World Anti−Doping Agency) 등을 설립하는 등 올림픽 운동에서의 윤리적 가치 제고 노력들과 연관지어 볼 수 있을 것이다.

셋째, 환경문제에 대한 국가의 적극적 노력 역시 올림픽 개최지 선정에 긍정적인 영향을 줄 수 있는 것으로 나타났다(가설③ 채택). 한 국가가 글로벌 환경기준을 준수하고 있는지를 가늠할 수 있는 간접적인 척도로서 오염원 배출량과 같은 환경에 부정적인 영향의 측정지표는 물론 친환경적인 대체에너지 생산량 정도를 활용한다면 이산화탄소 배출량과 미세먼지 배출량은 낮고, 신재생에너지 생산이 더 많은 국가들이 올림픽 개최지로서 선호되는 경향을 설명할 수가 있다. 즉 '친환경 올림픽' 유산(ecological legacy)을 지향하는 공식적인 IOC 헌장에서도 볼 수 있듯이 IOC가 올림픽 개최국의 환경적 지속가능성을 바람직한 가치로 평가하기 때문인 것으로 해석할 수 있다. 이처럼 환경적 지속가능성 원칙을 올림픽 운동의 중요한 가치로 수용함으로써 IOC는 환경문제에 관심을 기울인다는 이미지를 구축할 수 있게 되고, 이는 국제사회로부터 조직의 존재근거 및 정당성을 획득하는 방편이 될 수도 있을 것이다. 이러한 환경적 이슈 역시 보편적 가치 및 윤리성, 정당성 등에 호소함으로써 다른 행위자의 선호에 영향을 미치는 소프트파워적 요소로서 기존의 국제관계에서 압도적 존재감을 보여왔던 하드파워적 요소와는 구별되는 측면으로 볼 수 있다.

넷째, 국가 간 올림픽 개최경쟁에 미치는 소프트파워는 올림픽 경기에서 좋은 성적을 거둔 선수들을 보다 많이 보유한 국가의 이미지 제고 효과를 통해서도 나타날 수 있다(가설④ 채택). 이에 오늘날 미국, 중국과 같은 강대국들이 자국 대표 선수들의 올림픽 메달획득을 세계정치 무대에서 우월한 지위를 공고화하기 위한 수단으로 활용하고 있는 것이다(Cha, 2009). 한 국가의 올림픽 경기에서의 기록이 높을수록, 이를테면 세계적인 인지도를 갖는 올림픽 메달리스트가 갖는 후광효과 혹은 국제 스포츠 외교계에 구축한 네트워크를 이용한 로비활동 등을 통하여 개최국과 관련한 IOC 위원들의 의사결정에 영향을 줄 수 있을 것이다.

다섯째, 한 국가의 경제적 발전의 수준을 포괄적으로 나타내는 1인당 GDP 역시 소프트파워 지표로서 올림픽 개최지로 선정되는 데 유리하게 작용하는 것으로 나타났다. 생각건대 국가 전체의 GDP는 인구나 영토와 같은 국가의 규모를 반영하고 있는 요소로서 이는 특별히 탈냉전기에 와서는 국제무대에서 국가의 정치적·경제적 이슈에 대한 발언권의 크기를 가늠할 수 있는 잣대가 될 수 있다. 즉 인구가 많고 영토가 큰 국가는 대개 GDP가 높으며, 이를 통하여 그 나라의 군사력이나 국제정치적 영향력의 크기를 좌우할 수 있는 것이다. 또한 국제통상 및 교역분야의 이슈에 있어서도 GDP 대국들(예컨대 BRICs 등)의 경우는 자국 시장의 규모 크기로 인해 자신들의 이해를 주장하기가 유리하다. 국제협상의 대상이 되는 국가들의 입장에서는 각종 무역 협정이나 협약을 맺음에 있어서 방대한 시장에의 접근가능성을 제고하기 위하여, GDP 대국들의 입장을 반영할 필요가 있기 때문이다. 따라서 GDP 자체는 국가의 총체적 국력 혹은 군사적·경제적 역량의 크기를 상징하는 변수로서 하드파워적 요소라 볼 수 있을 것이다. 반면에 1인당 GDP는 보다 미시적으로 그 나라의 부, 나아가 경제사회적 발전 수준의 가늠자로서 다양한 소프트파워적 요소를 함축하는 변수로서의 의미를 지니는 것으로 볼 수 있다. 이처럼 본 연구는 소프트파워적 성격을 가지는 변수인 1인당 GDP의 영향력을 새롭게 포착해내고 있다는 점에서 그 의의를 찾을 수 있다.

마지막으로, 분석결과를 통해 추론할 수 있는 또 다른 논점은 제도적 요인의 영향력이다. 자료 분석결과 대륙별 순환원칙이라는 비공식적 제도(불문법적 규칙)가 올림픽 개최권 배분 메커니즘의 작동에서 대체로 일관되게 관철되고 있는 것으로 나타났다[38]. 이는 종래의 국제관계에서 주된 영향요인이었던 하드파워적 요소들의 영향력을 차단할 만큼 강력한, 글로벌거버넌스의 작동 원칙이라는 점에서, 소프트파워적 특성과는 별도로 글로벌 올림픽 거버넌스의 제도적 특성의 하나로서 새롭게 부각되고 있음을 알 수 있다.

한편, 연구설계의 측면에서 소프트 및 하드 파워를 동시에 분석모형에 포함시키지 않은 기존 많은 사례연구들이 혼란요인의 효과(confounding effects)로 인하여 인과관계의 탐구를 저해하는 오류를 범하는 데 비하여(Lee & Chappelet, 2012: 50), 본 연구는 하드파워 측면을 통제한 상태에서 소프트파워의 진정한 영향력을 포착해낸다는 장점을 지닌다. 예컨대 하드파워가 강한 중국의 경우 왜 2000년 올림픽 개최경쟁에서는 실패하였으나 2008년 올림픽 유치에는 성공하였는지에 대하여 다음과 같은 설명이 가능할 것이다. 먼저, 1993년에 중국이 호주(시드니)에 밀려 2000년 올림픽개최에 실패한 사례에서는 하드파워 측면에서 중국이 우월하였으나, 소프트파워가 더 큰 호주에게 경쟁에서 밀린 것으로 볼 수 있을 것이다. 이에 반해 2001년에 있었던 2008년 올림픽 유치경쟁에서 중국(베이징)이 승리한 것은 소프트파워 측면의 지표들이 시간에 따라 모두 눈에 띄게 증가하는 것과 밀접한 관련이 있음을 시사하고 있다. 다시 말해, 1993년 유치실패 이후 2001년까지의 기간 동안 중국이 하드파워 측면에서 성장함과 동시에 소프트파워 측면의 역량도 함께 성장해왔다는 점을 감안한다면, 유치경쟁 당시의 하드파워의 크기보다 오히려 소프트파워의 향상이라는 국가역량의 증가분이 개최국 선정과정에서 더 큰 영향력을 미쳤을 개연성을 부인할 수 없다. 이와 같은 소프트파워의 시간적 차원의 효과를 본 연구에서는 패널자료 분석기법을 활용하여 포착하고 있다.

결론적으로 기존 소프트파워 논의는 보다 엄밀한 개념정의 정교한 연구설계 그리고 풍부한 이론적 배경에 근거하여 국제관계나 글로벌 거버넌스와 관련한 현상의 분석에 활용될 경우, 이론적으로나 실무적으로 여전히 매력적인 개념적 분석틀을 제공할 수 있음을 확인할 수 있다. 특별히 국제스포츠 분야와 같은 특정 영역에서 실제로 작용하는 소프트파워의 존재와 영향력을 파악함으로써 한국과 같은 중견국가들의 국제경쟁력 강화를 위한 국가정책 수립에 유익한 시사점을 얻을 수도 있을 것이다. 이를 통해 냉전기 이후 변화하는 글로벌 관계 속에서 국익을 최대한 관철하는 성공적인 국제관계와 외교활동 전략의 초점이 일국의 소프트파워적 요소를 강화하는 데에 있음을 확인할 수 있다.

또한 본 연구는 그동안 국내 차원에서 주로 수행되어온 행정학·정책학의 연구주제인 거버넌스의 지평을 초국가적 차원으로 확장시키는 글로벌 거버넌스의 새로운 이론정립을 위해 하나의 의미 있는 제안을 시도하고 있다. 기존의 하드파워 중심의 국제정치 패러다임을 넘어서 새롭게 소프트파워 측면의 변수를 고려하는 것은 글로벌 거버넌스의 본질을 탐구함에 있어서 새로운 유형론을 통해 심화된 연구가 가능할 수 있음을 시사한다. 그리고 이를 통해 하드파워 및 소프트파워 중 어떤 측면이 세계정치 과정과 결과에 관한 핵심적 영향요인으로 작용하느냐에 초점을 맞추어 글로벌 거버넌스의 기원과 특성 및 작동원리 등을 포착하는 데에 보다 유용한 이론적 틀을 도출할 수 있을 것이다.

6. 결론: 글로벌 소프트 거버넌스의 가능성과 의의

본 연구는 올림픽 개최지 선정과정을 통해 글로벌 거버넌스에서 소프트파워 요소가 어떠한 영향력을 발휘하는지를 실증적으로 분석하고 그에 따른 이론적 함의와 정책적 시사점을 도출하고 있다. 그리고 이에서 한 걸음 더 나아가 글로벌 거버넌스의 작동 메커니즘의 특성 및 권력의 성격에 따라 하드파워와 소프트파워에 대응하는 글로벌 하드 거버넌스와 글로벌 소프트 거버넌스의 유형론을 제시하고 있다.

구체적으로 탈냉전기 IOC의 올림픽 개최지 선정과정을 대상으로 하여 국가 간 패널데이터를 회귀 분석한 결과, 사회발전 정도, 윤리적 투명성, 환경적 지속가능성, 그리고 올림픽 경기 성적 및 1인당 GDP 등으로 측정한 유치지원국들의 소프트파워 변수가, 올림픽 개최지 선정 가능성을 높이는 미치는 것으로 나타났다. 반면에 한 국가의 군사력 및 경제력으로 표상되는 하드파워 요인들은 경제성장률을 제외하고는, 국방비 지출이나 GDP의 경우 통계적으로 영향력이 없거나 오히려 부정적인 영향을 미치는 것으로 나타났다.

이러한 분석결과를 볼 때, 올림픽 개최지를 결정하는 IOC라는 국제기구에서 벌어지는 국가 간 경쟁의 게임 상황에서 그 게임의 결과를 좌우하는 요인은 일국의 경제적 측면뿐만 아니라 소프트파워 측면 역시 영향력을 발휘함을 확인할 수 있다. 한편, 올림픽 개최지 선정이라는 특정 분야 글로벌 거버넌스의 자원배분 과정에 내재하고 있는 제도적 특성으로서 대륙 간 개최지 순환원칙이라는 불문법적 규범이 작용하고 있음을 실제로 보여주고 있다.

이와 같은 연구결과가 갖는 이론적·정책적 함의는 다음과 같이 요약할 수 있다. 첫째, 소프트파워의 개념적 확장 필요성을 들 수 있다. 기존의 소프트파워 개념은 다차원적 하위 구성개념으로 재정의 될 때, 보다 설명력 있는 이론적 논의가 가능해질 수 있을 것이다. 특별히 본 논문은 Nye가 제시한 소프트파워 개념을 보다 정치한 다차원적 측정요소로 분해하고, 각각의 영향력을 행위자 및 구조적 차원으로 확장함으로써, 동 개념이 단순히 국가 행위자 단위의 국력 측정의 가늠자로 인식되는 것을 넘어, 글로벌 거버넌스라는 제도적·체제적 차원을 분석하는데 유용한 구성개념이 될 수 있는 가능성을 제시하고 있다.

둘째, 글로벌 거버넌스에 대한 보다 많은 실증적 연구가 요청된다. 글로벌 거버넌스의 작동 메커니즘은 선험적 이론의 문제라기보다는 실증적 분석 및 경험적 증거가 뒷받침되어야 한다는 측면에서, 이론적 기여를 위한 귀납적 연구들이 이루어질 필요가 있을 것이다. 기존의 이론적 논쟁들은 대개 선험적 전제에서 연역적으로 도출한 가설들에 근거하여 이에 부합한 연구대상을 찾는 것으로서 자기 이론학파의 타당성을 강화하는 오류에 빠질 위험이 있다. 이에 반해 전통적인 패러다임으로는 완전히 설명되기 어려운 세계정치의 복잡성을 보여주고 있는 글로벌 스포츠 현상은 역설적으로, 연구대상에 대한 심층적 탐구에서 시작하여 귀납적으로 적실성 있는 명제를 발견하고, 이를 바탕으로 보다 설명력을 갖춘 이론을 구축할 수 있는 단초를 제공할 수 있을 것이다. 더불어 기존의 질적 사례연구 중심에서 나아가 양적 연구의 축적이 필요하다. 양적 연구는 하드파워를 통제한 상태에서 소프트파워 영향을 검증할 수 있다는 점에서 연구설계상의 장점을 가질 수 있다[39].

다양한 글로벌 거버넌스들이 갖는 성격을 구체적으로 들여다보면 그러한 거버넌스들이 작동하는 메커니즘의 성격이 조금씩 다름을 알 수 있다. 예컨대, 유엔의 경우는 안보리에서 상임이사국들이 거부권을 행사함으로써 국제분쟁에의 개입여부 결정에 특정 국가의 군사적·경제적 패권이 압도적으로 영향력을 미치고 있다. 이처럼 하드파워적 요소가 압도적으로 영향력을 미치는 거버넌스가 있는가 하면, 가치 및 윤리적 규범 혹은 정당성 등의 다양한 요인에 의해 더 많은 영향을 받는 글로벌 올림픽 거버넌스 같은 형태도 있고, 또는 인도주의나 시민적 자율성 및 보편적 가치 등에 의해 주로 영향을 받는 인도주의적 지원 등과 관련한 글로벌 거버넌스 역시 존재한다. 이러한 다양한 거버넌스 작동메커니즘의 권력적 특성에 착안할 때 권력원천의 성격에 따라 글로벌 하드 거버넌스와 글로벌 소프트 거버넌스로 분류하는 것이 의미를 가질 수 있다.

한편, 글로벌 거버넌스의 제도적 차원에 있어서 글로벌 올림픽 거버넌스 사례는 대륙 간 순환원칙이라는 불문법적 규범의 존재와 작동방식에 관한 흥미로운 단서를 제공하고 있다. 다시 말해, IOC를 중심으로 작동하는 올림픽 개최지 선정 관련 거버넌스는 올림픽 헌장에 의거한 공식적 규칙들에 따라 국가 간 경쟁이 이루어지며, 개최지 결정 결과에 경쟁국들이 승복하는 등 게임의 룰이 비교적 잘 지켜진다는 특성을 보인다. 동시에 비공식적인 규범으로서 참여국가들의 대륙별 기회 균등의 원칙과 같은 형평성의 측면이 고려되어 개최권 배분이 이루어진다는 측면에서, 공식적 및 비공식적 제도의 규범력이 상대적으로 높다는 것을 알 수 있다. 이처럼 제도적 규범의 영향력이 높은 분야로는 예컨대 세계무역기구(WTO)를 중심으로 한 국제 교역체제 등을 들 수 있을 것이다.

반면, 국가 간 군비축소 문제의 경우는 그간 국제적 수준에서 여러 가지 제도적 기제를 통하여 군축에 합의하였으나 실제로는 군비경쟁(arms race)으로 귀결되는 것이 대부분이었다. 또한 글로벌 환경 거버넌스와 같은 분야 역시 제도적 규범력이 상대적으로 낮은 것으로 보인다. 예컨대 선진국 또는 개도국들의 경제적 이해관계에 따라 이산화탄소 배출량 감축에 관한 합의가 잘 이루어지지 않는 경향을 보여왔으며, 합의된 규칙을 위반하는 국가들이 존재함에도 이를 제재할 수단이 없는 경우가 많음을 알 수 있다.

이에 본 연구에서는 글로벌 거버넌스의 핵심 작동원리 혹은 핵심 영향요인으로서 권력원천이 하드파워인지 소프트파워인지의 여부와 동시에 제도적 규범의 영향력 강도를 기준으로 한 유형론을 제안하고자 한다. 우선, 글로벌 하드 거버넌스를 하드파워(군사력, 정치적 영향력, 경제력 등의 요소)가 주된 권력원천의 역할을 하거나 아니면 소프트파워의 요소를 압도하는 특성을 보이는 이슈분야의 거버넌스로 정의한다면, 이와는 달리 글로벌 소프트 거버넌스는 소프트파워의 특성이 압도적인 경우로 정의해 볼 수 있다. 그리고 글로벌 거버넌스 유형분류의 또 다른 차원으로서 제도적 규범의 영향력이 강한 경우와 약한 경우를 생각해 볼 수 있다. 이에 따라 글로벌 거버넌스는 <표 4-11>과 같은 네 가지 유형으로 분류된다. 이러한 분류에 따르면 본 연구는 유형③의 작동 메커니즘에 대한 실증분석에 해당된다. 여기 제시된 유형론을 토대로 향후 글로벌 정치과정의 핵심 권력원천 차원과 제도적 측면의 규범력 차원에 따라, 글로벌 거버넌스의 작동원리 및 발전양상을 보다 심층적으로 연구하는 다양한 후속연구들이 이루어질 수 있기를 기대한다[40].

▌표 4-11 글로벌 거버넌스 유형론

권력의 특성 \ 제도적 특성	제도적 규범력의 정도	
	높음	낮음
소프트파워의 상대적 영향력 — 약함: 글로벌 하드거버넌스	유형① 예 국제교역 분야	유형② 예 군축 문제
소프트파워의 상대적 영향력 — 강함: 글로벌 소프트거버넌스	유형③ 예 올림픽 개최경쟁	유형④ 예 CO_2 감축 이슈

1 메가 이벤트(Mega-event)란 대형(Large-scale) 문화, 상업, 스포츠 이벤트 중 극적이고(dramatic) 대중적인 인기(mass popular appeal)를 얻으며 국제적 중요도(international significance)가 있는 이벤트를 말한다(Roche, 2000).

2 예컨대 올림픽헌장(IOC, 2011: 72-73)에 의하면, 올림픽 개최 경쟁에 참여하는 도시에게 요구되는 조건은 다음과 같다: "Should there be several potential applicant cities in the same country to the same Olympic Games, one city only may apply, as decided by the National Olympic Committee of the country concerned"; "the national government of the country of any applicant city must submit to the IOC a legally binding instrument by which the said government undertakes and guarantees that the country and its public authorities will comply with and respect the Olympic Charter."

3 비드 북이란 장소, 예산, 마케팅, 공공 지원, 환경 문제 등을 포함하여 도시/국가가 이벤트를 개최할 계획을 설명하는 후보자 파일 모음집이다.

4 대부분의 연구들이 이벤트개최의 결과(consequences) 측면, 예컨대 이벤트의 영향분석이나 유산관리(legacy management) 등에 초점을 두어 온 반면에, 이벤트개최의 선행요인(antecedents)으로서 스포츠이벤트 유치성공의 영향요인에 대한 연구는 많지 않은 실정이다.

5 이에 비해 국가별 스포츠 성적(sporting success), 예컨대 올림픽경기에서 많은 메달을 획득하는 엘리트스포츠 강국들의 성공요인에 대해서는 여러 연구자들의 체계적인 이론적·실증적 연구들이 이루어져 왔으며 이를 SPLISS(Sport Policy Factors Leading to International Sporting Success의 첫글자를 따옴) 모형으로 정립하였다(De Bosscher et al., 2006: 209).

6 물론 글로벌 스포츠이벤트 유치 성공의 영향요인이 다층적이기 때문에 하나의 연구에서 거시적, 미시적, 중범위 수준 요인이 동시에 언급되는 경우도 존재한다. 예를 들면, 거시적 수준 연구인 Feddersen et al.(2008)과 Feddersen & Maennig (2012)에서는 비딩 국가의 기온, 물가상승률, 부패수준 등 거시적 요인과 함께 미시적 요인인 비딩 제안서의 질(quality of a bid proposal)의 중요성을 지적한다. 한편, 미시적 연구인 Ingerson & Westerbeek (2000)과 Westerbeek, Turner and Ingerson(2002)에서는 거시적 및 중범위 수준의 성공요인으로서 비딩 도시의 정치, 경제, 사회문화적 특성의 중요성을 지적하고 있다.

7 Chappelet & Favre(2008)의 연구에서는 1995~2009년 사이 스위스 각 주(canton: 캔톤)들의 세계선수권 및 유럽선수권 대회 개최 횟수를 비교하였다.

8 테니스 종목의 경우 비딩 절차를 거쳐 개최권이 배분되는 세계선수권대회가 존재하지 않기 때문에 분석대상에서 제외되었다. 테니스의 4대 메이저 대회(그랜드슬램: Grand Slam)인 호주오픈(Australian Open), 프랑스오픈(French Open), 유에스오픈(US Open), 윔블던선수권대회(Wimbledon Championships)는 특정지역에서 매년 개최되는 이벤트(recurring event)이다.

9 This refers to the Köppen climate classification scheme. which is one of the most widely used climate classification systems and adopted by a huge number of climate studies and subsequent publications (Kottek et al., 2006). The Köppen climate classification, which first published in 1884 by German climatologist Wladimir Köppen, divides the world into five major climate regions. Later, German climatologist Rudolf Geiger collaborated with Köppen on changes to the classification system, which is thus sometimes referred to as the Köppen-Geiger climate classification system. The system is based on the concept that native vegetation is the best expression of climate. Thus, climate zone boundaries have been selected with vegetation distribution in mind. It combines average annual and monthly temperatures and precipitation, and the seasonality of precipitation. Refer in more detail to http://koeppen-geiger.vu-wien.ac.at/koeppen.htm

10 The Organisation for Economic Co-operation and Development (OECD) including today 34 member countries worldwide was officially born on 30 September 1961, when signing the OECD Convention in Paris on 14 December 1960 entered into force. Pursuant to Article 1 of the Convention OECD shall promote policies designed: to achieve the highest sustainable economic growth and employment and a rising standard of living in Member countries, while maintaining financial stability, and thus to contribute to the development of the world economy; to contribute to sound economic expansion in Member as well as non-member countries in the process of economic development; and to contribute to the expansion of world trade on a multilateral, nondiscriminatory basis in accordance with international obligations. The original Member countries of the OECD are Austria, Belgium, Canada, Denmark, France, Germany, Greece, Iceland, Ireland, Italy, Luxembourg, the Netherlands, Norway, Portugal, Spain, Sweden, Switzerland, Turkey, the United Kingdom and the United States. The following countries became Members subsequently through accession at the dates indicated hereafter: Japan (28th April 1964), Finland (28th January 1969), Australia (7th June 1971), New Zealand (29th May 1973), Mexico (18th May 1994), the Czech Republic (21st December 1995), Hungary (7th May 1996), Poland (22nd November 1996), Korea (12th December 1996) and the Slovak Republic (14th December 2000). The Commission of the European Communities takes part in the work of the OECD (Article 13 of the OECD Convention). More recently, Chile became a member of the Organisation on 7 May 2010, Slovenia became a member on 21 July 2010 and Israel became a member on 7 September 2010. On December 9 2010, Estonia became a member, once necessary formalities, including parliamentary approval, were completed. Refer in more detail to http://www.oecd.org/about/

membersandpartners/

11 The Group of Twenty (G20) is the premier forum for international cooperation on the most important issues of the global economic and financial agenda. The objectives of the G20 refer to: policy coordination between its members in order to achieve global economic stability, sustainable growth; promoting financial regulations that reduce risks and prevent future financial crises; modernizing international financial architecture. The G20 was formally established in September 1999 when finance ministers and central bank governors of seven major industrial countries (Canada, France, Germany, Italy, Japan, the United Kingdom and the United States) met in Washington, D.C. in the aftermath of the financial crisis of 1997-1998, which revealed the vulnerability of the international financial system in context of economic globalization and showed that key developing countries were insufficiently involved in discussions and decisions concerning global economic issues. Finance ministers and central bank governors started to hold annual meetings after the inaugural meeting on December 15-16, 1999, in Berlin. The first meeting of the G20 Leaders took place in Washington, D.C., on November 14-15, 2008, where the Leaders agreed to an action plan to stabilize the global economy and prevent future crises. As a result the premier forum acquired its current name and significance. G20 members represent almost: 90% of global GDP, 80% of international global-trade, 2/3 of the world's population lives in G20 member countries, 84% of all fossil fuel emissions are produced by G20 countries. The Member countries of G20 include: Argentina, Australia, Brazil, Canada, China, France, Germany, India, Indonesia, Italy, Japan, the Republic of Korea, Mexico, Russia, Saudi Arabia, South Africa, Turkey, the United Kingdom, the United States of America plus the European Union, which is represented by the President of the European Council and by Head of the European Central Bank. Refer in more detail to http://www.g20.org/

12 본 절은 이광훈·김권식, 2014, 글로벌 거버넌스에 미치는 소프트파워의 영향력 탐색: 올림픽개최지 선정 사례 실증분석. 정부학연구. 고려대학교 정부학연구소.의 내용을 수정·보완하여 작성함.

13 Nye(2004)에 의하면 하드파워란 군사력이나 경제력 등과 같이 물리적으로 국가 간의 관계에 영향을 주는 강제적 혹은 유인적인 권력 요소를 의미한다. 반면에 소프트파워란 도덕적·문화적 가치 측면의 우월성에 기반하여 설득 혹은 매력 등의 방식으로 영향을 미치는 권력 원천을 의미한다.

14 예컨대 글로벌 스포츠와 관련되어 발생하는 초국가적(transnational) 현상과 이것이 국제체제에 미치는 영향에 관한 연구 주제들은 기존의 주류 국제정치학계의 관점 및 분석틀이 포착해내지 못하고 있기 때문에(Cha, 2009:1584), 글로벌 올림픽 거버넌스에 대한 심층적 탐구는 세계정치의 복잡성을 이해할 수 있는 새로운 가능성을 열어줄 수 있을 것이다.

15 그동안 국제정치학자들의 학문적 관심은 스포츠와 정치의 '상호 무지(mutual neglect)'라고 일컬어질 정도로 매우 부족하였다고 볼 수 있다(Cha, 2009: 1582). 따라서 글로벌 스포츠

현상을 분석하는 것은 새로운 연구영역의 확장이라는 차원에서 의미를 지닐 수 있을 것이다. 현실주의, 자유주의, 구성주의 관점에 의한 글로벌 스포츠 현상에 대한 설명은 Cha(2009: 1582-1584)를 참조.

16 이와 같은 글로벌 거버넌스의 구성요소로서 국제올림픽체제하의 행위자(층위와 자원), 구조 (제도) 및 관계(행위자 간 상호작용의 패턴으로서 경쟁, 갈등 혹은 협력) 등에 관한 자세한 내용은 Chappelet(2008a)을 참조.

17 본 연구에서와 같이 글로벌 거버넌스를 "상호협력 관계를 생성·유지·변화시키는 유·무형의 혹은 공식적·비공식적 의사결정 메커니즘의 총합"으로 정의한다면, 이는 구조적(체제적, 제도적 혹은 거시적) 수준과 행위자(미시적) 수준을 포괄하는 총체적인 개념으로 볼 수 있다. 이와 같은 구분에 의하면 "상호협력"이라는 목적 달성을 위한, 구체적인 행위자들 간의 관계에 있어서는 경쟁, 갈등, 협력 등의 다양한 상호작용이 존재할 수 있다. 예컨대 군비축소 (disarmament)라는 평화적 안보체제의 구축을 위한 협력과정에서 나타나는 개별국 간의 갈등, 국제교역이라는 경제협력과정에서 나타나는 무역국간의 경제적 이해분배를 위한 경쟁 및 갈등, 대기환경 오염문제 해결을 위한 협력 과정에서 게임의 룰을 정하기 위한 당사국들 간의 이해관계가 충돌·경합하는 과정 등을 들 수 있다. 다시 말해, 상호 경쟁적인 구도 속에서 자국의 이익을 추구하고자 하는 과정 역시 상호협력을 목표로 하는 글로벌거버넌스 속에서 하나의 양상으로 나타날 수 있다. 따라서 올림픽개최지 선정과정을 개별행위자 차원에서는 개최국으로 선정되기 위한 경쟁적 과정이 존재하면서도, 결국 국제올림픽경기의 개최라는 국제협력을 달성하기 위한 하나의 과정이라고 본다면, 이 역시 초국가적인 공적 문제 해결을 위한 협력적 관계로서 글로벌 거버넌스의 일종으로 파악할 수 있을 것이다. 다시 말해, 본 연구에서 연구대상으로 선정한 글로벌 올림픽 거버넌스의 분석단위를 체제(system)로 본다면, 국제올림픽체제는 근본적으로 상호협력을 목적으로 하는 글로벌거버넌스이며, 그 과정에서 펼쳐지는 국가행위자들 간 개최경쟁도 종국에는 상호협력을 달성하기 위한 (경쟁적 요소가 있는) 이해조정적 메커니즘으로 파악할 수 있다.

18 사적 권위라는 용어의 개념에 관해서는 Cultler et al.(1999)나 Hall & Biersteker(2002)를 참조.

19 올림픽헌장은 IOC에 의해 채택된 올림픽 이념의 기본원리와 핵심 가치, 규칙, 부칙을 성문화한 헌법적 성격의 기본 법규로서, 올림픽 무브먼트의 조직, 활동, 운영의 기준이자 IOC의 정관으로서 기능하며, 올림픽대회 개최의 조건 및 올림픽 운동의 3대 구성원인 IOC, IFs, NOCs와 올림픽대회조직위원회의 상호 권리와 의무를 규정하며, 이들 모두는 올림픽헌장을 준수해야 한다(IOC, 2011: 8).

20 올림피즘이란 "지·덕·체의 조화롭고 균형 있는 합일과 발전을 위한 생활 철학으로서, 스포츠에 문화와 교육을 조화를 통하여 노력의 즐거움과 선행의 교육적 가치와 보편적 기본윤리에 대한 존중의 정신에 입각한 생활양식의 개척을 추구하며, 인간의 존엄성 보존에 관한 평화로운 사회 발전 도모를 위해 조화로운 인간 발전에 기여하는 것을 그 목적으로 한다."(IOC, 2011:10)

21 예를 들면, 더블 올림픽 챔피언 Sebastian Coe는 런던 2012 올림픽 비딩 위원회 의장을 맡았고, 2010년 동계올림픽 피겨스케이팅 금메달리스트 김연아는 2018년 평창동계올림픽 유

치 최종단계에서 중요한 역할을 했다(Lee & Chappelet, 2012).

22 독립변수들은 종속변수 값들의 한 해 전년도(t-1) 값을 사용하는 데, 이것은 IOC가 후보국가들의 이전 특성들을 고려하여 투표함을 가정하고 있기 때문이다.

23 본 연구의 종속변수를 설정함에 있어서 Host Success 변수의 경우는 Feddersen et al.(2008)의 연구, IOC Ranks는 Poast (2007)의 연구, 그리고 IOC Votes는 Lee & Chappelet (2012)의 연구를 각각 조작적 정의의 근거로 하고 있다. 이처럼 종속변수를 세 가지 방식으로 측정할 때 IOC의 개최국에 대한 선호를 보다 정교하게 분석할 수 있다는 장점이 있다. 비록 개최에 실패했을지라도 특정 국가가 얼마나 높은 순위를 가졌는지 혹은 얼마만큼 득표를 하였는지는 IOC의 최종 개최지 선정 여부만으로는 포착될 수 없는 개최지 선정과정의 IOC의 선호를 분석할 수 있게 해 주기 때문이다. 특별히 득표율을 종속변수로한 IOC Votes 모델에서는 유치신청도시로 지원은 했으나 후보도시로 조차로 선정되지 못하고 탈락한 도시들에 0의 값을 부여하여, 최종 개최 도시 및 후보도시와의 질적 차이를 고려한 분석을 시도하였다. 본 연구에서는 이러한 종속변수의 다양화를 통해 실제로 개최성공 변수뿐만 아니라 후보국 순위와 득표율에까지 미치는 소프트파워의 영향력을 세가지 종속변수들을 각각 분석한 결과를 활용하여 포착할 수 있음을 실증적으로 보여주고 있다.

24 예컨대 Whitney and Shambaugh(2008)는 소프트 파워를 5가지 영역, 즉 경제적, 문화적, 외교적, 인간자본(human capital) 및 정치적 차원 등으로 구분하여 서베이 조사로 측정하였다. McClory(2010) 역시 기업/혁신 분야, 문화, 정부, 외교, 교육 등 5가지 차원으로 소프트파워를 구분한 후 주관적 및 객관적 측정지표들을 사용하고 있다.

25 Nye(2004)에 의하면, 한 국가가 자국의 소프트파워를 얻는 범위는 세 가지 원천으로서, 첫째, 매력이 있는 분야의 문화, 둘째, 국내외에서 잘 지켜지는 정치적 가치, 셋째, 정당성이 있고 도덕적 권위를 가지고 있다고 여겨지는 대외 정책으로 구분된다. 여기서 문화란 문학, 예술, 교육 등 엘리트층이 향유하는 것은 물론 방송, 영화, 대중음악, 스포츠 등과 같이 대중문화 시장에서 소비되는 것들을 포함한다. 정치적 가치는 민주주의, 공정성, 평등, 투명성 등 개인들의 선호에 영향을 미치는 가치들을 의미한다. 대외정책은 타국가의 시민들이 자국에 대해 갖고 있는 태도, 인식 및 이미지에 영향을 미치게 된다.

26 예비분석 결과도 1인당 GDP와 다른 소프트 파워 지표들, 즉 사회의 질 및 웰빙의 수준, 부패, 이산화탄소의 배출량, 미세먼지 배출량, 신재생 에너지 생산량 등의 지표와는 상관관계가 높은 것으로 나타나고 있다.

27 소프트파워 관련 여러 지표들은 주로 최근에 이르러서야 발표되고 있어서 본 연구의 시간적 범위에 해당되는 과거 자료들의 확보가 가능한 지표들을 중심으로 선정하였다.

28 이 지수는 1995년부터 생산되어 오고 있으므로 자료를 구할 수 없는 그 이전 연도의 값들은 Poast(2007)의 방법을 따라 1995년도 자료로 대체(missing value imputation)하였다.

29 이러한 데이터들은 세계은행의 세계발전지수(World Development Indicators)와 미국 Energy Information Administration에서 수집하였다.

30 올림픽 개최권을 둘러싸고 벌어지는 주권 국가들의 국익 추구라는 현실주의적 국제정치의

관점으로 볼 때, 냉전기에는 불가피하게 동구권, 서구권 그리고 제3세계 등 이념 진영별 투표성향과 남아공의 오랜 인종차별의 영향, 그리고 소련의 아프간 침공과 같은 사건으로 인한 집단거부(boycotts) 등의 특징이 나타났다(Toohey & Veal, 2007). 또한 1980년 구소련 모스크바 올림픽의 보이콧, 1981년 서독의 바덴바덴에서 열린 1988년 서울올림픽 개최지 선정 등에도 냉전기의 체제경쟁으로 인한 정치적 요인이 큰 영향을 주었다. 탈냉전기에도 여전히 정치적이고 군사적인 힘을 가진 국가들이 IOC의 의사결정에 여전히 영향을 미치고 있을 개연성이 있다(Poast, 2007).

31 독립변수 값 중 결측치가 있는 경우, Nardo et al.(2005)가 제안한 대치(imputation) 기법을 따라 먼저, 결측치를 다른 자료원이나 인터넷을 통하여 찾은 후, 그래도 존재하지 않을 경우 해당 자료와 가장 인접한 값으로 대체하는 보간법(interpolation)을 활용하였고, 마지막 단계로 가장 최근의 가용한 자료를 이용하였다.

32 1990년을 최초의 시간적 범위로 삼은 이유는 냉전체제의 종식 이후 국제정치경제적 상황 변화에 근거하고 있다. 일반적으로 탈냉전기를 1980년 중반에서 시작되어 1989년 베를린 장벽의 붕괴 및 구소련의 해체 등 일련의 연속적인 국제정치의 전환으로 볼 때, 1990년 이후 미국 중심의 단극체제(uni-polar system)하에서는 하드파워의 영향력이 압도적이던 냉전기에 비해 소프트파워의 영향이 보다 크게 나타날 개연성이 있기 때문이다.

33 동계와 하계올림픽을 각각 나누어 분석한 이유로는 첫째, 하계의 경우 동계보다 경기의 규모가 훨씬 크기에 소요되는 자원이 많다는 점, 둘째, 동계의 경우 경기종목의 특성상 산악지형이라는 자연환경을 이용함에 따라 환경파괴문제가 민감한 이슈가 되어왔다는 점 때문이다. 이러한 점들을 고려함으로써 본 연구는 동계와 하계 개최지 선정 간에 나타나는 영향요인의 차이까지 포착하고자 하였다.

34 일반적으로 국가 간 패널자료의 분석에는 고정효과 모형이 많이 사용되는데 이것은 OECD 국가의 특성 분석과 같은 연구 등에서는 분석대상 모집단이 바로 OECD국가 전체이기 때문이다(민인식·최필선, 2009: 93). 그러나 본 논문이 분석 대상으로 삼는 모집단은 탈냉전기 올림픽개최지 결정(bidding)에 있어서 각각의 사례(case)의 집합이다. 하나의 개최지선정(bidding)이 개별 관측치라는 점을 고려하면 각각의 패널 개체들을 모집단에서 무작위로 추출된 표본으로 가정할 수 있어 랜덤효과 모형이 적용될 수 있다. 이에 따라 본 연구는 분석의 강건성 확인(robustness checks)을 위해 고정 및 랜덤모형을 모두 사용하되 양자 중 적합한 모형을 하우스만 검정을 이용하여 선택적으로 제시하고 있다.

35 단계적 회귀분석을 사용함으로 인하여 모든 소프트파워 변수를 동시에 모형에 넣지는 않았으나, 하드파워 변수들 전부를 모든 분석모형에 포함시킴으로써, 적어도 하드파워를 통제한 상태에서 소프트파워의 영향력을 검증하고자 한 본 연구의 목적은 달성될 수 있다고 볼 수 있다.

36 하우스만 검정 결과, 하계올림픽 자료의 경우는 랜덤효과모형의 기본가정이 기각되어, 고정효과모형만을 사용하였다.

37 스포츠를 통한 인류발전이란 본래 IOC 창설자인 피에르 드 쿠베르탱(Pierre de Coubertin)

이 의도하였던 것으로서, IOC는 현재 스포츠를 매개로 유엔의 인간 개발프로그램(예컨대 Millennium Development Goals) 등 다양한 국제협력 분야에 간여하고 있다(IOC 공식 웹사이트 www.olympic.org 참조).

38 글로벌 거버넌스에서 '대륙별 순환 원칙'이 일종의 불문율로서 준수되어 온 사례는 유엔의 의사결정에서도 찾아볼 수 있다. 예컨대 대륙별 안배에 따라 순차적으로 선출되는 유엔총회 의장이나, 매년 5개국씩 교체되는 안보리 비상임이사국(총 10개국)의 경우 등을 들 수 있다. 또한 이와 같은 예는 유엔사무총장의 선출에서도 찾아 볼 수 있다. 즉 사무총장의 출신국을 살펴보면, 3대 우 탄트(미얀마) 사무총장부터-유럽(4대) – 미주(5대) – 아프리카(6·7대)-아시아(8대) 순으로 대체적으로 대륙별 순환원칙이 지켜져 왔음을 알 수 있다.

39 물론 양적 연구도 한계를 가짐을 충분히 인식하는 가운데 질적연구들을 보완할 필요가 있을 것이다. 개최지 선정결과의 분석만이 아니라 개최지 선정기준, 이를 지배한 규범과 관습, 의사결정과정과 절차의 수립 및 진화과정 등의 분석은 질적 연구가 보다 적합할 수 있기 때문이다. 또한 권력이란 단지 행위자의 속성이나 보유자원에서 나오는 것을 넘어 행위자들이 구성하는 '관계적 맥락'에서 발생한다는 측면에서, Nye가 주장하는 소프트파워의 개념은 국가의 능력이나 보유한 자원으로 측정되어 그 효과가 고정된 것으로 파악되는 권력이 아니라 상대방이 누구인지에 따라서 효과가 유동적인 권력으로 인식할 때(김상배, 2009: 10), 양적 연구로서 소프트파워의 측정에 있어서 단순히 계량화 가능한 권력자원들의 보유량으로는 측정되지 않는 정성적, 관계적 속성에 대한 고찰 역시 필요한 것이다.

40 예컨대, 향후 본 연구에서 제안한 글로벌 거버넌스의 자원배분 메커니즘의 특성에 따른 유형을 토대로 하여 환경, 문화, 젠더, 보건 등 다양한 이슈영역들에서 소프트파워의 영향력을 검증하고 이를 군사, 안보, 무역, 금융 등 글로벌 하드 거버넌스와 비교분석하는 추가적인 연구가 이루어질 필요가 있을 것이다.

스포츠이벤트 유치 전략과
한국 스포츠 규제

5.1 스포츠이벤트 유치 전략의 개념 및 국가별 다양성[1]

1. 스포츠이벤트 유치 전략의 개념

글로벌 스포츠이벤트 개최권 획득을 위한 유치경쟁이 심화되면서(Walters, 2011: 208), 점점 더 많은 나라들이 자국의 잠재력 있는 개최후보지의 매력을 증진시키기 위한 공공의 전략들을 도입하는데 관심을 두고 있다. 본 절에서는 오늘날 많은 국가, 지역, 도시들이 도입·발전시켜 오고 있는 스포츠이벤트 유치 전략(sport-event-hosting strategy)의 개념을 이해하기 위하여 기존의 이론적·실증적 연구들의 주요 결과를 종합적으로 살펴본다.

전략이란 조직 내에서 자원을 활용하여 활동방침(courses of action)을 시행(implement)하는 방식으로서 이것은 공식적 혹은 비공식적이거나 선험적 혹은 사후적인 것을 모두 포함하는 개념이다(Byers, Slack & Parent, 2012: 166). 전략(strategy)이라는 개념은 1960년대 시장 부문의 기업을 분석하기 위해 개발되어 사용되었고, 1990년대부터는 공공 및 비영리 부문, 특별히 스포츠조직에까지 널리 적용되어 왔다(Chappelet & Bayle, 2005: 3-6). 지금까지 여러 학자들이 다양한 측면에서 전략의 개념을 정의해왔다(Ansoff, 1965; Crozier & Friedberg, 1977; Andrews, 1980; Porter, 1980; Minzberg, 1987; Minzberg, 1994; Porter, 1996). 이와 같은 다양한 전략 개념을 바탕으로 스포츠이벤트 유치 전략을 다음과 같이 정의할 수 있다:

"스포츠이벤트 비딩과 개최의 성공을 지원하기 위한 관여를 규제하는 공식적·비공식적 제도의 틀하에서, 비딩조직(도시/국가)의 공공재원과 기타 자원을 활용하는 일련의 의사결정과 활동들로서, 관리 및 마케팅 수단을 활용하여 이벤트소유주 및 관련 이해관계자들(다수준의 정부, 스포츠조직, 상업적 스폰서, 자원봉사 그룹, 지역 공동체)의 행위를 조정·장려하는 것"(Chappelet, 2005; Chappelet & Bayle, 2005; Chappelet, 2006; McCloy, 2006; McCloy, 2009; Leopkey, Mutter & Parent, 2010; Knoepfel et al., 2011; Byers, Slack & Parent, 2012; Ferrand, Chappelet & Seguin, 2012)[2].

이와 같은 스포츠이벤트 유치 전략 개념을 전략적 목표, 대상(target), 이해관계자, 전략적 수단(tool) 및 전략적 관리과정으로 구분하여 살펴본다.

첫째, 스포츠이벤트 유치 전략의 일차적이고 직접적인 목표는 성공적인 비딩을 통해 이벤트 개최권을 획득하는 것으로서 이것은 산출(output)로 볼 수 있다. 보다 넓은 의미의 중장기적 목표는 이벤트 개최를 통해 기대되는 경제적·사회적 편익과 그 밖의 물질적·비물질적 유산을 얻는 것이며, 이것은 스포츠이벤트 유치 전략의 결과 (outcome)라고 할 수 있다. <표 5-1>에는 산출과 결과 측면에서 스포츠이벤트 유치 전략의 목표가 세분하여 제시되어 있다.

▌표 5-1 **스포츠이벤트 유치 전략의 목표: 산출(output) 및 영향(outcome)**

구분	평가기준	전략 목표	예시
무엇을 달성할 것인가?	산출(Output)	비딩 성공	• 이벤트 소유자로부터 개최권 획득
왜 달성해야 하는가?	결과(Outcome), 유산(legacy), 영향(impact)	경제적 편익	• 지역 이미지 개선으로 인해 관중과 텔레비전 시청자가 행사 전, 중, 후에 해당 지역을 방문하도록 장려함으로써, 지역의 직·간접적 행사 관련 지출 증가
		사회적 편익	• 조직 기술 습득 및 지역 간 협력 발전: 전문 지식 습득, 지역 정체성 및 커뮤니티 자부심 강화, 직장 경험 및 청소년 교육 등으로 물질적(스포츠 시설, 일반 기반 시설 등) 및 비물질적(스포츠 참여 등) 이벤트의 "유산"의 결과임
		개인적 동기	• 정치인이 개인적인 선거 이유로 입찰에 참여하는 경우 예 2007년 오트 모리엔느(Haute Maurienne, 프랑스) 세계 바이애슬론 선수권 대회(World Biathlon Championships)
		스포츠 목적	• 비딩 개시자는 지역에서 스포츠를 개발하고 홍보하기를 원함 예 2003년 시에르(Sierre, 스위스) 세계 스트리트 하키 선수권 대회(World Street-Hockey Championships)

구분	평가기준	전략 목표	예시
		체육시설 이용 목적	• 이미 많은 스포츠 시설이 있는 지역은 보다 충분히 활용할 가능성이 높음 예 1964년 및 1976년 인스부르크(Innsbruck, 오스트리아)를 위해 건설된 시설을 사용한 2005년 동계 유니버시아드(Winter Universiades)
		관광 목적	• 지역 관광 개발·진흥 예 2002년 Bourg Saint-Maurice(프랑스)에서 열린 세계 카누-카약 슬라롬 선수권 대회(World Canoe-Kayak Slalom Championships)를 통해 이 지역을 여름관광 목적지로 개발
		지역 경제 발전	예 2005년 스위스 몬테이(Monthey)의 유럽 청소년 올림픽 축제(European Youth Olympic Festival)를 통해 이 지역의 역동성을 높이고 일자리를 창출
		지역의 지속 가능한 발전	• 이벤트가 지역 주민들에게 "판매"하기 위해 가져올 경제적, 사회적 및 환경적 이점을 활용하는 것이 중요함 예 2006년 동계 올림픽에 대한 스위스 Sion의 비딩은 이러한 주장을 처음으로 제시함
		정체성 구축, 사회적 결속, 이미지 메이킹, 국제적 인식 제고 등의 국가적 이익	• 개최국은 세계인의 눈에 빛을 발할 수 있는 기회를 제공함과 동시에 세계무대에 진출하여 우호적인 국가이미지를 제고하는 것을 목표로 함 • 국익을 위한 목적에는 국제적 우의를 얻거나 심지어 권위주의 정권에 의한 프로파간다 역시 포함됨 예 1988년 서울올림픽은 한국과 소련의 국제관계를 개선하고 한국 제품에 대한 국제적 인식을 제고하여 한국제품의 수출을 촉진

출처: Preuss (2004); Chappelet (2005: 7-10)

둘째, 스포츠이벤트 유치 전략의 대상(target)인 스포츠이벤트는 이벤트 소유주가 국내 혹은 국제연맹인지 아니면 민간 기업인지 등에 따라 다양한 종류가 존재한다. 백개 이상의 스포츠 종목들 관련 일반국민 또는 엘리트선수가 참여하는 수천 개의 스포츠이벤트가 매년 전 세계에서 개최되고 있다(Chappelet, 2005: 7). 이러한 다양한 종류의 스포츠이벤트들은 개최빈도, 경쟁 수준, 규모, IOC의 공인 여부, 개최절기, 단일 또는 종합경기 여부, 소유주의 법적 지위, 참가자의 특성에 따라 <표 5-2>에 구분되어 있다.

▎표 5-2 스포츠이벤트 유치 전략의 대상: 스포츠이벤트의 유형

구분	유형	특징	예시
개최빈도	반복(Recurring)	동일한 위치에서 정기적으로 개최(잠재 호스트 간의 비딩 없음)	Swiss Table Tennis Open Lausanne, Tour de France, Wimbledon Championships
	비반복/일회성(Non-recurring/One-off)	비딩 방식으로 에디션별 개최지 변경	Olympic Games, FIFA World Cup
경쟁의 범위	국제적	세계 수준의 모든 국가에 열려 있는 참가	Olympic Games, FIFA World Cup
	대륙별	동일한 대륙에 있는 국가에 대해서만 개방	Asian Games, Pan American Games
	국내적	국가 내에서 개최	State Games of America
이벤트 규모	소규모 또는 중간 규모	관련 이해관계자(관객, 관중, 참석자 등)의 양, 미디어 관심도/보도/도달 범위, 관련 인프라 및 영향	Swiss Table Tennis Open Lausanne
	대규모 또는 메이저		World Figure Skating Championships
	메가 스포츠이벤트		Olympic Games, FIFA World Cup, UEFA EURO
IOC의 공인	올림픽 스포츠	올림픽 게임에 참가하는 공식 스포츠(정식 종목)	FIFA World Cup, World Championships in Athletics
	비올림픽 종목	올림픽 프로그램에 포함되지 않음	World Games, Formula One World Championship
계절	여름 스포츠	여름에 개최	FIFA World Cup, World Aquatics Championships
	겨울 스포츠	겨울에 개최	World Figure Skating Championships

구분	유형	특징	예시
조직의 복잡성 (이벤트 수)	종합경기대회 (Multi sport)	많은 스포츠경기를 조직	Olympic Games, FISU Universiades
	단일경기대회 (Single sport)	하나의 스포츠경기를 조직	FIFA World Cup, World Athletics Championships
소유자의 법적 지위	비영리	수입과 지출예산의 균형을 유지	Paralympics
	영리 목적	투자 수익 가능성을 계획	Tour de France
참가자의 특성	나이, 직업, 장애, 역사적, 문화적 유산(예: 식민지 관계, 언어) 등	시니어/주니어/은퇴 선수, 영연방 국가/프랑스어권 국가, 학생/군인 등	Youth Olympic Games, Paralympics, Universiades, Commonwealth Games, Jeux de la Francophonie, World Masters Games, Military World Games

출처: Chappelet (2005: 15-16); Gnädinger et al.(2011: 8)

셋째, 스포츠이벤트 유치 전략 관련 이해관계자들은 특정한 유치위원회(specific bid committee)를 중심으로 공공 및 민간 부문의 수많은 행위자들을 포함하며 국제조직, 중앙정부, 지방정부, 스포츠 조직, 상업적 후원기업, 자원봉사조직, 지역공동체 등이 비딩 단계별로 상호연계망을 구성하고 있다(Chappelet, 2005: 41−42).

<그림 5−1>을 보면 메이저 스포츠이벤트 비딩에 관여하는 이해관계자들의 폭(breadth)과 깊이(depth)는 복잡한 구조와 관계를 이루고 있으며, 이러한 복잡성이 더욱 증가하는 것은 올림픽과 같이 천 개 이상의 조직들이 계약관계를 형성하고 있을 경우이다(Emery, 2002: 319).

▼ 그림 5-1 메이저 스포츠이벤트 조직의 관계 및 구조

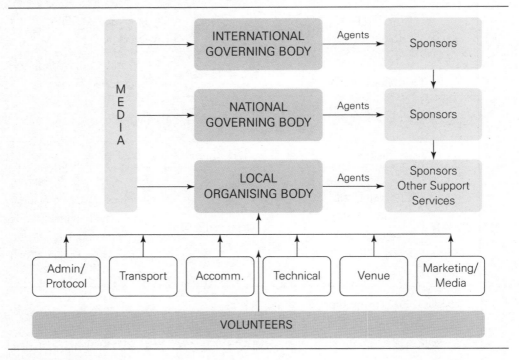

출처: Emery(2002: 319)

예컨대, <그림 5-2>와 같이 프랑스의 2018년 동계올림픽 유치도시 선정을 위한 국내 선정과정 동안 후보도시들이 개발한 전략들은 지역 내는 물론 수평적·수직적 수준의 행위자들 간 구조적 관계에 영향을 미친다(Hautbois et al., 2012: 5).

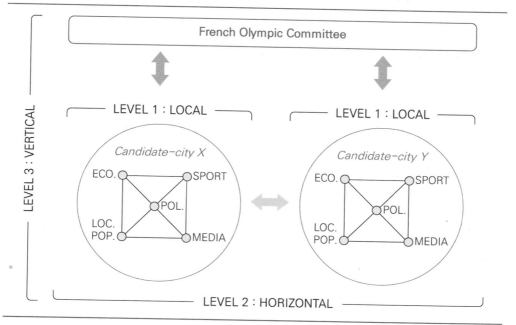

출처: Hautbois et al.(2012: 6)

<표 5-3>에 나타난 2014년 평창동계올림픽 유치위원회의 복잡한 구성을 보면 이해관계자들의 상이한 기대를 충족시키기 위한 조직 간 조정(inter-organizational coordination)의 필요성을 알 수 있다.

▌표 5-3 2014년 평창동계올림픽 유치위원회의 구성

	Support Committee	Working Committee
Composition	• Chair: Prime Minister • Vice Chair (3): Minister of Finance, Minister of Education, Minister of Culture • Committee Members (19): 18 *ex officio* memebers, 1 appointed member	• Chair: Deputy Head of the Office of Government Coordination • Vice Chair: Assistant Minister of Culture • Committee Members (22): 22 *ex officio* memebers
Terms of reference	• Policy deliberation and coordination of the Winter Olympics biding • Policy deliberation and coordination of possible support from the committee • Policy delibration and coordination of the matters that the chairperson believes must be discussed	• Preliminary review of the items to be placed before the Support Committee • Mediating the different opinions among the related government bodies and discussing matters of government support • Implementing the matters decided by the Support Committee
Meetings	• Twice (18 July and 29 December 2005)	• Three times (26 May, 27 July and 10 November 2005)

출처: Merkel & Kim (2011: 2373)

넷째, 스포츠이벤트 유치 전략에 관여하는 이해관계자들은 관련 행위자들의 활동을 조정하고 지원하기 위해 관리, 마케팅 등 다양한 종류의 전략적 수단들(tools)을 활용한다. 이러한 전략적 도구들[3]은 다음 세 가지의 홍보(public relation: PR) 과정으로 구분될 수 있다(Chappelet, 2005: 47): 비드의 높은 질적 수준(qualifying the bid), 국제적 로비활동(international lobbying), 공공커뮤니케이션(public communication). 이벤트의 유치 가능성을 높이기 위해서는 이벤트소유주들이 기대하는 수준의 요구사항(장소, 시설, 일정관리, 숙박, 교통 등에 관한 구체적인 계획들)을 만족시키는 비드의 질(quality)은 그들의 이목을 끌 수 있도록 전략적 관리 기법을 활용하여 다듬어지고, 양질의 문서와 효과적인 프리젠테이션을 통해 제시될 필요가 있다. 정교한 비드 파일(bid files) 속에 담긴 정보의 복잡성이 증가하는 것을 고려할 때, 부패의 소지가 없는 설득 행위로 받아들여질 수 있는 로비 기법의 활용은 오늘날 유치 전략의 중요한 비중을 차지한다. 왜냐하면, 이벤트소유주들과의 네트워킹, 개인적 접촉 혹은 단순한 대화나 토론일지라도, 그들에게 유치후보에 대한 새로운 정보를 제공하거나 그들의 도덕적·윤리적 태도와 감정에 호소함으로써 해당 후보를 더 선호하는 데 영향을 미칠 수 있기 때문이다(Preuss, 2000: 94). 의사결정자, 관련 이해관계자, 여론 그리고 국제스포츠공동체로부터 도덕적이고 물질적인 지원을 얻도록 설득할 수 있기 위해서는 공공커뮤니케이션(또는 PR)⁴이 필요하다. 이를 통해 유치후보지는 긍정적이고 동적인 이미지를 획득할 수 있으며, 이벤트가 개최 도시나 지역은 물론 이벤트소유주에게 가져올 편익을 강조할 수 있다.

다섯째, 전략적 관리 과정은 분석(analysis), 비전(vision), 행동(action), 통제(control) 단계를 포함한다(Chappelet & Bayle, 2005: 8). 일반적으로 비드(bid)의 표준적인 절차는 <그림 5-3>과 같은 단계를 거치면서 의사결정과 집행이 이루어진다.

▼ 그림 5-3 비드(bid)의 표준적인 절차

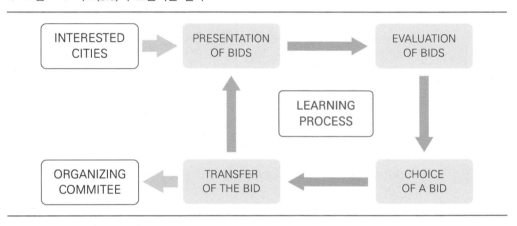

출처: Chappelet(2005: 20)

이러한 절차는 다음과 같은 표준화된 단계들로 나누어 볼 수 있다(Chappelet, 2005: 30). 첫째, 이벤트소유주인 국제연맹(International Federation: IF)은 국내연맹들(National Federations: NFs)과의 접촉을 통해 그들이 이벤트 개최에 관심이 있는지 파악한다. 둘째, 관심을 표명한 NFs에게 IF는 비딩에 참여할 수 있는 구체적인 자격조건과 마감시한을 통지한다. 셋째, 공식적인 유치후보들은 비드 관련 세부계획을 세우기 위한 가이드라인을 전달받는다. 넷째, IF는 비드 내용을 심사하며 필요한 경우에는 유치후보지를 방문하고 세부적인 평가보고서를 준비한다. 다섯째, 유치후보지들은 IF의 총회(general assembly) 혹은 집행위원회(the executive committee) 등의 의사결정자들에게 비드 내용이 실제로 구현될 약속이라고 설득함으로써 지지표 획득에 노력한다.

마지막으로, 투표 결과에 따라 유치에 성공한 단체는 IF와 개최권 관련 계약(예컨대, IOC와 올림픽 도시 및 NOC 간의 Host City Contract)을 체결하게 된다.

2. 스포츠이벤트 유치 전략의 국가별 다양성

스포츠이벤트 유치 전략(strategy)은 도입한 나라들이 처한 특수한 상황적 맥락에 따라 다양한 스포츠이벤트 유치 전략 혹은 공공정책(public policies)으로 구현될 수 있다. 즉, 유치를 원하는 스포츠이벤트의 종류, 개별 이벤트소유주들의 구체적인 요구조건, 국가별 제도적 환경 등의 차이(variation)에 따라 각 나라들의 스포츠이벤트 유치 전략은 다양하게 나타날 수 있다. 본 절에서는 각국의 행정적·관리적 절차들(administrative and managerial procedures)에 대한 공식적·비공식적 제도의 프레임워크(framework)[5] 차이에 따라 스포츠이벤트 유치 정책의 국가별 다양성(varieties)을 살펴본다.

비딩에 참여하는 모든 나라들은 스포츠이벤트 유치 '전략'을 추진하지만, 이들 모두가 스포츠이벤트 관련 '공공정책'을 갖고 있는 것은 아니다. 하지만 몇몇 국가들의 경우에는 스포츠이벤트 유치 전략을 개발하고 공공정책으로 제도화함으로써, 국가적 (national), 지역적(regional), 지방 수준(local)의 정부들이 공식적인 행정적 절차를 구비하고 많은 공공예산을 매년 투입하여, 전략적 관리를 통해 스포츠조직들, 스폰서, 공동체 등의 여러 이해관계자들과 협력하고 있다(Chappelet, 2006; Leopkey, Mutter & Parent, 2010).

예를 들면, 캐나다 연방정부의 대형 국제스포츠이벤트에 대한 활발한 지원은 1930년대부터 이어지는 긴 역사를 갖고 있다(McCloy, 2006), 또한 스위스 연방은 2000년대 이래 연방각의(Federal Council)가 설정한 목표를 기반으로 한 공공 스포츠 정책이라는 개념 차원의 메이저 스포츠이벤트 유치를 위한 정책을 설정해왔다(Chappelet & Favre, 2008). 스위스의 도시 로잔은 1980년대 이래 스포츠조직과 이벤트 유치를 위한 공공정책을 성공적으로 추진해옴으로써 오늘날 '올림픽 수도(the Olympic Capital)'의 이미지를 구축하고 있다(Chappelet & Mutter, 2009).

정치적 중립국으로서 '평화'라는 무형의 이미지를 갖고 있는 스위스는 100년 넘게 인도적 지원, 무역, 인권, 환경, 지속 가능한 개발, 훈련 및 교육, 평화 유지 및 안보, 기상학, 지적 재산, 핵 연구, 건강, 통신 및 노동 등 다양한 분야에서 다양한 유형의 정부 및 비정부 국제기구를 유치해 왔다. 19세기 베른에 선구적인 조직들(1868년 국제전기통신연합, 1874년 만국우편연합, 1893년 국제철도정부간기구)이 설립된 이래, 제1차 세계 대전(1919년 국제연맹과 국제노동기구)과 1945년 이후 설립된 모든 단체들 대부분이 UN의 후원하에 있다. 1920년에는 200명의 국제 외교관과 공무원이 제네바에서 일하고 있었으며, 오늘날 이 수치는 약 42,000명(비정부기구 직원 약 2,400명 제외)으로 증가했다. 스위스를 포함한 171개 국가는 제네바에 상설 사절 또는 대표(제네바 유엔 사무국, 세계무역기구, 군축 회의)를 두고 있다. 스위스에는 스위스 연방 위원회와 본부 협정, 재정 협정 또는 특권 및 면제에 관한 협정을 체결한 35개 조직이 있다. 약 250개의 비정부기구(NGO)가 제네바에 자리를 잡고 있으며, 여기에는 세계교회협의회(WCC), 루터교세계연맹(LWF) 등이 포함된다. NGO의 숫자는 19세기 이후로 증가했는데, 가장 오래된 예로는 국제적십자위원회(ICRC, Geneva, 1863), 국제올림픽위원회(IOC, Lausanne, 1915) 및 유럽방송연합(EBU, Geneva, 1950)이 있다. 레만 호수 기슭에는 세계자연보호연맹(IUCN, Gland), 세계자연기금(WWF, Gland) 및 국제올림픽위원회(IOC, Lausanne)가 있다. 바젤은 국제결제은행(BIS)의 소재지이며, 만국우편연합(Universal Postal Union)은 국제 철도 운송을 위한 정부 간 기구와 함께 베른에 기반을 두고 있다.

* 출처: http://www.eda.admin.ch/eda/en/home/topics/intorg/un/unge/geint.html

한편, Knoepfel et al.(2011)의 공공정책에 대한 개념 정의와 구성요소[6]를 바탕으로, Nahrah et al.(2006)는 스포츠이벤트 유치정책을 공공정책의 한 분야로 간주할 수 있는 근거를 <표 5-4>와 같이 정리하고 있다.

▎표 5-4 **공공정책으로서의 스포츠이벤트 유치 전략**

공공정책의 구성 요소	스포츠이벤트 유치 전략에 적용
• 공공 문제에 대한 해결책 (예) 공공 문제를 구성하는 것으로 인정되는 사회·정치적 집단인 공공부문의 조치에 의한 해결)	• 지역 발전(경제, 관광) 정책, 이미지/지역 정체성/국가적 건설/인프라 현대화, 계획, 스포츠/공중 보건 진흥 등으로 해결해야 할 공공 문제 식별

공공정책의 구성 요소	스포츠이벤트 유치 전략에 적용
• 공공 문제의 근본에 대상 그룹이 존재 • 문제의 원인으로 여겨지는 행동을 하는 사회 집단이 존재 • 정책 일관성을 뒷받침하는 인과관계 모델에서 파생된 공공 정책의 대상 그룹 확정 – 집단(들)의 문제적 행동을 직·간접적으로 수정할 수 있는 공공정책의 능력은 정책 집행의 중심 문제임	• 이벤트 소유자 또는 주최자, IOC, 국가 올림픽 위원회, 국제/국가 연맹, 스포츠 클럽 및 협회, 지역 당국, 정치-행정 행위자 등

• 의도적 일관성(intentional coherence)
  – 공공정책은 "인과적 모델"을 중심으로 구성되며, 이는 정치-행정적 개입 프로그램, 도구 집행 및 산출물의 생산이 일관성(coherence)을 가져야 한다는 가정을 기반으로 구현됨
  여기서 일관성이란 의도적이고 명확하게 정책 시행자에게 귀속된 결과여야 함을 의미함
	• 스포츠이벤트 유치 전략이 취한 조치의 직접적인 결과로 스포츠 이벤트를 주최
	  – 민간 행위자가 개발한 전략과 다른 공공정책(군사, 경제 등)의 의도하지 않은 영향은 제외

• 여러 결정, 활동 및 개입 프로그램의 존재
  – 공공정책은 이러한 결정을 달성하기 위한 일련의 일관된 결정과 행동으로 특징지어짐
	• 비딩 조직을 지원하는 공공 기관의 공언
	  – 스포츠 경기는 지속 가능하고 측정 가능한 구체적인 행동 프로그램으로 구체화되어야 함

• 공공 행위자의 핵심 역할
  – 의사결정 및 활동은 공적 행위자(법적 규칙에 따른 위임을 기반으로 결정하고 행동할 정당성을 지닌 정치·행정 행위자 또는 민간 행위자)로서 행동하는 행위자에 의해 결정/집행되어야 함
	• 지방(local), 권역(regional) 및 국가 차원에서 공공 기관의 역할
	  – 민간 스포츠 조직(IOC, UEFA, 국가 연맹, 스위스 올림픽 위원회 등)의 활동의 경우, 공익을 위한 업무의 실현에 명확한 국가 위임이 존재하지 않는 한, 공공정책과 비교될 수 없음

• 강제적 제약을 부과하거나 규제 도구를 사용하는 공식화된 조치의 존재
• 인센티브 계약, 민관 파트너십 등 행동 및 개입 수단의 다양화
  – 국가의 정당한 권위는 더 이상 권위주의적이고 강압적인 행동과 결정을 통해서만 행사되지 않음
	• 다양한 유형의 정책 도구
	  – 규제 방식: 의무, 허가, 공공장소 사용료 등
	  – 인센티브 도구: 보조금, 세금 감면 등
	  – 재화 및 서비스의 직접 제공: 인프라, 인적 및 기술 자원(경찰, 전문 지식) 등

출처: Nahrah et al.(2006: 33-39)

스포츠이벤트 유치를 위한 공공 전략은 국가의 공공정책의 떠오르는 분야로 인정받고 있지만(Chappelet, 2006), 이에 대한 학술적 관심은 미흡한 실정으로서(McCloy, 2009: 1155), 단지 소수의 실증연구들만이 스포츠이벤트 유치 정책의 국가별 다양성을 분석하였다. Chappelet(2006)는 메이저 스포츠이벤트 유치 전략의 필요성과 긍정적 효과를 인식하고 채택한 중앙 및 지방정부들의 사례를 탐색하였다[7]. Leopkey, Mutter & Parent(2010)는 캐나다와 스위스의 스포츠이벤트 유치정책을 대상으로 하여, 수직적이고(한 국가 내) 동시에 수평적인(국가 간) 방식으로 유사점과 차이점을 비교분석하였다[8]. 한편, 유럽과 북미 국가들의 스포츠이벤트 유치 정책의 다양성에 대한 실증연구들은 국가별 정책의 목표, 전략, 법과 가이드라인들을 비교하였다. Stopper et al.(2010)는 전략적 관리(비전, 미션, 목표, 전략 형성 및 집행) 모형에 근거하여 8개국(Austria, Canada, Denmark, France, Germany, Great Britain, Italy, and Scotland)의 이벤트 유치정책을 질적 방법으로 분석하였다[9].

<표 5-5>를 보면, 분석대상 국가별 전략의 목표는 스포츠와 사회적 편익 증진, 국가이미지 개선, 스포츠 인프라 구축, 경제 및 관광 활성화 등이 있다. 이러한 전략적 목표와 포괄적 영향을 실현시키기 위해 대부분의 국가들은 국제사회의 이목을 끌 수 있는 글로벌 수준 혹은 대륙별 이벤트 유치를 선호하였다.

▍표 5-5 유럽 및 북미 국가의 스포츠이벤트 유치 전략

국가명(전략명)	비전, 사명 및 국가 정책	전략적 목표	선호하는 이벤트	전략 실행
Denmark (Hosting Winners) source: http://sporteventdenmark.com/	• 비전: 덴마크, 국제 주요 스포츠이벤트 개최지 • 임무: 스포츠이벤트에 대한 열정으로 덴마크의 활동적인 스포츠를 지원하고 연대, 건강, 고용, 통합 및 국가 자부심을 증진 • 국가 정책(또는 국가 차원의 전략): 예	• 덴마크 국제 스포츠이벤트 홍보 • 선도적인 국제 스포츠이벤트 장소로 포지셔닝 • 덴마크에 대한 국제적 관심과 지식 증가 • 관광 부문의 진흥 • 덴마크 스포츠 연맹의 전문성 개발	주요 국제 스포츠이벤트 -세계 및 유럽 선수권 대회 -월드컵 -스포츠 총회 (Congresses)	Top-down: 스포츠이벤트 덴마크는 협회 및 경기장과 협력하여 전략을 실행

국가명(전략명)	비전, 사명 및 국가 정책	전략적 목표	선호하는 이벤트	전략 실행
Germany (11 Sports Report of the Federal Government) source: http://www.bmi.bund.de/EN/Home/startseite_node.html	• 비전: 아니오 • 미션: 아니오 • 국가 정책: 아니오	• 스포츠, 특히 탑 스포츠의 진흥	주요 국제 스포츠 이벤트 -세계 및 유럽 선수권 대회	Bottom-up: 연방 국가, 지역 당국 및 협회 (보조성의 원리)
France (Code du Sport) source: http://cnds.info/web/ http://sports.gouv.fr/	• 비전: 아니오 • 미션: 프랑스의 국제적 영향력 강화 • 국가 정책: 아니오	• 프랑스의 이미지 제고 • 특히 인프라에서 스포츠 우수성과 지속 가능성 강화 • 사회적, 문화적, 생태적 혜택 증진(자원 봉사, 시민권, 문화 프로그램) • 경제적 이익의 촉진	글로벌 및 대륙 선수권 대회 - 엘리트 카테고리 -공인종목들 (Recognized disciplines)	Bottom-up: 국가에 대한 협회의 요청. 프랑스의 전략적 위치를 고려한 기여
Great Britain (World Class Events) sources: http://www.uksport.gov.uk/	• 비전: 영국 스포츠가 글로벌 성공으로 이끈다 • 임무: 영국이 2012년 런던 올림픽 및 장애인 올림픽을 준비하는 데 도움을 주는 스포츠이벤트 프로그램 • 국가 정책: 예	• 이벤트는 런던올림픽 준비를 위해 선수들이 직접적으로 지원하는 것을 제공 • 자격을 갖춘 경험이 풍부한 자원 봉사자, 공무원 및 전문직원에 의한 네트워크 구축 • 대중이 스타들의 활약상을 볼 수 있는 기회	주요 국제 스포츠 이벤트 - 일회성 이벤트 - 세계 및 유럽 수준 - 하계 올림픽, 장애인 올림픽 및 영연방 경기 종목들	Top-down: UK Sport의 조정(월드 클래스 이벤트 프로그램)
Italy (Decree fund for major international sporting events) sources: www.politichegiovaniliesport.it	• 비전: 아니오 • 미션: 아니오 • 국가 정책: 아니오	• 국제적 수준에서 이탈리아의 이미지 제고 • 스포츠 및 스포츠 문화에 적극 참여 유도 • 사회 및 경제 발전 • 스포츠 인프라 구축(최근 업적 및 성과) • 올림픽 게임 참가를 위한 이니셔티브 장려	국제적으로 중요한 스포츠이벤트 - 적어도 유럽 수준 이상의 이벤트	Bottom-up: 협회의 자율성, 국가에 대한 이벤트 자금 지원 요청

국가명(전략명)	비전, 사명 및 국가 정책	전략적 목표	선호하는 이벤트	전략 실행
Canada (Federal Policy for hosting international sports events) sources: www.pch.gc.ca	• 비전: 캐나다를 스포츠 선도 국가로 확립 • 미션: 스포츠이벤트의 추진 및 조직을 위한 우선순위화, 조정 및 지원 • 국가 정책: 예	• 운동선수의 성과 향상 • 스포츠 프로그램 및 인프라의 추가 개발(지속 가능성) • 고성과 스포츠를 위한 역량 증가 • 스포츠를 선도하는 캐나다의 역할 강화 • 사회적, 문화적, 지역사회 혜택 증진 • 경제적 이익의 촉진	국제, 대형 멀티 스포츠 게임 및 크고 작은 국제 단일 스포츠이벤트	Top-down: 주요 스포츠 행사 지원 시 정부가 조정
Austria (Sports Report 2005/2006) sources: www.sport.austria.gv.at	• 비전: 아니오 • 미션: 아니오 • 국가 정책: 아니오	• 스포츠 인프라 개발 • 이미지 개선 • 관광 부문의 진흥 • 국제적 입지 확대	국제적 또는 범오스트리아적 중요성을 지닌 스포츠이벤트 - 올림픽 게임 - 세계 및 유럽 선수권 대회 - 오스트리아 선수권 대회	Bottom-up: 자율성과 보조성은 스포츠 정책의 두 가지 중요한 기둥
Scotland (The Perfect Stage) sources: www.eventscotland.org	• 비전: 스코틀랜드를 이벤트를 위한 완벽한 플랫폼으로 구축 • 미션: 스코틀랜드에 혜택과 국제적 프로필을 제공하는 이벤트 포트폴리오 개발 • 국가 정책: 예	• 스코틀랜드 특유의 글로벌 브랜드 홍보 • 스코틀랜드를 투자 및 방문객을 위한 장소로 홍보 • 사람들이 더 활동적이 되도록 격려 • 스코틀랜드의 경관과 자연 유산 보호	- 스포츠이벤트: 연간, 고정 및 반복 이벤트 및 일회성 이벤트 - 문화행사: 고정 또는 반복 이벤트, 몇 가지 일회성 이벤트	Top-down: 공공 및 민간 부문의 파트너와 협력하여 Event Scotland의 전략 구현

출처: Stopper et al.(2010: 12-13)

Gnädinger et al.(2011)는 분석대상을 24개 유럽 국가들로 확장하고 온라인 설문조사 기법을 활용하여 국가적 수준에서 공공부문의 스포츠이벤트 유치 전략을 분석하였다. 정부기관 및 NOC에서 스포츠이벤트 관련 이슈를 담당하는 관리나 개인을 대상으로 한 설문[10] 결과, 2011년 기준 9개국이 이벤트 유치를 위한 공식적 국가전략(공공정책)을 개발하였고, 8개국은 국가전략을 준비하거나 규칙 및 가이드라인을 갖고 있으며,

나머지 7개국은 국가전략 또는 가이드라인 중 어느 것도 없는 상황이었다(<그림 5-4> 참조).

▼ 그림 5-4 유럽 24개국의 스포츠이벤트 유치 전략의 다양성

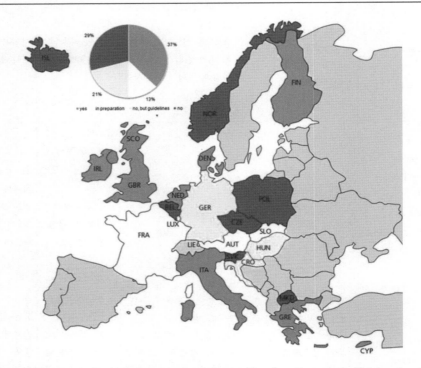

Note: respondents were asked about a question regarding "are there any official national strategies for hosting major sporting events in your country?"

출처: Gnädinger et al.(2011: 10)

또한 대부분의 나라들의 이벤트 유치정책은 엘리트 및 대중 스포츠 증진, 국가스포츠 인프라 구축, 관광 활성화와 같은 다른 분야의 국가정책들과 연계되어 있었다. 스포츠이벤트의 재원조달의 경우 국가전략을 보유한 나라들이 비슷한 규모이면서 국가전략이 없는 나라들에 비하여, 매우 많은 연간예산을 메이저 스포츠이벤트에 투입하였다. 스포츠이벤트에 대한 예산투입 관련 정부의 의사결정 기준으로는 해당 스포츠의 중요성, 경제적 영향, 국제적 미디어 노출도, 이벤트의 예산규모 등이다. 이벤트 유치

정책을 채택하고 있는 9개국 모두는 이벤트 개최 후 그 영향을 평가하는 데 비해, 그 밖의 나라들은 3분의 1 미만 정도만이 평가를 수행하였다.

　이상과 같은 국가별 스포츠이벤트 유치 정책의 다양성에 관한 선행연구 결과를 종합해 보면, 국가마다 유치 전략을 공공정책으로 제도화했는지 여부는 차이가 있으나[11], 각 나라들은 국가(national)·지역(regional)·지방(local) 수준의 공식적·비공식적인 제도의 틀 내에서 비딩 과정에 자원을 투입하기 위한 고유한 전략을 갖고 있음을 알 수 있다. 하지만 기존의 비교 연구들은 주로 유럽이나 북미 국가들을 대상으로 수행되었기 때문에 향후에는 다른 대륙의 국가들을 포함하는 보다 광범위한 비교분석이 요청된다.

한국 스포츠 규제와 팔 길이 원칙[12]

1. 서론

정부의 민간에 대한 개입은 다양한 분야에서 여러 방식에 의해 이루어진다. 특별히 문화 및 체육·스포츠[13] 분야에 대한 정부개입 혹은 규제[14]의 경우, 크게 두 가지 상반되는 근거에 따른 논리가 존재한다. 우선, 하지만 일반적으로 **규제**는 경직성, 획일성, 구속성을 갖는 것으로 이해되므로, 문화체육 분야의 자율성과 독립성을 최대한 보장하기 위해 정부는 가급적 개입을 자제해야 한다는 입장이 있다. 이에 대해 민간 혹은 시장에만 맡겼을 때 발생할 수 있는 문제를 해결하기 위해 정부가 문화체육계의 발전을 위한 지원을 담당해야 한다는 입장 역시 존재한다. 양 논리 간에 상호충돌하는 지점에서 여하히 개입하는 것이 더 바람직한지는 문화체육 분야의 각 부문별 사례가 갖는 특성에 따라 그 정도와 양상이 달라질 것이라 예상해 볼 수 있다. 그러나 그간 문화규제[15] 혹은 문화체육 분야에 대한 정부개입의 양상과 정도는 **개입 자제**와 **개입 유지** 사이의 적정지점을 찾기 보다는, **불개입**과 **전면 개입**이라는 양 극단의 결과로 귀결되어 여러 문제점을 배태하는 경우가 많았다.

우리나라에서는 헌정 사상 초유의 대통령 탄핵으로 귀결된 박근혜 정부의 **문화융성** 정책은 물론이거니와 이전 정부들에서도 문화체육 분야에서 정부와 민간의 관계는 대부분 긴장과 갈등을 경험해왔다. 이러한 문화체육 분야 정부개입의 어려움은 비단 우리나라의 문제만이 아니라 세계 각국 정부에서 공통적으로 직면하고 있고 시대를 막론하고 반복되어온 것이다. 이는 효율성, 형식성, 유형적 성과를 표방하는 관료제적 정부가, 경직성, 획일성, 구속성을 특징으로 하는 규제를 통한 개입으로는, 문화체육 분야에서 전문성을 가지기 어렵다는 것으로 이해될 수 있다. 이러한 한계에도 불구하고 그간의 시행착오 속에서 한국 정부는 문화체육 분야에 대한 바람직한 개입의 양상과 정도에 관하여, 소위 **팔 길이 원칙**(arm's-length principle)을 금과옥조처럼 주창해왔다. 팔 길이 원칙이란 "지원은 하되 간섭은 하지 않는다"라는 대전제하에, 정부의 문화체육 분야에 대한 지원 필요성은 인정하되, 지원 시에는 직접적으로 간섭하지 말고 자율성과 독립성을 보장해주어야 한다는 당위론을 말한다.

하지만 김대중 정부 출범 이래 문화체육정책의 기조로 인정되어온 **팔 길이 원칙**은 정책적으로는 물론 학문적으로도 사실상 거의 무비판적으로 받아들여져 왔으나, 정작 팔 길이 원칙 자체의 정확한 개념과 함의에 대한 논의는 찾아보기 쉽지 않고, 종종 그 의미가 왜곡되거나 혹은 정치적 수사(rhetoric)에 동원되기도 하였으며, 심지어 **팔 길이** 원칙은 주로 그 본고장인 영국에서 준수되어 왔을 뿐 다른 유럽국가들은 적극적인 개입을 선호하는 등 '원칙'의 보편성 자체에도 의문이 제기될 수 있다(김정수, 2018: 250). 다시 말해, 우리나라 문화체육정책의 '금과옥조'로 중요성이 강조되어옴에도 불구하고 **팔 길이** 원칙의 실제 구체적인 속을 들여다보면, 소문난 잔치에 먹을 것 없는(Much Ado About Nothing) 것에 불과하며, 따라서 이처럼 '원칙'이 명백하고 엄밀하게 규정되지 않은 상황에서는 '예외'적인 상황에 임의적인 개입이 이루어져도 이를 엄격히 판단할 기준이 없게 된다. 이에 팔 길이 원칙의 논리적 타당성과 현실 적합성 및 실현가능성에 대한 심도 있는 비판이 제기되고 있다(김정수, 2018).

본 연구는 선언적 의미로서의 중요성에 비해 여전히 세밀한 경험적 탐구가 부족한 문화체육 분야 정부개입의 **팔 길이** 원칙에 대한 보다 심층적인 분석을 시도한다. 구체적으로 본 연구는 문화체육 분야 규제의 **팔 길이**를 측정하고 그 영향요인을 실증분석하는 것을 목적으로 다음과 같은 연구문제를 설정하였다. 첫 번째 연구문제는 **팔의 길이**는 어느 정도인가이다. 이를 위해 연구대상을 우리나라 문화체육 분야의 관련 법령을 초점으로 삼는다. 즉, 문화체육과 관련하여 입법부가 제정한 법률은 물론 행정부 소관의 시행령, 시행규칙 등이 규율하는 피규제자에게 초래하는 비용을 **규제부담**(regulatory burden)으로 보고 이를 측정한다. 두 번째 연구문제는 **팔 길이**에 영향을 주는 요인은 무엇인가이다. 개별 법령마다 피규제대상에게 미치는 규제부담의 정도가 달라진다면, 이러한 규제부담 차이는 어떠한 영향요인에 의해 초래되었는지를 탐색한다. 세 번째 연구문제로는 특별히 체육 분야에 초점을 맞추어 우리나라 스포츠 규제의 현황과 특성을 보다 상세히 살펴보고자 한다.

본 연구는 다음과 같이 구성된다. 제2절에서 **팔 길이** 원칙 관련 주요 선행연구들을 검토한 후 본 연구의 차별성을 설명하고 제3절에서는 분석방법론을 제시하며, 이어 제4절은 우리나라 문화체육 분야 규제의 **팔 길이** 측정 및 그 영향요인을 탐색하고, 나아가 스포츠 규제의 현황과 특성을 분석한 결과를 논의한 후, 제5절의 결론으로 연구를 매듭짓는다.

2. '팔 길이 원칙' 관련 선행연구 검토 및 본 연구의 차별성

"지원은 하되 간섭하지 않는다"라는 팔 길이 원칙(arm's length principle)이란 정치계급, 엘리트, 문화계의 특정 이해관계로부터 간섭 및 영향을 받지 않고 정부가 지속적으로 지원할 것을 천명한 것이다(류정아, 2015: 15). 동 원칙에 따라 2차 세계대전 이후 영국 정부는 매년 예산 총액만을 정하고 지원 목적이나 수혜자 등의 명시 없이 **포괄보조금**(block grant)을 지원하며, 대영 예술위원회(Art council of Great Britain)는 지원금에 대한 자율적인 배분 권한을 행사한 바 있다(정홍익 외, 2008: 29). 한국의 **팔 길이 원칙**은 1973년 문화예술진흥기금의 조성·관리·운용을 위해 설립된 한국문화예술진흥원(참여정부 시기에 한국문화예술위원회로 개편)을 효시로 하며 현재까지 문화정책의 기본 원칙으로 중시되고 있다(김정수, 2017: 83).

▌표 5-6 '팔 길이 원칙'의 개념 정의

연구자(년도)	개념 정의
Sweeting(1982)	예술활동, 기관 및 경영에 정부의 직접적인 개입을 막는 것
Chartrand and McCaughey(1989)	다원민주주의에서 과도한 권력의 집중과 이해의 대립을 막기 위해 필요하다고 여겨지는 '견제와 균형'(check and balance)의 기본적인 시스템
Hewison(1995)	국가와 국가가 설립하여 지원하는 기관과의 관계이며, 비록 팔 길이 원칙이 1970년대까지 문화정책과 연관되어 성문화되지는 않았지만 오랫동안 정치가들과 공무원들을 그들이 증진시키고자하는 활동들로부터 거리를 두게 하는 현실적인 수단
Quinn(1997)	예술위원회가 중앙 정부로부터 상대적 자율성을 가지고 존재·운영되어야 한다는 생각에 기반한 원칙. 예술위원회의 활동에 대한 정치적 영향력은 최소화 되어야 하며, 이 거리는 예술위원회가 정치적 압력에 의한 과도한 영향과 간섭으로부터 벗어나 스스로 기능할 수 있게 함
Madden(2009)	독립적인 지원 기관 및 동료평가(peer review)에 기반한 의사결정 수립 과정이라는 두 가지 요소의 조합

자료: 류정아(2015: 17)에서 재인용

팔 길이 원칙이란 정부에게 문화예술에 대한 **지원 책임**과 **불간섭 의무**라는 양가성을 동시에 요구하며(김정수, 2018: 250), 이는 문화체육 영역에 대한 국가(정부)의 개입(규제) 시 고려되는 기본 원칙을 의미한다. 여기서 **팔**을 **규제**로, **길이**를 **부담**으로 각각 해석할 경우, 결국 문화체육 분야 **규제부담** 문제로 귀결될 수 있다. 따라서 '팔 길이 원칙'이 란 정부의 무조건적인 불개입(Laissez-faire)이 아닌, **지원**의 방식으로 개입은 하되 그 개입이 **간섭**이 되지 않아야 한다는 의미이다. 이는 정부규제의 관점에서 볼 때, 간섭은 배제하더라도 지원은 필요하다는 원칙으로서, 규제부담이 적은 규제수단 선택, 다시 말해, 일도양단(all or nothing) 문제가 아니라 정도(to what extent)의 문제로 해석될 수 있다. 그러면 문화체육 영역에서 정부의 실제 **팔의 길이**는 어느 정도인가? 본 연구는 그 선언적 의미로서의 중요성에 비해 여전히 세밀한 실증적 탐구가 부족한 **팔 길이** 원 칙에 대한 보다 심층적인 분석을 목표로 하여 다음의 세 가지 차원에서 기존 논의의 한계를 보완하고자 한다.

첫째, 기존 논의들에서 나타나는 한계로는 **팔 길이** 개념의 모호성 및 불명확성을 들 수 있다. 따라서 **팔 길이**의 구체적인 의미, 근거, 요건, 한계 등에 관한 명확한 개념정 의가 선행될 필요가 있다. 뿐만 아니라 **팔 길이** 원칙이 단지 선언적인 격언이 아닌 정 부개입의 필요성 및 적절성에 대한 실제적인 근거에 기초하기 위해서는 시장실패론, 정부실패론, 거래비용이론 등의 이론적 기반에 토대를 둘 필요가 있다. 또한 문화체육 분야 중에서도 세부 영역별로 정부개입의 필요성 및 적절성의 정도와 양상은 달라질 수 있음을 고려해야 한다. 예컨대 전통문화유산보존의 경우 가치재(merit goods) 유지 의 차원에서, 체육 분야는 공정한 규칙(rule)의 확립 차원에서 각각 다양한 정부개입 방식에 대한 **팔 길이** 원칙의 유형화가 필요하다.

둘째, **팔 길이**의 정도나 양상을 규정하는 다차원적 영향요인에 대한 연구가 미흡하 다. 기존 논의들은 대부분 규제자인 정부조직과 피규제자인 문화예술 관련 행위자 간 의 관계에 한정된 **팔 길이** 원칙에 주목하고 있다. 예를 들면, 규제주체인 정부기관으로 부터 규제객체의 자율성을 확보하기 위해 위원회 형태의 중간조직 설립 등을 통한 정 부의 영향력 차단 방식 및 완충 장치 역할을 **팔 길이** 원칙의 실현 방안으로 제시해왔다 (유진빈, 2016; 강은경, 2018; 이민아, 2018; 박민권·장웅조, 2020; 장석류, 2020). 그러나 이와 같은 조직구조론적 접근은 단순히 부처형에서 위원회형으로의 조직설계나 정부와 예 술가 사이의 완충기구 설치만으로는 확보할 수 없는, 유무형의 정부의 **간섭**이 초래할 수 있는 영향을 간과할 수 있다는 한계를 갖는다. 예를 들면, 문화체육행정의 관할 조 직이 위원회 형태로 구성되어 문화체육정책이 수립·집행되는 경우에도, 개별 법령에 서 규정된 **간섭**의 정도에 따라 피규제자에게 미치는 영향력은 여전히 지대할 수 있 다[16]. 따라서 문화체육 분야 관련 개별적이고 구체적인 법령 차원에서의 **팔 길이** 원칙에 대한 연구가 이루어질 필요가 있다.

셋째, **팔 길이**의 수준이나 정도를 실제로 조작적으로 정의하고 체계적으로 측정한 실증적 연구가 아직까지 시도되지 못하고 있다. 하지만 중요한 것은 팔의 **길이**는 어느 정도인가라는 문제이다. 길이(length)의 개념 자체가 비교기준이 되는 가늠자(scale)의 존재를 전제하기 때문에, 절대적인 거리이든 상대적인 위치이든 정부가 피규제대상에게 미치는 영향력을 측정해 볼 수 있다. 따라서 **팔**을 정부개입 또는 규제라고 본다면, **길이**는 규제로 인한 부담 정도로 측정될 수 있다. 이 경우 **팔 길이** 원칙은 개입이냐 혹은 불개입이냐의 이분법적 문제가 아니라 양극단 사이에서 적절한 지점에 위치하는 정도의 문제로 해석된다. 다시 말하면, **팔 길이** 원칙을 측정가능한 가늠자 위에 놓는다면, 간섭은 배제하더라도 지원은 필요하다는 전제하에 부담이 상대적으로 적은 규제수단을 선택하는 문제로 치환될 수 있다.

특별히 「헌법 제37조 2항」과 「행정규제기본법」에 의하면, 규제는 국민 개개인의 권리나 자유를 제한하기 때문에 반드시 법률의 형태를 취해야 하므로, 이러한 법령의 형식을 갖는 규제에 관한 경험적인 연구가 요청된다. 그러나 아직까지 문화체육 분야를 대상으로 개별 구체적인 규제 법령의 규제부담을 실증적으로 측정한 연구는 없는 실정이다. 따라서 본 연구는 실제 법령 조문 내용들을 대상으로 문화체육 분야의 규제부담을 측정하고 나아가 그 영향요인을 실증분석하는 데 목적을 두고 있다.

3. 분석방법론

1) 문화체육 분야 규제법령의 '팔 길이' 측정방법

본 연구는 문화체육 분야 규제의 **팔 길이**를 측정하고 그 영향요인을 실증분석하는 것을 목적으로 다음의 두 가지 연구문제를 선정하였다. 첫 번째 연구문제는 팔의 **길이**는 어느 정도인가이다. 특별히 연구대상은 우리나라 문화체육 분야의 관련 법령을 초점으로 삼는다. 즉, 문화체육과 관련하여 입법부가 제정한 법률은 물론 행정부 소관의 시행령, 시행규칙 등이 규율하는 **피규제자에게 초래하는 비용**을 규제부담으로 보고 이를 측정하고자 한다. 두 번째 연구문제는 **팔 길이**에 영향을 주는 요인은 무엇인가이다. 개별 법령마다 피규제대상에게 미치는 규제부담의 정도가 달라진다면, 이러한 규제부담 차이는 어떠한 영향요인에 의해 초래되었는지를 탐색하고자 한다. 구체적으로 본 연구는 우리나라 문화체육 분야 관련 규제를 다양한 분류기준을 활용하여 유형화하고 각 유형별 특성을 고려하여 규제부담을 측정하였다. 측정 대상은 문화체육관광부(문체부) 소관 규제법령(법률, 명령, 규칙 등) 중 관광 분야를 제외한 문화예술 및 체육 분야 규제들로서, 규제개혁위원회 등록규제 데이터베이스에 축적된 개별 법령에 근거한 규제사무 전체이며, 최초 등록 시기인 1961년부터 이명박 정부 시기[17]까지 공포된 모든 등록규제를 수집하여 총 360건[18]의 법령을 분석하였다. 특별히 본 연구는 이광훈·김권식 (2016)의 연구를 따라, 현 정부에서 규제개혁 수단으로 활용하고 있는 규제비용관리제 (前규제비용총량제)의 규제부담 측정방식을 참조하여 이광훈·김권식(2016: 87-91)의 분석방법을 채택하였다[19].

참고 **이광훈·김권식(2016: 87-91)의 규제부담 산출방식**

① 규제성격별 기초지수를 규제의 목적·성격별 유형에 따라 진입규제는 10점, 가격규제는 8점, 거래규제는 6점, 품질규제는 6점을 부여하였고, 이러한 경제적 규제와는 달리 행정적 규제는 2점 그리고 사회적 규제는 4점을 부여하였음.

② 기초지수에 다음과 같은 가중치를 부가함: 사전승인 규제는 2, 투입 규제는 1.5 그리고 성과 및 정보제공 규제는 1의 값을 각각 부여하였으며, 이러한 규제강도에 따른 규제유형은 국가개입의 국민의 자유침해 정도를 기준으로 가중치를 산정한 것임.

③ 규제가 미치는 파급효과를 전국민을 대상으로 하는 경우 3, 해당 과학기술 분야 전체를 규제하는 경우 2, 특정 개개인이나 단체가 규제대상인 경우 1을 부여하였음.

④ 규제개선 정도는 규제의 신설·강화로 인하여 어느 정도 부담이 개선될 수 있는지에 관한 규제개선 정도의 대리지표로서, 등록규제가 근거로 하고 있는 법적 근거가 법률인지 혹은 시행령이나 시행규칙 등에 규정되어 있는지를 기준으로 활용하여, 특정 규제가 법률에 근거하고 있을 경우는 국회의 입법개정이 필요하므로 규제개선 정도가 가장 높은 것으로 보았고, 시행령에 근거할 경우는 행정입법의 영역이므로 상대적으로 규제개선 정도는 중폭이라고 보았으며, 시행규칙 및 고시 등에 규정된 등록규제의 경우는 법률이나 시행령에 비해 규제개선 정도를 소폭인 것으로 간주하였음.

⑤ 일몰(sunset) 규제를 세분하면 일몰기한 도래 시 해당규제가 자동폐지되는 방식인 효력상실형 일몰규제와 주기적으로 일몰기한 도래 시 당해 규제의 타당성을 재검토하여 존속·개선여부를 결정하는 방식인 재검토형 일몰규제로 구분되므로, 효력상실형은 0.5, 재검토형은 1, 그리고 일몰이 미설정된 규제는 1.5의 가중치를 부여하였음.

⑥ 규제의 입법기술 형식상 포지티브 규제인 경우 1.5, 네거티브는 0.5점을 부여하였음.

▎표 본 연구의 규제부담 산출방식

	규제분류	해당 규제의 내용	부여 값
규제 성격별 기초지수	경제적 규제	경제적인 목적을 달성하기 위해 주로 가격결정, 경쟁조건, 시장진입 및 퇴출 등과 같은 시장에 관한 결정에 정부가 개입하는 규제	진입규제=10, 가격규제=8, 거래규제=6, 품질규제=6
	사회적 규제	보건, 안전, 환경 및 사회적 통합과 같은 공공의 이익을 보호하기 위한 규제	4
	행정적 규제	행정규제를 집행하는 과정에서 규제의 목표를 달성하는 데에 부수되는 절차, 요식행위, 서류작성 등과 관련된 규제	2
규제강도	사전승인	허가, 인가, 면허, 특허, 승인, 지정, 동의, 기타1	2
	투입기준	검사, 인정, 확인, 증명, 기타2	1.5
	성과기준	결정, 지도, 단속, 행정질서벌, 기타3	1
	정보제공	신고의무, 보고의무, 등록의무, 고용의무, 통지의무, 제출의무, 기준설정, 금지, 기타4	1
파급효과	전국민	규제의 파급효과가 전국민에게 미치는 경우	3
	해당분야 전체	해당 과학기술 분야 전체를 규제하는 경우	2
	개별 피규제자	특정 개개인이나 단체가 규제대상인 경우	1
개선정도	대폭	규제의 모법이 법률인 경우	1.5
	중폭	규제의 모법이 시행령인 경우	1
	소폭	규제의 모법이 시행규칙 및 고시 등인 경우	0.5
일몰여부	효력상실형	일몰기한 도래 시 해당규제가 자동폐지되는 방식	0.5
	재검토형	주기적으로 일몰기한 도래 시 당해 규제의 타당성을 재검토하여 존속·개선여부를 결정하는 방식	1
	미설정	일몰 방식이 설정되지 않은 규제인 경우	1.5
네거티브	네거티브	특정한 금지 행위를 열거하고 열거되지 않은 다른 행위는 허용하는 방식	0.5
	포지티브	법령 등의 형태로 특정되거나 규정된 행위만 허용되며 나머지는 허용되지 않는 방식	1.5

주: 위 산출방식에 따른 규제부담지수는 원칙적으로 최저 7점에서 최대 95점까지 분포 가능
자료: 이광훈·김권식(2016: 91)

이러한 규제부담 측정방식을 토대로 한, 본 연구의 규제부담 측정을 위한 산식은

다음과 같다.

이러한 산식을 바탕으로 아래 <표 5−7>과 같이 코딩을 수행하였다.

▌표 5-7 본 연구의 규제부담 코딩방식 예시

분야	법령명	규제사무명	규제내용	성격별 대분류	성격별 중분류	규제 강도	일몰 여부	파급 효과	네거티브 여부	공포일
문화 예술	영화 및 비디오물의 진흥에 관한 법률 시행령	영사기사 고용의무	〈규제목적〉다중이 이용하는 영화상영관의 안전유지와 양질의 영상제공을 위하여 전문가를 영화관에 배치하도록 함. 〈주요내용〉영화상영관 경영자는 영사(映寫) 관련 국가기술자격을 취득한 자로 하여금 그 영화를 상영하게 하여야 함(이하 생략)	경제적 규제	품질	고용 의무	0	2	0	1961. 12.30.
체육	국민 체육 진흥법	체육용구생산업체·체육회 등에 대한 보고·검사	국민체육진흥법 제 44 조 (보고·검사 등) ① 문화체육관광부장관이나 지방자치단체의 장은 이 법의 시행을 위하여 필요하면 이 법의 적용을 받는 체육회, 장애인체육회, 진흥공단, 수탁사업자, 그 밖에 체육단체나 직장에 대하여 그 업무에 관한 보고를 명하거나 소속 공무원에게 그 사업소·사업장 등에 출입하여 장부·서류, 그 밖의 물건을 검사하게 할 수 있다.	행정적 규제	–	보고 의무	0	1	0	1982. 12.31.

2) 문화체육 분야 규제법령의 '팔 길이' 영향요인 분석방법

문화체육 분야 관련 법령의 팔 길이 정도에 통계적으로 유의미한 영향을 미치는 요인에 대한 검증을 위하여 규제부담을 종속변수(Y)로 하는 <그림 5−5>와 같은 분석틀과 연구모형을 설정하고 OLS 다중회귀분석을 수행하였다.

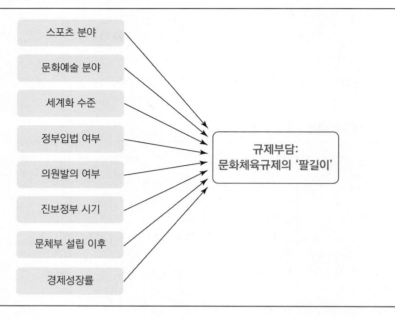

연구모형(Reseach Model)

$Y = \beta_0 + \beta_1($스포츠분야여부$) + \beta_2($세계화수준$) + \beta_3($정부입법여부$) + \beta_4($분권화여부$)$
$+ \beta_5($진보정부시기$) + \beta_6($문체부설립이후$) + \beta_7(GDPgrowth) + \epsilon$

주: ε는 오차항.

<표 5−8>과 같이 독립변수 선정을 위해 일반적으로 규제 형성에 영향을 미치는 다차원적·복합적 요인들을 이념(idea), 이해관계(interest), 제도(institution) 및 국제적 환경(international environment)차원으로 구분하였다(최병선, 1998; Peters, 2002). 여기서 이념적 요인은 정권별 이념 차이, 이해관계 요인은 입법행위자인 국회의원과 정부에 의한 입법 여부, 제도적 요인은 중앙 및 지방 간 규제집행 상 분권화 여부를 각각 식별하였다(김권식·이광훈, 2014; 이광훈·김권식, 2016). 특별히 국제적 환경 차원의 요인으로는 세계화[20]가 문화체육 규제에 미치는 영향에 주목하여 한국의 세계화 수준을 측정한 KOF 세계화 지수(Globalization Index)[21]를 독립변수에 포함시켰다. 이와 함께 통제변수

로서 문체부의 관할 정책분야를 문화예술과 체육 분야로 구분하여, 이러한 분야별 차이에 따라 규제부담이 달라지는지를 검증하였다. 또한, 1990년 1월 3일 문체부 신설 이전과 이후, 그리고 우리나라 연간 GDP 성장률을 각각 통제변수로 포함시켰다.

▌표 5-8 **독립변수 및 그 내용**

변수명		조작적 정의
설명 변수	문체부의 관할 정책 분야	문화예술 및 체육 분야 여부(dummy)
	입법주체의 차이	규제근거법률(모법)의 발의자가 정부(정부입법=1)인지 국회의원(의원발의=0)인지 여부(dummy)
	지방분권화 여부	지방자치단체에 집행이 위임된 규제인지의 여부(dummy)
	정권별 기간	행정부의 이념적 차이에 따라 보수 정부 시기(1960년부터 김영삼 정부까지, 이명박 정부=0)와 진보 정부 시기(김대중, 노무현 정부=1)로 구분(dummy)
	세계화 수준	문화체육 법령이 공포된 연도의 세계화 수준을 KOF 세계화 지수*로 측정 *KOF Globalization Index: 세계 각국의 정치적, 경제적, 사회적 차원의 세계화를 총 43개 변수들로 종합적으로 측정하는 1(최소)에서 100(가장 세계화)까지의 척도
통제 변수	문체부 설립 전후	문체부 설립 이전과 이후(1990년 이후=1)를 구분(dummy)
	경제성장률	해당연도의 연간 GDP 성장률(단위: %)

4. 분석 결과

1) 한국 문화체육 분야 규제의 '팔 길이' 측정 및 영향요인 분석 결과

문화체육관광부 소관 개별 법령 중 총 360개(문화예술 분야 규제 263개 및 체육 분야 규제 97건)의 규제부담을 측정하여 그 수준별 순위에 따라 정렬한 아래의 <그림 5-6>을 보면, 개별 규제법령에 따라 규제부담 수준이 다양한 차이를 보이는 것으로 나타났다.

▼ 그림 5-6 문화체육 분야 관련 법령의 규제부담 순위

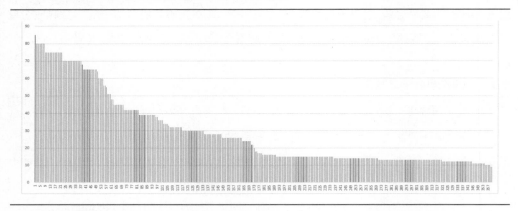

주: N=30; 세로축은 규제부담, 가로축은 순위임.

위와 같은 규제부담 측정치의 분포를 살펴보면, 아래 <그림 5-7>과 같이 최대값 85, 최소값 9이며 평균 28.97, 표준편차 20.6인 것으로 나타났다.

▼ 그림 5-7 문화체육 분야 관련 법령의 규제부담 분포 및 기초통계량

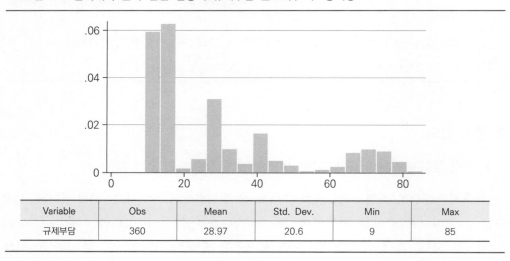

Variable	Obs	Mean	Std. Dev.	Min	Max
규제부담	360	28.97	20.6	9	85

각 법령의 **팔 길이** 비교를 위해 규제부담 높은 문화체육 분야 규제들을 살펴보면, 영업의 승계(규제부담지수 85), 대중골프장의 병설(규제부담지수 80) 등이었다(<표 5-9>).

▌표 5-9 문체부의 관할 정책 분야별 규제부담 상위 순위 목록

규제부담지수	규제사무명	법령명	규제내용	공포일	분야
85	영업의 승계	음악산업진흥에 관한 법률	제23조 (영업의 승계 등) ① 제16조 또는 제18조의 규정에 따라 신고 또는 등록을 한 영업자가 그 영업을 양도하거나 사망한 때 또는 그 법인의 합병이 있는 때에는 그 양수인·상속인 또는 합병 후 존속하는 법인이나 합병에 의하여 설립되는 법인은 그 영업자의 지위를 승계한다 (이하 생략)	2006. 04.28.	문화예술
80	대중골프장의 병설	체육시설의 설치·이용에 관한 법률 시행령	〈규제목적〉 골프대중화를 위하여 회원제골프장의 건설 시 대중골프장을 병설하거나, 대중골프장을 조성하기 위한 조성비를 예치하도록 함 〈규제내용〉 회원을 모집하는 골프장업을 하려는 자는 회원을 모집하지 아니하는 골프장을 직접 병설하거나 대중골프장 조성비를 예치하여야 함 (이하 생략)	1994. 01.07.	체육

다음으로, 문화체육 분야 규제법령의 규제부담(팔 길이)에 영향을 주는 요인을 탐색하기 위해 <표 5-10>의 OLS 회귀분석 결과를 살펴보면, 규제부담에 영향을 미치는 통계적으로 유의미한 변수들로는 스포츠 분야 (+), 세계화 (−), 정부입법 (+), 분권화 (−), 문체부설립 이후 (+)인 것으로 나타났다.

▌표 5-10 규제부담 영향요인 OLS 회귀분석 추정 결과

구분	Coef. (t-value)	P>|t|	VIF	Coef. (t-value)	P>|t|	VIF
스포츠 분야 여부	4.32 (1.72)	0.09*	1.07	3.68 (1.46)	0.14†	1.11
정부입법 여부				6.04 (2.22)	0.03**	1.10
분권화 여부				−4.04 (−1.88)	0.06*	1.03
진보 정부 시기				−0.68 (−0.27)	0.79	1.39
문체부 설립 이후				14.91 (2.50)	0.01**	1.46
세계화 수준	−0.31 (−1.65)	0.10*	2.26	−0.49 (~2.13)	0.03**	3.49
경제성장률	0.19 (0.36)	0.72	2.17	−0.09 (−0.15)	0.88	2.57

구분			Coef. (t-value)	P>|t|	VIF	Coef. (t-value)	P>|t|	VIF
상수항			47.16 (3.11)	0.00**		44.51 (2.72)	0.01**	
R-squared (Adj. R-squared)	Number of obs	Mean VIF	0.0390 (0.0308)	352	1.83	0.0765 (0.0577)	352	1.73

주: **p<0.05, *p<0.1, †p<0.15; 스포츠 분야 더미변수는 문화예술 분야를 Base로 함. GDP 성장률은 한국은행 자료임. VIF(variance inflation factor).

이와 같은 실증분석 결과를 통해 개별 규제법령의 특성에 따른 **팔 길이** 원칙의 적용 가능성을 해석해 볼 수 있다. 이는 문화체육정책의 부문별로 규제부담의 수준이 다른 상황에서 세부 정책영역별 맞춤형 규제부담 저감 전략이 필요함을 시사한다. 구체적으로 연구결과의 시사점은 다음과 같이 정리해 볼 수 있다.

첫째, 스포츠 분야에 상대적으로 높은 규제부담이 존재하는 것은 문화예술 영역에 비해 체육 분야는 정부개입의 정도가 높다는 것으로 해석될 수 있다. 예컨대, 우리나라 국제스포츠경기 유치의 경우 국가적 차원의 자원 및 노력이 단기간 내에 투입되어왔으며, 본질적으로 스포츠 분야는 선수들간 경쟁에서 공정한 규칙(rule)의 확립과 유지 차원에서 정부의 관여가 요청되는 것과 연관지어 해석해 볼 수 있다. 하지만 체육 분야에 정부개입의 필요성이 인정되더라도 간섭이 아닌 개별 분야에 적절한 방식의 규제가 요청된다.

둘째, 정부입법에 의한 규제가 의원입법 보다 규제부담이 높은 것은 정부입법에 의한 규제법령이 의원이 발의할 경우보다 피규제자에게 더 부담을 준다는 것을 의미한다. 따라서 문화체육 분야 규제를 통한 정부개입에 **팔 길이** 원칙이 준수될 수 있도록 기존의 규제영향분석, 규제비용관리제 등 규제부담 저감을 위한 기존 제도 운영의 내실화가 필요하다.

셋째, 지방정부가 집행하는 규제가 중앙정부 집행 규제보다 규제부담이 낮은 것으로 나타났다. 따라서 규제 집행 시 중앙정부 위주의 집권적 방식을 지양하고 지방정부에 위임 등을 통해 분권화를 추진함으로써 규제부담을 저감시킬 필요성이 제기된다. 중앙정부와 지방정부의 특성 차이 혹은 개별 지방정부가 처한 상황 등 다양한 요인을 고려하여 개별 정부조직에 적합한 **팔 길이** 원칙의 유연한 적용이 요구된다.

넷째, 문체부 설립 이후 전반적인 규제부담이 지속적으로 증가해온 것으로 나타났다. 이처럼 문화체육 분야 전담부서 설립 이전보다 1990년 설립 이후 문화체육 분야 규제의 부담이 높은 것은 전담부처 설립이라는 조직 측면의 영향을 고려한 **팔 길이** 원칙 적용 가능성을 모색할 필요가 있음을 시사한다.

한편, 정부이념 변수의 경우, 진보 정부 시기와 보수 정부 시기 간 규제부담 수준의 차이는 통계적으로 유의미하지 않은 것으로 나타났다. 이것은 보수정부나 진보정부를 막론하고 정권과 무관하게 '규제개혁'을 주요 국정과제로 삼아왔지만, 적어도 문화체육 분야 규제에 대해서는 실제로 규제부담을 줄이는 유의미한 성과가 나타났다고 보기는 어려운 것으로 해석될 수 있다. 이러한 결과는 1990년대 이후 역대 정부의 지속적인 규제개혁 노력에도 불구하고, 30년이 경과한 현재까지도 우리나라 규제환경은 개선되지 않았고 오히려 악화되는 추세에 있다는 주장(김종석, 2020)과 궤를 같이 하는 것으로 볼 수 있다.

흥미롭게도, 문화체육 관련 법령이 공포된 시점의 세계화 수준이 더 높을수록 해당 법령의 규제부담은 상대적으로 낮은 것으로 나타났다. 이를 통해 규제법령이 만들어질 당시의 정치·경제·사회 측면의 대외적 개방성 증가와 문화체육 분야의 정부개입 정도의 감소 간에는 모종의 상관관계가 존재하는 것으로 해석해 볼 수 있다. 즉, 대외적으로 폐쇄된 환경에서는 높은 수준의 국가개입이 이루어지는 것에 비해, 세계화가 심화될수록 정부개입이 야기하는 규제부담의 정도가 상대적으로 약화되는 현상으로 이해될 수 있다.

2) 한국 스포츠 규제의 '팔 길이' 측정 결과

문화체육관광부 소관 개별 법령 중 체육 분야 97건의 스포츠 규제들을 글로벌 스포츠이벤트 관련 규제와 기타 국내스포츠 관련 규제로 구분한 각각의 규제부담은 <표 5-11>에 제시되어 있으며, 이를 구체적으로 살펴보면 다음과 같다. 우선, 올림픽 휘장사용 승인, 국제대회 대회조직위원회 유사명칭의 사용금지 등 글로벌 스포츠이벤트 관련 규제는 17건이었고, 개발이익의 재투자(규제부담지수 80), 대회관련 시설의 설치 이용등에 관한 사업의 시행자(규제부담지수 70) 등의 규제부담이 높았다. 규제부담 측정치의 분포를 살펴보면, <그림 5-8>과 같이 최대값 80, 최소값 10이며 평균 22.82, 표준편차 20.21인 것으로 나타났다. 개별 규제들의 근거법령은 4개였으며, 각 법령들의 평균적인 규제부담은 2018평창동계올림픽대회 및 장애인동계올림픽대회 지원 등에 관한 특별법 시행령은 28, 2011대구세계육상선수권대회, 2014인천아시아경기대회, 2014인천장애인아시아경기대회 및 2015광주하계유니버시아드대회 지원법은 21, 국민

체육진흥법 시행령은 16, 2013평창 동계스페셜올림픽세계대회 지원법 시행령은 10의 순이었다.

▼ 그림 5-8 글로벌 스포츠이벤트 관련 법령의 규제부담 순위, 분포 및 기초통계량

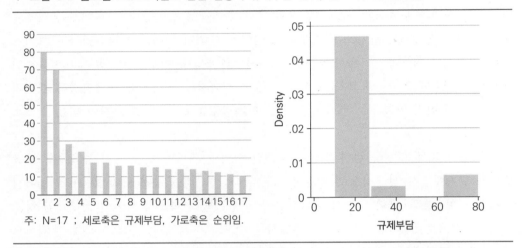

주: N=17 ; 세로축은 규제부담, 가로축은 순위임.

Variable	Obs	Mean	Std. Dev.	Min	Max
규제부담	17	22.82	20.21	10	80

다음으로, 체육지도자의 자격요건, 체육시설업의 등록, 체육용구생산업체·체육회 등에 대한 보고·검사, 경륜·경정 선수심판 및 용구의 등록 등 기타 국내스포츠 관련 규제는 80건이었고, 경륜·경정사업 수탁범위를 민간사업자로 확대(80), 경륜·경정 경주사업 유사행위 금지(75), 경륜·경정장 설치·변경 허가(75), 체육시설업의 사업계획 승인 취소(75), 경륜경정의 시행 허가(75), 체육진흥투표권 발행 사업계획 승인(75), 체육진흥투표권 발행 등의 유사행위 금지(75) 등의 규제부담이 높았다. 규제부담 측정치의 분포를 살펴보면, <그림 5-9>와 같이 최대값 80, 최소값 11이며 평균 35.74, 표준편차 20.72인 것으로 나타났다. 개별 규제들의 근거법령은 6개였으며, 각 법령들의 평균적인 규제부담은 체육시설의 설치·이용에 관한 법률은 42, 경륜·경정법은 41, 국민체육진흥법은 32, 스포츠산업 진흥법 시행령은 16, 전통무예진흥법 시행령은 15, 태권도 진흥 및 태권도공원 조성 등에 관한 법률은 13의 순이었다.

▼ 그림 5-9 국내 스포츠 관련 법령의 규제부담 순위, 분포 및 기초통계량

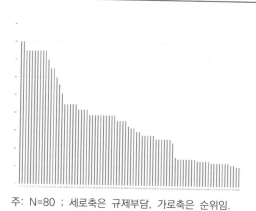

주: N=80 ; 세로축은 규제부담, 가로축은 순위임.

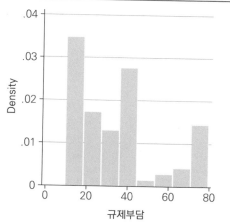

Variable	Obs	Mean	Std. Dev.	Min	Max
규제부담	80	35.74	20.72	11	80

▌ 표 5-11 한국 스포츠 분야 법령의 규제부담 측정 결과

구분	근거 법령명 (평균 규제부담)	조항	규제사무명	공포일	규제부담
글로벌 스포츠 이벤트 관련 규제	2011대구세계육상선수권대회, 2014인천아시아경기대회, 2014인천장애인아시아경기대회 및 2015광주하계유니버시아드대회 지원법 (21)	법 제15조, 제27조	시행자 사업계획의 승인	2007.12.14.	15
		법 제30조	준공확인보고서 제출 의무	2007.12.14.	14
		법 제17조, 제35조	과태료	2007.12.14.	11
		법 제25조	사업계획 승인 공시후 행위 등의 제한	2007.12.14.	13
		법 제31조	대회 휘장 등의 사용 승인	2007.12.31.	15
		시행령 제14조	대회관련 시설의 설치 이용등에 관한사업의 시행자	2007.12.14.	70
		시행령 제32조	국제대회 대회조직위원회 유사명칭의 사용금지	2007.12.14.	12
	2013 평창 동계스페셜올림픽세계대회 지원법 시행령 (10)	제9조	유사명칭 사용금지 관련 과태료 부과(스페셜 올림픽)	2011.10.15.	10
	2018 평창 동계올림픽대회 및	제36조	개발이익의 재투자	2012.08.22.	80
		제29조	특구에서의 행위 제한	2012.08.22.	28

구분	근거 법령명 (평균 규제부담)	조항	규제사무명	공포일	규제부담
	장애인동계올림픽대회 지원 등에 관한 특별법 시행령 (28)	제47조	특구 내 퇴출업종 등의 고시 등	2012.08.22.	24
		제10조	대회 휘장 등의 사용에 대한 사전 승인	2012.08.22.	18
		제32조, 제37조	특구실시계획의 승인	2012.08.22.	16
		제46조	외국인 전용 임대주택의 공급기준 등	2012.08.22.	16
		제49조	유사명칭 사용에 대한 과태료 부과기준	2012.08.22.	14
	국민체육진흥법 시행령 (16)	제22조	올림픽 휘장사용 승인	1989.03.31.	18
		제38조의2	올림픽 휘장사용 승인시 제출 서류	1999.08.31.	14
기타 국내 스포츠 관련 규제	경륜·경정법 (41)	법 제24조,제27조	경륜·경정 경주사업 유사행위 금지	1991.12.31.	75
		법 제23조 (명령·처분 및 검사)	감독상 필요한 명령·처분, 검사 수용의 의무	1991.12.31.	15
		시행령 제22조 (수익금의 사용)	경륜경정 경주사업자 수익금의 사용	1991.12.21.	15
		시행령 제20조 (손실보전준비금)	경주사업자의 손실보전금 적립 및 사용	1991.12.31.	60
		시행령 제19조(환급금)	경륜경정 승자투표권 적중자에 대한 환급금 교부	1991.12.31.	42
		시행령 제28조	경륜·경정 경주승자투표권의 구매제한	1991.12.31.	36
		시행령 제26조 (경주장등의 단속등)	경륜경정 경주장 질서유지 조치	1991.12.31.	28
		시행령 제27조(선수 및 심판의 복지등)	경주사업자의 선수·심판등 종사자의 복지·안전 조치의무	1991.12.31.	28
		시행령 제23조	경륜.경정사업 수탁범위를 민간사업자로 확대	1992.10.01.	80
		시행령 제21조	시설환경개선준비금의 적립 및 사용	2006.04.28.	39
		시행령 제11조	승자투표권의 발매	2007.04.11.	26
		시행령 제14조	승자투표의 발매총액 및 환급률 게시	2007.09.10.	42
		시행령 제6조	선수 및 심판의 자격	2007.09.10.	28
		시행령 제25조	경주종사자의 증표의 패용	2007.09.10.	28
		시행령 제23조 (수탁사업자의 범위)	경륜·경정사업의 위탁	2010.08.04.	45
		시행규칙 제5조,제6조	경륜·경정장 설치·변경허가	1991.12.31.	75

구분	근거 법령명 (평균 규제부담)	조항	규제사무명	공포일	규제부담
		시행규칙 제13조 (입장료의 징수등)	경륜·경정장 입장료	1991.12.31.	56
		시행규칙 제18조(발매수득률)	경륜경정 발매수득율 제한	1991.12.31.	36
		시행규칙 제8조,제9조,제10조,제11조,제12조	경륜·경정 선수심판 및 용구의 등록	1991.12.31.	24
		시행규칙 제2조 내지 4조	경륜경정의 시행 허가	1999.01.21.	75
		시행규칙 제15조	경륜경정 승자투표권 등의 경고문구 표기	2005.03.24.	39
		시행규칙 제10조	경륜용 자전거 및 경정용 모터보트의 재등록	2007.09.10.	26
		시행규칙 제11조	경륜용 자전거 및 경정용 모터보트의 검사	2007.09.10.	26
	국민체육진흥법 (32)	법 제44조	체육용구생산업체·체육회 등에 대한 보고·검사	1982.12.31.	13
		법 제42조	대한체육회, 국민체육진흥공단 유사명칭 사용금지	1982.12.31.	13
		법 제36조	서울올림픽기념국민체육진흥공단의 설립 인가	1989.03.31.	15
		법 제28조	수탁사업자의 위탁운영비 취득금액 제한	1999.08.11.	42
		법 제32조제3항	체육진흥투표권 구매금액 반환청구권의 시효소멸	1999.08.31.	45
		법 제31조	체육진흥투표권 발행 사업계획 승인	2007.04.11.	75
		법 제17조 제7항	체육용구 생산 우수업체 지정 취소	2007.04.11.	13
		법 제40조	체육회 등 자금차입의 승인	2008.02.29.	15
		법 제26조	체육진흥투표권 발행 등의 유사행위 금지	2012.02.17.	75
		법 제30조	체육진흥투표권의 구매제한	2012.02.17.	30
		시행령 제24조, 제25조, 제45조	체육시설입장료에 대한 부가금 과징	1982.12.31.	11
		시행령 제12조제3항	직장의 장의 선수 및 체육지도자 신분보장	1983.08.25.	32
		시행령 제43조의 2	국민체육진흥공단의 입장료 징수 승인	1994.06.30.	14
		시행령 제6조	학교의 체육진흥을 위한 조치	1998.12.31.	14

구분	근거 법령명 (평균 규제부담)	조항	규제사무명	공포일	규제부담
		시행령 제27조	체육진흥투표권 발행사업의 위탁 심사	1999.08.31.	28
		시행령 제28조	체육진흥투표권 발행횟수	2000.07.27.	39
		시행령 제30조	체육진흥투표권 발행사업 위탁승인	2007.04.11.	70
		시행령 제26조	체육진흥투표권 종류 등	2007.04.11.	33
		시행령 제12조3항	학교 및 직장내의 체육지도자의 파견요청	2009.10.01.	32
		시행규칙 제9조	체육지도자의 자격요건	1962.09.17.	65
		시행규칙 제5조	직장내 체육동호인조직, 체육진흥관리위원회설치, 생활체육지도자 배치 의무 위반시 과태료 부과	1993.03.06.	26
		시행규칙 제5조	직장운동경기부 설치 운영	1993.12.31.	26
		시행규칙 제13조	체육진흥투표권의 기재 사항	1999.08.31.	26
		시행규칙 제14조	체육진흥투표권 발행대상 운동경기 주최단체 지정	2007.04.11.	39
		시행규칙 제24조	체육진흥투표권의 환급금 지급(체육진흥투표권 적중자의 등위별 비율)	2007.04.11.	30
		시행규칙 제19조	체육지도자의 자격취소 등	2012.08.29.	12
	스포츠산업 진흥법 시행령 (16)	제13조 제2항 제3호	스포츠 사업자단체 설립 인가	2007.04.06.	16
	전통무예진흥법 시행령 (15)	제3조	전통무예지도자 자격기준 등	2009.03.29.	15
	체육시설의 설치·이용에 관한 법률 (42)	법 제30조	시정명령	1989.03.31.	45
		법 제31조	체육시설업의 사업계획 승인 취소	1994.01.07.	75
		법 제20조	체육시설업의 신고 (변경신고)	1994.01.07.	75
		법 제21조	병설 대중골프장의 분리 운영	1994.01.07.	51
		시행령 제5조(직장체육시설의 설치·운영)	직장체육시설 설치 및 학교·직장체육시설의 개방	1967.09.17.	14
		시행령 제13조, 제14조	대중골프장의 병설	1994.01.07.	80
		시행령 제22조	체육시설업자의 준수사항	1994.01.07.	42
		시행령 제23조	과태료 부과	1994.01.07.	36
		시행규칙 제29조	수수료 납부	1994.01.07.	75

구분	근거 법령명 (평균 규제부담)	조항	규제사무명	공포일	규제부담
		시행규칙 제18조 내지 제20조, 제27조	체육시설업의 등록(변경등록)	1994.01.07.	65
		시행규칙 제9조	체육시설업의 사업계획 승인	1994.01.07.	45
		시행규칙 제25조 제1항 제2항	보험가입	1994.01.07.	45
		시행규칙 제14조	등록 체육시설업의 시설설치 기간	1994.01.07.	39
		시행규칙 제17조, 제27조	체육시설업자 또는 사업계획승인을 얻은 자의 회원권익보호를 위한 사항 준수	1994.01.07.	39
		시행규칙 제15조, 제16조, 제27조	체육시설업자 또는 그 사업계획승인을 얻은 자의 회원모집계획서 제출	1994.01.07.	39
		시행규칙 제22조	체육지도자 배치	1994.01.07.	39
		시행규칙 제23조	안전위생기준 준수	1994.01.07.	39
		시행규칙 제8조, 제27조	체육시설업의 시설기준	1994.01.07.	36
		시행규칙 제13조	대중골프장 조성비 사용승인(변경승인)	1994.01.07.	15
		시행규칙 제4조	직장체육시설 설치 의무	1994.01.07.	13
		시행규칙 제14조	등록 체육시설업자의 착공계획서, 준공보고서 제출	1994.06.17.	39
		시행규칙 제24조제2호	골프장의 입지기준 및 환경보전 등에 관한 규정	1994.06.17.	13
		시행규칙 제23조	자연재해에 대한 안전위생 기준 정비	2011.08.31.	13
	태권도 진흥 및 태권도공원 조성 등에 관한 법률 (13)	법 제10조	공원조성사업 시행자의 승인	2007.12.21.	15
		시행령 제7조제1항	휘장 사용승인 절차	2008.02.29.	14
		시행령 제7조제2항	휘장 사용료 징수	2008.02.29.	14
		시행령 제8조제1항	과태료 부과	2008.02.29.	11
		시행규칙 제3조	민간사업자의 실시계획의 승인	2008.06.11.	13
		시행규칙 제2조제2항	태권도공원 조성사업 개발계획 및 실시계획 승인 절차	2008.06.22.	12

주: 규제개혁위원회 등록규제 데이터베이스 자료로 저자 작성

5. 결론

1) 연구결과 요약 및 시사점

본 연구는 우리나라 문화체육 분야 관련 규제를 다양한 분류기준을 활용하여 유형화하고 각 유형별 특성을 고려하여 규제부담을 측정하고자 하였다. 특별히 본 연구에서는 현재 한국 정부에서 규제개혁 수단으로 활용하고 있는 규제비용관리제의 규제부담 측정방식을 참조하여 **팔 길이**를 측정하였다. 측정 대상은 문화체육관광부 소관 규제법령(법률, 명령, 규칙 등)으로서, 구체적으로 규제개혁위원회 등록규제 데이터베이스에 있는 등록규제(개별 법령에 근거한 규제사무) 전체이며, 최초 등록 시기인 1961년부터 이명박 정부 시기(2012년)까지 공포된 문화체육 분야 규제법령 총 360건을 분석하였다. 규제부담 측정결과, 개별 규제법령에 따라 규제부담 수준이 다양한 차이를 보이는 것으로 나타났다. OLS 회귀분석을 실시한 결과, 규제부담에 영향을 미치는 통계적으로 유의미한 변수들로는 스포츠분야(+), 정부입법(+), 분권화(-), 문체부설립 이후(+), 문체부 예산 규모(-)인 것으로 나타났다.

이러한 실증분석 결과를 통해 개별 규제법령의 특성에 따른 **팔 길이** 원칙의 적용 가능성을 해석해 볼 수 있다. 이는 문화체육정책의 부문별로 규제부담의 수준이 다른 상황에서 세부 정책영역별 맞춤형 규제부담 저감 전략이 필요함을 시사한다. 우선, 스포츠 분야에 상대적으로 높은 규제부담이 존재하는 것은 문화예술 영역에 비해 체육 분야는 정부개입의 정도가 높다는 것으로 해석될 수 있지만, 정부개입의 필요성이 인정되더라도 간섭이 아닌 개별 분야에 적절한 방식의 규제가 요청된다. 다음으로, 의원발의에 의한 경우보다 정부입법에 의한 규제법령이 피규제자에게 더 부담을 주므로, 문화체육 분야의 규제를 통한 정부개입에 **팔 길이** 원칙이 준수될 수 있도록 기존의 규제영향분석, 규제비용관리제 등 규제부담 저감을 위한 제도 운영의 내실화가 필요하다. 이와 함께, 문화체육 분야 규제 집행 시 중앙정부(문체부) 위주의 집권적 방식을 지양하고 지방정부에 위임 등을 통해 분권화를 추진함으로써 규제부담을 저감시킬 필요성이 제기된다.

문화체육 분야에서 **팔 길이** 원칙에 기반한 정부개입의 전제조건으로서, 문화체육 분야 규제가 피규제대상에게 실제로 얼마나 부담을 주고 있는지에 대한 측정 작업이 선행될 필요가 있다는 측면에서, 본 연구에서 시도하는 문화체육관광부 소관의 등록규제의 규제부담 측정결과는 실무적으로 문화체육 분야 규제개혁의 참고 자료로 활용될 수 있을 뿐만 아니라, 향후 **팔 길이** 원칙에 기반한 문화체육정책의 추진을 위한 증거기반 정책결정(evidence-based policy decision-making)의 근거로 삼을 수 있을 것이다[22]. 즉, 개별 규제법령의 특성에 따른 **팔 길이** 원칙의 적용 가능성을 탐색함으로써 세부 영역별 규제부담 저감 전략을 수립하는 데 기여하고 나아가 궁극적으로는 우리나라의 문화체육 분야의 발전을 제고하는 데 유용한 연구결과로 참조될 수 있을 것으로 기대된다.

문화체육정책에서 **팔 길이** 원칙은 이념적·이론적 차원에서 중요성을 지니고 있으나 실제 적용 가능성에 대해서는 논란의 여지가 존재하는 개념이기에, 동 원칙의 현실적 구현 여부에 대한 판단이나 평가는 연구자의 상이한 관점에 따라 다양한 논의들이 이루어져온 것이 사실이다. 이는 **팔 길이** 원칙의 모호성 및 불명확성은 물론 **팔 길이**라는 개념에 근본적으로 내재한 해석상의 개방성 및 다양성에 기인한 것으로 볼 수 있다. 따라서 본 연구는 우리나라 문화체육 분야 규제에 초점을 맞추어 실제 **팔 길이**의 측정을 시도하고 그 영향요인을 탐색한 최초의 실증 작업이라는 의의를 가짐에도 불구하고 후속 연구를 통해 보완되어야 할 한계를 지니고 있다. 특히 **팔 길이** 원칙의 철학적·이론적 또는 현실적·정책적 다차원성에도 불구하고, 단순히 평면적으로 규제부담으로 치환하여 '규제'를 중심으로 '간섭'에 대한 정책 판단을 가늠하기에는 다양한 방식의 정부 개입 여지를 간과할 수 있다는 한계가 존재하므로, 다양한 각도에서 검토될 필요가 있다. 예컨대, 스포츠 분야 **팔 길이**를 규제부담으로 규정하고 측정하기 위해 보다 적절한 산출 근거나 방식이 존재하는지, 또한 **팔 길이**가 법령에 근거한 객관적 규제부담 외에도 정책과정에서의 영향력이나 조직 간 권력관계 혹은 이해관계자의 주관적 인식 등으로 조작화하여 정의될 수 있는지에 관한 다양한 실증연구가 축적될 수 있을 것이다.

2) 한국 스포츠 분야 정부 역할의 재정립과 향후 과제

그간 대한민국의 스포츠·체육계는 국가경제 성장기의 '한강의 기적'과 이를 전 세계에 과시한 1988년 서울올림픽 개최 등의 괄목할 만한 외형적 발전을 이룩해온 것이 사실이다. 하지만 이 과정에서 집권화, 정부 주도 행정, 단일 목표에 치우친 실적주의(금메달 획득, 대형이벤트 유치) 등 체육계의 자율성을 저하시키는 의도하지 않은 결과를 배태하게 된 것도 작금의 현실이다. 현재 대한민국의 대외적(뉴노멀 글로벌 경제 침체, 지능정보화와 4차 산업·기술혁명의 도전 등) 위협과 대내적 위기(저출산 고령사회와 인구오너스, 통일 문제 등) 속에서 체육계가 직면한 난제들(부정부패·폭력 관행 및 공익성 부재, 체계적인 체육 행정시스템 및 정책 미비, 전문체육-생활체육-학교체육 간 분절화 및 불균형,

대내외적 스포츠행정 전문가 및 교육양성 시스템 부재, 중장기적 발전 비전·전략체계 수립 및 공유 부족 등)의 해결이 시급한 상황이다. 이에 세계화, 지방화 시대에 걸맞은 새로운 패러다임으로서 분권화, 체육인 참여형 거버넌스, 전인적 체육인 양성 내실화 및 국민 건강·행복 추구 등 다양한 목적 달성을 위한 핵심가치(core values)의 정립이 요청되는 시점이다. 예컨대, 스포츠의 핵심가치로서 영어로 S.P.O.R.T라는 5글자, 즉 자율성(S: Self–autonomy), 공공성(P: Publicness), 개방성(O: Openness), 책임성(R: Responsibility), 투명성(T: Transparency)을 지향해나갈 필요가 있을 것이다.

이를 위해서는 우선, 대한민국 스포츠·체육발전을 위한 정부 역할의 재정립이 요청된다. 다시 말해, 체육계에 정부가 직접 개입·주도하는 기존의 일방향적 계도자 역할이 아닌, 국민과 체육계 사이의 연결형 가교자(네트워크 허브), 맞춤형 정보제공자(큐레이션) 나아가 체육생태계 조성자(플랫폼)로서의 정부 역할이 바로 그것이다. 대한민국 체육생태계라는 경기장 내에서(in the field) 정부는 경기장의 선수(player)가 아니다. 정부는 경기장 밖에서(off the field) 체육생태계를 활성화하는 씨(seed)를 뿌리고 외부적 환경 조성을 위한 규칙(rule)을 공정히 집행하는 역할을 해야 하며, 규칙은 반드시 체육인과 국민이 함께 만들어야 하고, 국민은 궁극적인 심판(referee)이어야 할 것이다.

이와 같은 정부 역할의 재정립에 기반한 스포츠·체육정책 기조의 과감한 전환이 뒷받침되어야 한다. 먼저, 정책 포커스(focus)의 전환이 필요하다. 기존 엘리트 중심의 국제대회성적 극대화 목표와 국가 차원의 대형이벤트 유치에 편중됨으로 인한 엘리트–생활체육의 단절에서 벗어나, 국민 복지와 웰빙 실현을 위한 사회정책, 건강한 후속세대 양성을 위한 교육정책, 지역개발 차원의 스포츠이벤트유치정책 등을 포함하는 다차원적 스포츠·체육정책의 진화가 요구된다. 아울러, 정책 로커스(locus) 및 수준(level)의 확장이 필요하다. 즉, 국내 수준 및 중앙정부차원에 국한된 스포츠·체육정책에서 나아가, 글로벌(세계), 내셔널(국내), 로컬(지방)의 다층적(multi–level) 복합성, 전문–생활–학교 체육 간 통합성, 정부–시장–시민사회 간 선순환의 협력적 거버넌스 연계성 강화를 통한 정책성과의 향상이 요청된다.

이러한 정책 기조를 바탕으로 한 대한민국 체육행정 주요 정책아젠다 및 추진과제는 <그림 5–10>에 제시되어 있다. 특별히 거버넌스란 공공 및 사적 개인들과 제도들이 공공 목적을 달성하기 위해 공통적인 업무를 관리하고 자원을 통제하고 권력을 행사하는 무수한 방법의 집합으로서, 갈등적인 이해나 다양한 이해관계들이 수용되면서 상호협력적인 행동이 취해지는 메커니즘을 의미한다. 이와 같은 거버넌스는 분석

수준에 따라 글로벌(세계), 내셔널(국가), 로컬(지방) 수준으로 구분될 수 있으며, 문제 해결 메커니즘의 양태에 따라 시장, 공공부문 및 시민사회 등으로 나눌 수 있다. 이러한 두 가지 기준에 따라 다층적 거버넌스 관점으로 본 우리나라 스포츠 분야의 정책아젠다(agenda)와 추진과제들은 구체적으로 살펴보면 다음과 같다.

▼ 그림 5-10 다층적 거버넌스 관점의 대한민국 체육행정 주요 정책아젠다 및 추진과제

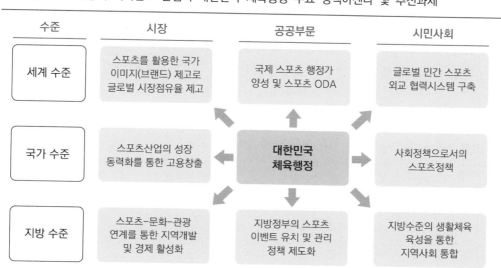

첫째, 국내 수준 및 중앙정부 차원에서 스포츠·체육정책은 스포츠산업의 성장동력화 통한 고용창출이라는 경제산업정책과 함께 국민행복과 웰빙 증진이라는 사회정책으로서의 양가적 기능을 동시에 담당해 나가야 할 것이다.

둘째, 대한민국 체육행정의 세계화를 위한 추진과제로는 국제올림픽시스템의 구조 및 동학, 즉 IOC 등 국제스포츠기구의 이해관계와 행태에 대한 철저한 분석을 바탕으로 국익을 극대화할 수 있는 전략 및 긴밀한 정책공조가 필요하며, 이를 통해 효과적인 스포츠 외교전략 및 스포츠 분야 국제개발협력 전략 수립·추진이 요청된다. 이와 함께 글로벌 민간 스포츠외교 협력시스템 구축, 국제스포츠 이벤트 및 스포츠 ODA 사업을 활용한 공공외교 및 대한민국의 소프트파워 (국가이미지, 국가브랜드, 국가평판, 무형자산) 제고, 유럽스포츠학회, 국제스포츠기구, 해외 스포츠분야 석학과의 국제공동연구·교류협력 및 글로벌 연구네트워크 제도화가 요구된다. 동시에 국내스포츠연맹의 글로

벌 경쟁력 강화 및 스포츠 조직·종목별 투명성 확보를 위한 반부패·청렴성지수 개발, 경기조작(Match-fixing) 방지를 위한 국제적 협력체제 구축 등이 필요하다.

　세 번째로, 대한민국 체육행정의 지방화를 위한 추진과제로는 중앙정부-지방정부 간 행·재정적 권한 이양을 바탕으로 한 체육행정 협력거버넌스 구축, 스포츠를 통한 지역발전 전략으로서 스포츠이벤트-문화관광산업 연계를 통한 지역경제 활성화, 생활체육을 활용한 장소마케팅 기반의 지역 매력성(attractiveness) 제고가 필요하다. 또한, 스포츠를 통한 지역주민의 여가생활 및 행복한 복지 구현, 지역사회통합 및 건강한 지역문화 확립을 위하여, 지역 주민 참여와 풀뿌리 스포츠클럽 주도의 지역체육정책 수립·추진, 스포츠활동을 통한 지역갈등해소와 지역 주민의 사회자본·신뢰 구축이 요구된다.

▼ 그림 5-11 정책문제 해결을 위한 거버넌스와 정책수단 유형

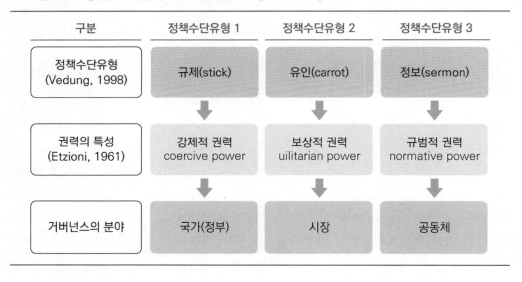

이상과 같은 다층적(글로벌·내셔널·로컬) 거버넌스에서는 시장, 시민사회, 공공(국가) 부문 간 협력메커니즘으로서 정책수단(policy tools) 선택의 문제가 제기된다. 따라서 한국 스포츠 부문의 자율적인 발전은 물론 국가발전 기여도 제고를 위해서는, <그림 5-11>과 같은 정책수단 유형 중 규제(강제), 유인(보상), 정보(규범) 수단들의 권력적 특성을 고려하여 어떻게 조합(mix)할 때 가장 효과적인 정책문제 해결을 위한 거버넌스를 구축할 수 있을 것인지가 향후 한국 스포츠행정·정책학계가 풀어야 할 과제라고 할 수 있다.

1 본 절은 Chappelet & Lee, 2016, The Emerging Concept of Sport-Event-Hosting Strategy: Definition and Comparison, Journal of Global Sport Management의 내용을 수정·보완하여 작성함.

2 "A series of decisions and activities by bidding organizations (cities/countries) which utilizes public funding and other resources under formal and informal institutional frameworks to regulate their involvement for supporting the successful bidding and hosting for sporting events, via employing management and marketing tools that coordinate and promote actions of related stakeholders, such as governments at different levels, sport organizations, commercial sponsors, volunteer groups, local community and event owners."

3 당근(인센티브), 채찍(규제) 및 설교(설득)와 같은 세 가지 개입 방식 유형(Vedung, 1998)에 따르면, 이러한 전략은 주로 설득 방식으로 구성된다.

4 이러한 공공 마케팅 전략에는 예를 들어 설문 조사 및 여론 조사, 언론(국내 또는 지역, 국제 언론, 라디오, TV 및 인터넷)과의 파트너십, 비딩을 대표할 수 있는 이벤트 홍보 대사로 유명 인사의 임명함으로써 미디어를 통해 메시지를 전달하는 것이 있다(Chapplet, 2005: 50).

5 이 프레임워크는 주어진 회계연도 동안 정부가 지원할 이벤트와 이벤트 횟수, 제공할 자금의 양, 필요한 참여/최종 보고 절차의 종류를 결정한다(Leopkey, Mutter & Parent, 2010: 114).

6 공공 정책은 정부 활동의 핵심이며 스포츠 및 문화 행사는 많은 정부 프로그램들의 필수적인 부분이 되고 있다(Hall & Jenkins, 1995). Knoepfel et al.(2011: 24)은 공공 정책을 다음과 같이 정의한다: "a series of intentionally coherent decisions or activities taken or carried out by different public and (sometimes) private actors, whose resources, institutional links and interests vary, with a view to resolving in a targeted manner a problem that is politically defined as collective in nature."

7 구체적으로, 지방(local)정부 수준의 Shefield, Lausanne, Sydney, Vancouver와 지역(regional)정부 수준의 North Ireland, Savoy, Valais, Tyrol, 그리고 중앙(national)정부 수준의 Canada, Denmark, Great Britain and Qatar의 사례를 비교하였다.

8 구체적으로, 양국의 정치체제하에서 중앙 및 지방정부 수준(federal and municipal levels)에서의 차이를 첫째, 정책과정(행위자와 제도), 둘째, 정책내용(정책목표와 수단, 유치후보의

적격성, 이벤트의 적용가능성, 예산배분 및 지원, 수급자 조건, 최종의사결정자), 셋째, 정책 결과로 구분하여 비교하였다.

9 구체적으로, 5가지 주요 질문들(누가 명시적으로 형성된 전략을 갖는가?, 왜 전략을 갖는가 (비전)?, 전략적 목표는 무엇인가?, 선호되는 이벤트는 무엇인가?, 어떻게 전략이 집행되는 가?)에 관하여, 8개국의 메이저 스포츠이벤트 유치 전략, 법, 가이드라인들을 분석하고 전문 가 인터뷰로 보완하였다.

10 "당신의 나라에는 메이저 스포츠이벤트 유치를 위한 공식적인 국가전략이 있습니까?"라고 질문하였다.

11 이처럼 유치 전략을 공공정책으로 제도화했는지 여부에 따라 국가별 유치결과가 달라질 수 있는지는 흥미로운 연구주제가 될 수 있을 것이다.

12 본 절은 이광훈(2022). 문화규제와 '팔 길이 원칙': 문화체육관광부 소관 법령의 규제부담 측 정 및 영향요인 연구. 문화정책논총, 36(1), 57-82의 내용을 수정·보완하여 작성함.

13 체육(physical education)이란 용어는 그 의미를 '교육(education)'에 초점을 두고, 보다 광의 의 개념인 스포츠(sports)라는 용어와 구분하기도 하지만, 우리나라에서는 양자가 구별 없이 혼용되기도 하며, 본 절에서도 체육과 스포츠라는 용어를 병용하였다.

14 정부규제 혹은 규제란 "정부가 바람직한 경제사회의 질서를 구현하기 위해 시장에 개입하여 기업과 개인의 행위를 제약하는 것"(최병선, 1992: 18)으로 정의될 수 있으며, 1998년 제정 된 행정규제기본법 제2조 제1항에서는 "국가 또는 지방자치단체가 특정한 행정목적을 실현 하기 위하여 국민의 권리를 제한하거나 의무를 부과하는 것으로 법령 등이나 조례·규칙에 규정되는 사항"이라고 규정하고 있다.

15 "문화 영역에서의 정부개입" (정홍익 외, 2008: 21) 혹은 "(문화)정책목표에 어긋나는 혹은 바람직하지 않은 방향으로 상황이 전개되지 않도록 정부가 적극적으로 통제하는 방식" (김 정수, 2017: 108)으로 정의되는 (광의의) 문화규제를 세분화하기 위해, 본 연구는 문화체육 관광부의 분류에 의한 문화의 세부 영역인 문화, 예술, 콘텐츠, 저작권, 미디어, 체육, 관광 부문으로 나누어, 문체부 소관 문화규제를 문화예술규제(협의의 문화규제), 체육(스포츠)규제 및 관광규제로 구분하였다.

16 물론 정부 간섭의 수준이나 양상은 조직구조 또는 법제도 측면뿐만 아니라 위계적 조직문 화, 조직구성원의 행태, 정치적 환경 등 다양한 차원의 요인들에 의해서 영향을 받을 수 있 을 것이다. 따라서 문화체육행정의 **팔 길이** 원칙의 실제적 구현을 위해서는 각각의 차원별 간섭요인 완화 방안에 대한 체계적인 분석이 요청된다.

17 이명박 정부 시기까지의 규제개혁위원회 등록규제 데이터베이스는 규제사무 단위(관련된 여 러 조문들을 하나의 규제사무로 간주)로 정리되어 왔으나, 박근혜 정부 때부터는 개별 조문 하나하나를 규제로 등록하는 방식으로 변경되었기에, 본 연구의 분석은 이명박 정부 때까지 의 자료를 대상으로 수행되었다.

18 문체부 소관 규제법령 총 406건 중 관광 분야 규제 46건(약 11%)을 제외하고, 문화예술 분 야 규제 263건(약 65%)과 체육 분야 규제 97건(약 24%)을 분석 대상으로 삼았다.

19 규제비용총량제(현행 규제비용관리제) 매뉴얼(국무조정실, 2014:10)에서 제시하고 있는 가이드라인에 따르면, 규제부담은 우선 규제 성격(진입·가격·거래·품질·행정)별 기초지수를 계산한 다음, 규제강도·파급효과·개선정도·규제방식·일몰설정 여부에 따른 가중치의 합을 곱하여 최종점수를 산출하며, 이와 같은 규제비용관리제의 규제부담 측정방법을 원용한 이광훈·김권식(2016: 87-91)의 연구에 근거하여, 본 연구에서는 문화체육 분야 규제부담 수준을 측정하였다.

20 세계화(globalization)란 정치적 측면에서는 국가가 독점한 권력의 약화, 경제적 측면에서는 자본과 기업의 유동성 증대, 사회적 측면에서는 정보통신기술 발전과 네트워킹 확산으로 인한 사회문화적 개방성 확대를 포함하는 다차원적 현상을 의미한다.

21 KOF 스위스 경제연구소(Konjunkturforschungsstelle: KOF Swiss Economic Institute)가 개발한 세계화 지수는 1970년대 이후 증가 추세에 있으며 특히 냉전 종식 이후 더욱 가속화되어 온 세계화의 경제적, 사회적, 정치적 차원을 측정하여, 1970년부터 세계 각국의 세계화 수준을 지수화하여 발표한다(Dreher, Axel (2006): Axel Dreher (2006) Does globalization affect growth? Evidence from a new index of globalization, Applied Economics, 38:10, 1091-1110, DOI: 10.1080/00036840500392078)

22 특별히 규제비용관리제를 적용하여 문화 분야 규제의 부담을 경험적으로 측정함으로써 우선적 폐지·개선 대상이 될 규제들에 대한 파악이 가능하다. 즉, 문화체육관광부 소관 법령(법률 및 하위 시행령·시행규칙 포함)에 규정된 규제의 현황 및 특성 파악을 통하여 향후 관련 법제 개선방안 마련에 유용한 참고자료로 활용될 수 있다. 이를 통해 문화의 자율성과 독립성을 저해할 수 있는 불필요한 부담을 유발하는 규제들을 개선하고, 이와 같은 문화 분야 규제법령의 합리적·효과적 관리를 통해 궁극적으로는 문화국가 실현을 위한 정부개입의 바람직한 방식의 모색에 이바지할 수 있을 것으로 기대된다.

스포츠이벤트 개최의 성과:
강원도 사례

6.1 스포츠이벤트 개최 성과의 측정지표 탐색[1]

1. 서론

최근 지방재정 악화가 중대한 사회적 이슈로 부각되면서 지방자치단체가 예산으로 집행하는 다양한 지역사업들에 대한 타당성 평가의 중요성이 조명되고 있다. 이에 따라 지방정부가 추진하는 재정투자사업 예산의 지출이 가장 효율적으로 이루어져야 한다는 원칙, 즉 재정사업을 통해 유발되는 부가가치나 긍정적 편익이 투입된 비용을 정당화할 수 있는지에 대한 경험적 증거가 요구되고 있다. 지방재정사업 타당성 평가의 필요성은 지역 이벤트·축제[2]의 경우도 예외는 아니다. 실제로 현실의 많은 지역 이벤트·축제들이 지자체 단체장의 치적 쌓기 혹은 특정 이익집단의 이해관계에 의해 개최가 계속되고는 있지만, 참가 인원이 저조하고 참여자의 만족도 역시 낮은 경우가 많은 것이 다반사이다. 특별히 지자체별 재정난이 가중되고 특히 복지, 교육 분야 등에 투입되어야 할 재원의 부족이 문제점으로 부각되고 있는 상황 속에서, 한정된 지자체 예산 범위 내에서 이벤트·축제에 투입되는 예산액의 지출가치성(value for money)을 평가해 볼 필요가 있다는 판단이 본 연구에서 지역 이벤트·축제의 재정적 측면의 성과를 탐색하는 계기가 되었다.

이에 본 연구는 지역 이벤트·축제에 대한 대표적인 원가회계정보인 총원가(총비용), 사업수익, 순원가 등을 활용한 기존의 성과평가 방식을 비판적으로 검토하고, 동 재무회계정보를 성과정보로 활용하여 이벤트·축제의 경제적 성과를 나타내는 다양한 지표들을 비교·분석함으로써 보다 적절하게 성과를 평가할 수 있는 지표 체계를 탐색함을 그 목적으로 한다.

지방재정 투자사업의 성과는 다양한 지표로 측정·평가될 수 있다. 특별히 지자체의 예산이 투입되는 지역 이벤트·축제의 성과의 경우, 주관적 지표를 활용하여 관련 이해관계자들의 만족도 내지 인식을 평가하거나, 이벤트·축제로 인해 실제 나타난 산출(output) 및 결과(outcome) 내지 영향(impact) 등을 객관적 지표로 측정할 수도 있다. 예를 들면, 지역축제에 참가한 관람객 수는 축제 참가자의 소비지출(입장료, 숙박비, 교통비, 관광 상품의 구매 등)에 의해 지역주민의 소득 증대, 해당 지역 고용창출 등 산업연관 효과와 같은 지역 내 부가가치 창출에 기여할 수 있다는 점에서, 지역축제의 성공 여부를 측정하는 가장 일반적인 척도로 볼 수 있다(김성현, 2005: 240, 244). 또한 지역 축제의 경제적 효과는 그로 인해 유입된 관람객의 지출효과와 지역의 소득증가 효과, 축제 개최에 필요한 각종지출을 통한 고용효과 등이 발생한다는 면에서 관광업과 유사한 경제적 효과를 발생시킨다(Getz, 1991)[3].

한편, 스포츠이벤트의 경우 주로 해당 이벤트 개최로 인한 편익(benefit)이나 영향 (impact)에 초점을 두고 논의되어 왔다. 스포츠이벤트 개최의 긍정적 영향으로는 개최 장소에 대한 스포츠 관광 목적지(destination)에 대한 인식 증가, 도시 재생, 투자 수익 (return on investment: ROI)을 포함한 유형 및 무형 유산뿐만 아니라 경제, 사회 문화, 정치 및 환경적 편익과 같은 도시, 지역 및 국가에서의 지속 가능한 개발 달성 등을 들 수 있다(Leopkey, Mutter & Parent, 2010: 114). 반면에 스포츠이벤트 개최가 부정적 영향 을 미치게 될 가능성은 소위 **승자의 저주**(winner's curse)로 일컬어지는데, 이는 비용 초 과(cost overruns), 프로젝트 수정, 완료 지연, 재정 적자 등으로 인해 올림픽 등과 같은 스포츠 메가 이벤트 개최 시 예상되었던 **사전**(ex-ante) 비용이 실제 **사후**(ex-post) 비 용보다 과소 평가된다는 것을 말한다(Andreff, 2012). 다시 말해, 스포츠이벤트 비딩 후 의 저주로서 유치 기간 동안 수행되었던 경제적 영향 연구 또는 비용-편익 분석 결과 에서는 긍정적이었던 전망이 개막식 전에 이미 사라지고, 개최 이후에는 대중의 환멸 및 개최 도시의 납세자에 대한 상당한 청구서로 이어지게 되는 최악의 결과(worst outcomes)이다(Andreff, 2012: 37-69).

이와 같은 스포츠이벤트 개최의 양가성, 즉 긍정적이거나 부정적인 영향을 모두 미 치게 될 수 있다는 개연성은 어떻게 하면 전자를 극대화하고 동시에 후자를 최소화할 것인가라는 관리(management)의 중요성을 제기하였고, 결국 스포츠계에서는 유산 (legacy)이라는 올림픽 용어(Olympic term)가 일반화되었다. 여기서 유산이란 "스포츠 이벤트를 위해 혹은 이에 의해 생성된 모든 계획된 것과 계획되지 않은 것, 긍정적인 것과 부정적인 것, 유형 및 무형의 생산물로서, 시간과 공간에 관계없이 이벤트 자체보 다 오래 지속되는 것"(Preuss, 2007: 211)을 말한다. 유산은 "이벤트의 결과로 실제 환경 (environment)에 남아 있거나, 이벤트의 결과라고 간주될 수 있는 모든 것(Chappelet, 2012a: 77)"으로서 사전적·확정적 개념이라기보다는 특정 이벤트가 개최되는 환경적 맥락이나 관련 이해관계자의 인식과 행태 등에 의해 가변적·유동적인 사후적·불확정적 개념으로 볼 수 있다.

그간 스포츠 학계에서는 올림픽이나 월드컵 등과 같은 글로벌(global) 메가 이벤트의 영향이나 유산에 관한 학문적 관심과 축적된 실증연구가 많은 것에 비해, 지역(local) 단위에서 개최되는 이벤트·축제의 성과를 어떻게 구체적으로 측정하여 분석·평가할 것인지에 대한 방법론적 논의는 드문 실정이다. 기존 연구의 경우 3E로 통칭되는 성과평가 기준들, 즉 경제성(economy), 효과성(effectiveness), 효율성(efficiency) 중 주로 소요재원 투입의 최소화라는 경제성 측면이나, 축제의 산출 혹은 직·간접적 영향 등과 같은 특정 목적을 달성하고 있는지 여부를 판단하는 효과성 측면의 성과지표에 주목해온 경향이 있으나, 투입 대비 산출로 표현되는 효율성 관점에서의 성과지표의 타당성에 대한 논의는 부족하였다. 또한, 기존 연구는 대부분 하나의 측면을 반영하는 성과지표에 근거하여 성과를 측정하여 평가하고 있다. 하지만 성과평가는 다양한 측면에서 접근할 수 있기 때문에 이러한 다양한 측면에서의 성과 측정을 위한 지표들 중에서 성과를 가장 잘 반영하는 지표를 찾아내기 위한 성과에 대한 다차원적 접근의 필요성이 제기될 수 있다. 이에 본 연구는 지방재정의 효율성 측면을 다양한 관점에서 포착하는 지표들을 제안하고 실제 개최된 스포츠이벤트의 성과측정에 적용해 보았다. 특별히 강원도의 경우, 주요 산업인 관광업[4]의 발전을 위해서는 지역 이벤트의 성과를 제고함으로써 지역경제를 활성화하고 지방재정의 효율성을 높여야 할 필요성이 매우 크다는 점에서 본 연구의 실제적이고 정책적인 함의를 찾을 수 있을 것이다.

2. 지역 이벤트·축제의 성과측정 지표 개선의 필요성

지역 이벤트·축제에 대한 성과제고의 필요성은 오래전부터 제기되어 왔으나 최근 지방재정 관련 정보가 체계적으로 제공되기 시작하면서 지역 이벤트·축제의 효율성에 대한 언론의 관심이 부각되고 있다. 한 언론보도[5]에 의하면 2014년도 지자체가 개최한 지역축제 361건 중 화천군의 '산천어지역축제'만 5,200만 원의 흑자를 보인 것으로 나타났다(<표 6-1> 참조).

▌표 6-1 지자체 수익형 이벤트·축제 비용 상위 10개 목록

순위	자치단체	이벤트·축제명	총비용	사업수익	손익
1	충북	오송 국제바이오산업엑스포	144.9	34.3	-110.6
2	광주광역시	광주 비엔날레	38.8	21.0	-17.8
3	경남진주시	진주 국제농식품박람회	37.4	11.3	-26.2
4	경기가평군	자라섬 씽씽겨울축제	29.8	12.1	-17.7
5	전북전주시	전주 국제영화제	29.5	7.8	-21.7
6	강원화천군	얼음나라 화천 산천어축제	29.1	29.6	0.5
7	부산시	부산 비엔날레	28.0	12.6	-15.4
8	경남진주시	남강 유등축제	26.5	4.0	-22.5
9	경기부천시	부천 국제판타스틱영화제	23.8	5.0	-18.8
10	충남부여군	백제문화제	23.2	6.3	-16.9

주: 2014년 결산 기준, 단위는 억 원
자료: 지방재정365 웹페이지(http://lofin.moi.go.kr)

한편, <그림 6-1>, <그림 6-2> 및 <그림 6-3>에는 각 광역자치단체별 지역축제의 성과에 대해 기존에 활용되어 온 성과지표들이 제시되어 있다. 구체적으로 총원가, 총원가에서 사업수익을 뺀 순수익, 그리고 사업수익 및 사업수익을 총원가로 나눈 사업수익 대비 총원가를 보여준다. 기존 「행사·축제 원가회계정보」에서 제공되는 성과정보 항목에 대한 자세한 설명은 다음과 같다.

◇ 원가: 행사·축제를 개최하기 위해 소요된 경제적 자원
◇ 기준: 『지방자치단체 재무회계 운영규정』 재무회계과목총괄표(COA)

1	총원가(비용)

□ 인건비: 행사·축제 관련 기타인건비
※ 공무원 인건비는 관리운영비로 포함, 행사 관련 산하기관의 인건비 포함
□ 운영비: 행사·축제 수행을 위해 필요한 일반적 경비
　① 행사직접비
　　− 인쇄비: 유인물 책자 등을 인쇄하기 위해 소요되는 비용
　　− 소모품비: 사무용 또는 기타업무용으로 사용 소모되는 소모품과 관련한 비용
　　− 제세공과금: 공공요금 및 제세(법령에 따라 지급하는 세금)
　　− 보험료: 각종협회에 지급하는 회비 및 보험계약에 따라 지출되는 비용
　　− 출장비: 업무상 출장에 관련하여 지급하는 교통비, 숙비, 식대 등의 비용
　　− 연구개발비: 자치단체가 연구·개발활동을 위해 지출하는 비용
　　− 업무추진비: 기관운영, 시책추진, 부서운영 등을 위해 지급하는 경비
　　− 연료비: 소유자산의 가동 또는 난방을 목적으로 지출한 유류비 및 가스요금
　　− 기타 행사운영비: 행사운영에 대한 일체 운영비, 초청장 제작 등 각종 일반 수용비
　※ 행사·지역축제 기념품(판매용 포함) 제작대도 기타 행사운영비 항목에 포함
　② 대외홍보비
　　− 홍보 및 광고비: 행사·축제 홍보 및 광고에 소요된 비용
　③ 시설장비비
　　− 행사관련시설비: 행사개최를 위해 설치하는 구조물 등으로 임시적 일회성 시설물 설치·구축경비
　　− 임차료: 건축물, 시설, 차량 또는 장비 등을 임차하고 지급하는 비용
　④ 참가자 보상비
　　− 외빈초청여비: 사업 추진에 특별히 소요되는 외빈 초청 경비 중 여비 등
　　− 행사실비보상비: 행사·축제에 참여한 민간인에게 지급하는 급량비 및 교통비, 출연자 발표자에 대한 사례금

> 〈 민간위탁, 산하기관 출연 등으로 예산 집행시 원가 산출 방법 〉
> 　민간위탁, 산하기관 출연 방식(보조금, 출연금 지원)으로 예산을 집행한 경우
> - 수탁기관, 산하기관에서 행사·축제 관련 정산내역을 제출받아 총원가 항목으로 정
> 　산내역을 분류하여 원가 산출

▫ 감가상각비: 시간경과에 따른 자산의 가치감소를 회계적으로 반영하는 것으로 실제 현
　금지출이 없는 비용

* 예시: 행사장설치(10억, 내용연수 5년 가정)로 매년 2억씩 자산가치 감소분

○ 행사에 이용된 자산(시설물 등)의 연간 감가상각비 중 행사기간에 해당되는 감가상각비
　(기간비례 안분계산)

○ 행사 전용 자산인 경우는 연간 감가상각비 전액

▫ 기타: 운영비 4개 항목으로 기재할 수 없는 경우 기타 항목란에 기재

2	사업수익(수익)

▫ 보조금
　○ 국비보조금(4204): 국고보조사업에 대하여 지원받는 국고보조금
　○ 시도비보조금수익(4205): 시·군·구가 각 시·도에서 교부받는 시도비보조금과 시도
　　에서 관리하고 있는 각종 기금에서 지원받는 수익

▫ 서비스요금수익
　○ 사용료 수익
　　- 사용료수익: 지자체가 소유 또는 관리하고 있는 각종 시설에서 발생하여 지자체
　　　로 귀속되는 사용료 수익(입장료 수익, 공원 운동장 등 기타 사용료 수익)
　　- 재산임대료수익: 지자체가 소유하고 있는 각종 재산의 임대에 따라 발생하는 수익
　○ 기타 수익
　　- 사업수익: 지자체가 수행하는 사업장의 생산물 및 부산물매각, 주차요금, 도로통
　　　행료, 용지매각 등 사업적 활동에서 발생하는 수익
　　- 재산임대료 수익, 사용료 수익 이외의 모든 기타 수익 포함

3	순원가(자치단체 순 부담액)

▫ 자치단체가 행사·축제 사업에 대해 순수하게 부담한 금액(총원가 - 사업수익)

자료: 안전행정부, 2013, 자치단체 행사·축제 원가회계정보 공개방안

<그림 6-1>과 <그림 6-2>에서 볼 수 있듯이 지역축제에 가장 많은 비용(총원가 및 순원가)을 지출하는 광역자치단체는 강원도이다.

▼ 그림 6-1 광역자치단체별 지역 이벤트·축제 총원가

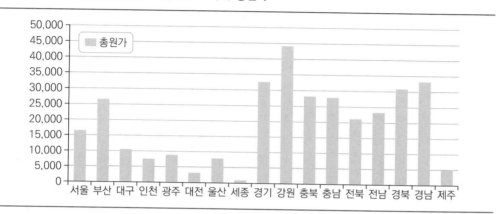

주: 단위는 백만 원임; 자료: 지방재정365 웹페이지(http://lofin.moi.go.kr)

▼ 그림 6-2 광역자치단체별 지역 이벤트·축제 순원가

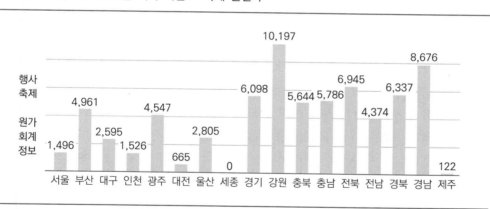

주: 순원가는 총원가(총 예산지출액)에서 사업수익을 뺀 값으로 지방자치단체의 순수한 비용부담액, 단위는 백만 원;
자료: 지방재정365 웹페이지(http://lofin.moi.go.kr)

<그림 6-3>을 살펴보면 사업수익 역시 강원도가 가장 높은 것으로 나타났으나, 총원가 대비 사업수익으로는 전체 광역지자체의 평균 수준에 그치고 있다. 이는 이벤

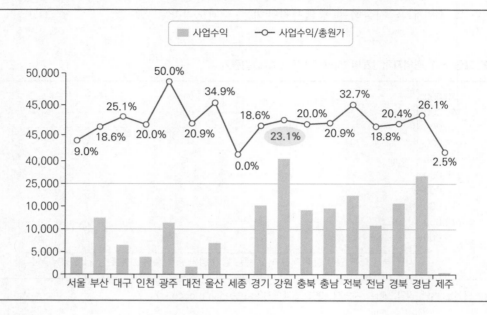

▼ 그림 6-3 광역자치단체별 지역 이벤트·축제의 사업수익 및 총원가 대비 사업수익

트·축제의 성과를 단순히 산출 규모(즉, 효과성)가 아니라, 투입한 재원에 대비한 산출 정도(즉, 효율성)로 측정하고 양자를 상호 비교해 볼 필요가 있음을 시사하고 있다.

하지만 이처럼 이벤트·축제 성과를 총원가(총비용), 사업수익, 순원가 등 3가지의 회계정보로만 측정할 경우에 지역 이벤트·축제의 성과가 제대로 측정될 수 있는지에 대한 심층적인 분석이나 검토는 아직 시도되지 못하고 있는 실정이다. 지역 이벤트·축제의 다차원적(multi-dimensional) 성과를 보다 종합적으로 평가하기 위해서는 단순히 총비용과 사업수익만 살펴볼 것이 아니라 그 밖의 다양한 회계정보들을 다양하게 활용할 필요가 있다6. 특별히 지역 이벤트나 지역축제는 지역 주민들의 삶의 질을 높이거나 지역경제를 활성화하기 위한 목적으로 개최하는 경우가 많으므로, 회계상 사업수익이라는 직접효과 뿐만 아니라 그 밖에 다양한 경로로 발생하는 간접적 효과 역시 그 성과로서 고려할 필요가 있다. 즉, 성과측정 지표가 실제로 측정해야 하는 성과요소들을 정확하고 적절하게 측정 및 평가의 대상으로 삼고 있는지에 대한 "타당성(validity)" 및 "적절성(relevance)" 여부의 검토가 필요하다. 이러한 맥락에서 이하에서는 본 연구의 문제의식을 다음과 같이 논점별로 상세히 설명해 보고자 한다.

먼저, 성과지표 체계의 **타당성** 측면이다. 지표의 타당성이란 지표체계가 측정해야 할 대상을 정확히 표적으로 삼고 있는지(targeting), 즉 측정해야 할 대상을 제대로 측정하고 있는지의 문제이다. 타당성이 결여된 지표는 지표가 측정해야 하는 정확한 대상을 겨냥하지 못하고 있어 지표로서 부적절하다. 따라서 지역 이벤트·축제의 성과(performance) 측정을 위한 산출(output) 변수 식별의 문제가 제기될 수 있다. 이는 산출 변수를 식별함에 있어서 운영(책임) 주체로서의 지방정부의 재무상태나 재정상황에 초점을 두느냐, 아니면 지역 이벤트·축제를 개최하는 지방자치단체 관할 지역에 실질적으로 발생한 경제적 효과(직·간접적 편익)에 초점을 두느냐의 문제이다. 앞에서 언급한 지역 이벤트·축제의 기존 성과지표에는 지방자치단체회계기준에 따라 중앙정부나 광역자치단체에서 교부받은 보조금이 서비스요금과 더불어 사업수익으로 계상되어 있다. 여기서 서비스요금의 경우 지역 이벤트나 축제 등 사업을 통해 직접 발생한 매출의 성격을 가지므로 축제로 인해 발생한 직접효과로 파악할 수 있다.

하지만 보조금의 경우는 이를 이벤트·축제 개최로 인한 진정한 성과로 볼 수 있는가에 대해 검토가 필요하다. 보조금은 중앙정부와 지방정부 간 혹은 각급 지방정부 간의 재원이전의 성격이므로, 이는 국가 전체 차원으로 보면 공공부문 내에서의 이전지출(transfer expenditure)의 성격을 갖는다[7]. 또한 투입(input) − 활동(activity) − 산출(output), 결과(outcome) 및 영향(impact)이라는 일련의 단계 속에서 특정 지방자치단체가 지원받는 보조금은 투입요소로 보는 것이 더 합리적이다. 즉, 보조금은 지역 이벤트·축제의 성과가 아니라 오히려 순수하게 외부에서 투입된 자원(capital injection)이다[8].

따라서 이와 같은 투입요소인 보조금이 실제 투입된 다음, 지역 이벤트·축제를 개최하는 과정에서 일어나는 제반 활동을 통해, 최종적으로 나타나는 산출, 결과 및 영향 등이 성과로 식별될 필요가 있다. 따라서 투입요소인 보조금을 이벤트·축제를 통해 그 지역에 발생한 수입증가나 부가가치 창출 등 경제적 효과와 동일하게 성과지표로 보는 것은 타당하지 않다고 볼 수 있다[9]. 오히려 서비스요금이나 수탁기관 자체수입[10]을 명시적으로 고려함으로써 지역 이벤트·축제로 인해 해당 지역에 직접적으로 발생한 경제적 효과(직접 편익)를 지역 이벤트·축제의 산출(output)이나 결과(outcome)로 파악할 때, 비로소 지역 전체의 경제적 후생 측면에서 지역 이벤트·축제의 실질적인 진정한 성과를 파악할 수 있을 것으로 보는 것이 타당하다[11]. 동시에 보조금은 지자체가 국가나 상위지자체로부터 받는 재정적 지원의 규모로서 해당 지자체가 국가(혹은 상위지자체)에 어느 정도 자원을 의존하고 있는지를 가늠하는 척도가 될 수 있다. 따라서 이벤트·축제 투입된 보조금 자체의 절대적 규모와 함께 이벤트·축제의 총원가 대비 보조금 비율과 같은 상대적 지표를 통해 특정 이벤트·축제의 자원 의존성(혹은 재정적 자율성) 정도를 측정해 볼 수 있을 것이다.

나아가 지역 이벤트·축제의 성과를 보다 넓게 정의하면, 직접효과 이외에 간접효과를 고려할 것인지의 문제, 즉 지역경제파급효과 등 영향(impact) 측면에서도 이벤트·축제의 성과를 측정할 것인지를 고려해 볼 필요가 있다. 여기서 이벤트·축제 개최의 직접효과로 들 수 있는 항목은 비용측면에서는 자치단체 순부담액, 즉 순원가(총비용－사업수익)가 있고 편익측면에서는 수탁기관 자체수입, 서비스요금 등이 있다[12]. 간접효과로 생각할 수 있는 것은 축제로 인해 그 지역에 발생하는 경제적 효과(생산, 고용, 소비 등의 측면)가 있다. 비록 완전하지는 않지만 지방재정365 홈페이지에서 각 축제별로 지역경제파급효과(impact)라는 항목으로 제시되어 있다[13]. 따라서 이벤트·축제의 성과를 파악함에 있어서 이러한 간접적·경제적 효과 부분도 대상으로 포함시킬 것을 적극적으로 검토할 필요가 있을 것이다. 이상과 같이 지표체계의 타당성 차원에서 제기한 지역 이벤트·축제 효율성 지표의 측정범주를 구분하면 <그림 6-4>와 같다.

▼ 그림 6-4 지역 이벤트·축제 효율성 지표의 측정범주

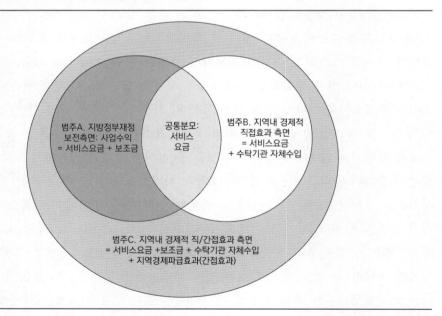

한편, 지역 이벤트·축제의 성과측정 지표체계의 **적절성** 차원에서는 투입－산출간 관계설정(input－output relation)이 다양한 측면에서 파악될 필요가 있다. 우선 효과성 측면만을 고려하여 성과를 단순히 순원가[14]로만 파악할 경우, 투입된 자원의 상대적 비중을 고려하여 반영하는 것이 불가능하며 비용 대비 효과라는 효율성 측면의 평가를 간과하게 될 수 있다. 다음으로 효율성 측면에서 성과를 측정하는 경우에도 각각 하나씩의 투입 및 산출요소를 사용하여 투입대비 산출의 비율로 계산하는 효율성 지표[15]도 있지만, 이와는 별도로 DEA에 의한 효율성 점수와 같이 둘 이상의 투입 및 산출지표를 동시에 고려한, 보다 포괄적인 효율성 지표도 존재한다[16]. 하나의 투입과 산출만을 고려할 경우의 효율성이 제시하는 정보가 고려 대상인 투입·산출요소에 국한된 제한적인 것이라면 둘 이상의 투입과 산출 요소를 동시에 고려하는 DEA 방식에 의한 효율성 지표는 여러 가지 투입과 산출요소를 동시에 고려하여 종합적으로 효율성의 정도를 측정한다는 점에서 보다 포괄적이고 종합적인 관점에서 성과를 평가할 수 있게 해준다는 장점이 있다. 이러한 DEA 측정방식에 의한 지표가 갖는 장점은 투입과 산출 간의 인과관계 추정에 있어서 J. S. Mill의 인과성 공준(公準)이 요구하는 제3의 변인의 통제라는 문제를 해소하는 데에 도움을 줄 수 있다. 하나의 투입요소와 산출요소 간의 관계에서 도출된 효율성 지표값에 의한 판단에 있어서는 다른 제3의 투입 혹은 산출요소가 효율성에 미칠 영향을 통제할 수 없다. 하지만 둘 이상의 투입·산출요소를 동시에 고려하여 효율성을 측정하는 DEA 방식은 효율성에 영향을 미치는 주요 투입·산출 변수들을 모두 종합적으로 포함하여 그 영향을 반영한 성과를 측정할 수 있게 해준다는 점에서 상대적으로 우월하다고 볼 수 있다. 이러한 견지에서 볼 때 다양한 투입 변수들과 산출 변수들을 동시에 고려한 DEA 기법과 같은 다차원적 성과측정 방식을 통하여 효율성 측면에서 성과를 파악할 필요가 있다.

이상과 같은 논의를 바탕으로 본 연구에서는 계량적 지표가 갖추어야 하는 주요 특성으로서 **타당성**을 확보하기 위한 방안 그리고 투입－산출 간 인과성 추론의 **적절성**을 제고하기 위한 방안을 탐색하고 있는 바, 이는 지방재정사업 관련 성과측정 지표의 연구방법론상 정밀성을 높이기 위한 노력의 일환이다. 이하에서는 축제의 성과를 측정하고 평가하기 위한 지표를 효과성지표, 단순효율성지표(투입대비 산출의 비율지표) 및 다중효율성지표(DEA 점수)로 각각 구분하여 각 지표 간의 상관관계를 분석함으로써, 이벤트·축제의 성과를 재정의 효율성 측면에서 파악해야 할 필요성을 제기하는 동시에 보다 다양한 차원에서 성과를 종합적으로 평가할 수 있는 지표체계를 탐색하고자 한다.

▌표 6-2 **지역 이벤트·축제의 성과측정 지표에 대한 본 연구의 논점 정리**

구 분	내 용
1. 지표의 타당성 측면	공공부문 내 이전지출인 보조금을 성과(output)에 포함시킬 것인가
	지역 내에 발생한 경제적 효과(간접효과)도 성과에 포함시킬 것인가
2. 투입-산출 관계의 적절성 측면	복수의 투입-산출을 동시 고려함으로써 제3의 변인을 최대한 통제할 필요는 없는가

3. 분석방법론

기존에 이벤트·축제의 성과를 측정하는 데 주로 사용되어 온 총원가, 총원가에서 사업수익을 뺀 순원가 등은 투입 대비 산출이라는 효율성 관점에서 도출된 성과지표가 아니다. 즉, 사업 규모나 투입된 자원의 양을 고려하지 않은 상태에서 개별 사업이 달성한 성과치를 단순히 표현한 것으로서 이는 투입 대비 산출의 비율로 표현되는 효율성(efficiency) 개념이 아니라, 산출(output)의 절대치를 통해 단순히 목표의 달성 정도를 표현하거나, 해당 사업이 미치는 중장기적 영향(impact)을 포함하는 효과성(effectiveness)의 개념이다. 통상적으로 계획 대비 성과를 보여주는 효과성 지표는 직접효과의 경우 매출액, 수입 등을 활용하여 각 이벤트·축제가 계획한 목표의 달성 정도로 측정되거나, 해당 이벤트·축제가 유발시킨 부가가치창출 효과나 생산유발 효과 및 취업유발효과 등 간접효과로 측정될 수 있으나, 투입된 자원 대비 산출의 비율로 표현되는 효율성은 포착할 수 없는 한계가 있다. 이에 본 연구에서는 비율분석(ratio analysis)을 실시하여 하나의 투입요소 대비 하나의 산출요소 간 비율로 측정되는 효율성을 나타내는 지표를 설정하고 이를 「단순 효율성 지표」로 명명하였다. 그리고 보조금을 포함한 경우와 그렇지 않은 경우의 두 가지로 나누어 분석을 수행하였다(단순효율성지표①과 ②의 구분)

나아가 본 연구에서는 투입과 산출요소가 둘 이상인 경우까지 명시적으로 고려한 효율성 지표를 제안하고 있다. 이를 위해서 DEA(Data Envelopment Analysis: 자료포락분석) 모형에 의해 계산한 효율성 점수를 「다중 효율성 지표」로 명명하고 이를 통해 투입과 산출요소가 둘 이상인 경우에 포괄적으로 효율성을 측정하기 위한 지표로서 제시하였다(김권식, 2016).

┃ 표 6-3 효과성 지표 및 단순효율성 지표의 종류 및 내용

구분			Output 변수의 내용
효과성	직접효과 (output)	효과성지표①	사업수익(=서비스요금 + 보조금)
		효과성지표②	서비스요금 + 수탁기관 자체수입
	간접효과 (impact)	지역경제파급효과	해당 이벤트·축제가 유발시킨 부가가치창출 효과나 생산유발 효과 및 취업유발효과 등 지역에 미치는 영향으로서 경제적 파급효과
단순효율성지표①			사업수익(=서비스요금 + 보조금)/총원가(비용)
단순효율성지표②			(서비스요금 + 수탁기관 자체수입)/총원가(비용)

　이때 사용된 DEA 모형은 체제모형을 토대로 다수의 투입요소와 산출요소를 사용하여 동일하거나 매우 유사한 기능을 수행하는 의사결정단위들(decision-making units: DMUs)의 관리운영상 상대적 효율성을 측정하는데 적합한 방법론으로서, 시장가격이 존재하지 않는 비시장적 재화를 투입 또는 산출물로 사용할 수 있다는 등의 장점이 있어, 공공부문 및 비영리조직의 상대적 효율성 측정에 유용하다(유금록, 2008: 80; 이영범, 2009: 225). DEA 모형은 효율성 측정에 있어서 특정 확률분포를 가정하고 있지 않은 비모수적인 기법으로서, 다수의 산출물을 단일 척도로 전환하는 선형계획법 모형이다. 모든 DMUs의 산출 대비 투입 비율인 효율성 점수는 0에서 1사이의 값을 가지며, 여기서 특정 DMU의 상대적 효율성 값은 효율성 값이 1인 준거집단과의 비교를 통해 측정된다. DEA 모형은 규모수익불변(constant returns to scale: CRS)을 가정한 CCR 모형(Charnes, Cooper, Rhodes, 1978)과 가변적 규모수익(variable returns to scale: VRS)을 가정하여 규모수익의 효과를 통제하고 기술적 효율성을 산출하는 BCC 모형(Banker, Charnes & Cooper, 1984) 등이 존재하며, 이 중 본 연구는 STATA 12.0 프로그램을 이용하여 CCR 모형으로 효율성 점수를 계산하였다[17]. 특별히 본 연구의 DEA 모형은 이벤트·축제에 투입된 자원의 총량으로서의 총원가(총비용), 지자체가 투입한 재원으로서 이벤트·축제경비액수 및 비율을 투입요소로 설정하였고, 서비스 요금, 수탁기관 자체수입, 지역경제파급효과 등을 산출요소로 파악하였다[18].

투입 변수	산출 변수의 범주		산출 변수의 내용
(1) 총원가(비용) (2) 이벤트·축제경비액수 (3) 이벤트·축제경비비율*	보조금 포함	다중효율성지표 ①-1	사업수익(=서비스요금 + 보조금)
		다중효율성지표 ①-2	사업수익(=서비스요금 + 보조금) & 지역경제파급효과(간접효과)
	보조금 제외, 수탁기관 자체수입 포함	다중효율성지표 ②-1	서비스요금 + 수탁기관 자체수입
		다중효율성지표 ②-2	서비스요금 + 수탁기관 자체수입 & 지역경제파급효과(간접효과)

*지방자치단체의 이벤트·축제경비비율은 지자체별 세출결산액 중 이벤트·축제경비가 차지하는 비율.

이상과 같이 본 연구에서 제안한 이벤트·축제의 성과측정 지표를 활용한 분석은 지방재정365(지방재정통합공개시스템)에 공개된 「행사·축제 원가회계정보」[19]에서 수집한, 2012~2016년 강원도 내에서 개최된 스포츠이벤트 총 32개의 관련 자료를 대상으로 수행되었다.

4. 분석결과

1) 2012~2016년 강원도 스포츠이벤트의 개최 현황 분석

2012~2016년 강원도 기초지자체별 스포츠이벤트 개최 현황(<표 6-5> 참조)을 살펴보면, 강원본청 및 8개 시군이 스포츠이벤트를 1회 이상 개최하였으며[20], 개최횟수가 많은 지자체로는 강원본청(총 8회), 춘천시(총 7회), 삼척시(총 6회) 등 순이었다. 이벤트·축제 1개당 평균 투입된 경비액수는 강원본청, 철원군, 화천군, 강릉시 등 순이었으며, 평균 이벤트·축제경비 비율의 경우는 화천군, 철원군, 태백시, 정선군 등 순인 것으로 나타났다. 이벤트·축제 1개당 평균 총원가[21]는 강원본청, 철원군, 속초시 등의 순이었고, 사업수익[22](평균값)의 경우 강원본청이 가장 높고 춘천시가 그 뒤를 이었으나, 철원군을 제외한 나머지 시군들은 전혀 수익이 발생하지 않았던 것으로 나타났다. 순원가[23]는 강원본청, 철원군, 속초시 등 순이었고, 이벤트·축제 1개당 평균 보조금[24]의

경우에는 강원본청과 그 다음 춘천시를 제외하고 다른 시군들은 전혀 보조금이 없었던 것으로 나타났다.

▌표 6-5 2012~2016년 강원도 기초지자체별 스포츠이벤트 개최 현황

번호	자치단체	개최횟수 (2012-2016)	이벤트·축제경비 액수	이벤트·축제경비 비율	총원가	사업수익	순원가	보조금
1	강원본청	8	8,032	0.19	3,297	933	2,364	933
2	춘천시	7	1,867	0.27	1,365	456	909	456
3	강릉시	1	3,781	0.58	302	0	302	0
4	태백시	5	3,166	1.32	343	0	343	0
5	속초시	1	1,301	0.55	1,406	0	1,406	0
6	삼척시	6	2,142	0.51	492	0	492	0
7	정선군	1	1,989	0.73	820	0	820	0
8	철원군	1	5,059	2.13	2,143	50	2,093	0
9	화천군	2	4,862	2.32	300	0	300	0

주: 단위는 백만 원, %; 2012~2016년 기간 평균값; 자료: 지방재정365 웹사이트

2012~2016년 강원도 지역에서 개최된 32개 스포츠이벤트별 현황(최초 개최년, 개최시기, 개최일수, 개최년도, 주요내용 등)은 <표 6-6>에 세부적으로 제시되어 있다. 여기서 스포츠이벤트의 참가 대상의 범위가 국제적인 글로벌스포츠이벤트는 4개, 즉, 드림프로그램(총 4회 개최), 춘천 국제(월드) 레저대회(총 3회), 춘천코리아오픈국제태권도대회(총 2회), 삼척 황영조 국제마라톤대회(총 5회)이며, 이에 비해 국내 참가자만을 대상으로 하는 국내스포츠이벤트는 13개(총 18회 개최)인 것으로 나타났다.

표 6-6 **2012~2016년 강원도 지역 스포츠이벤트별 개최 현황**

글로벌 /국내 스포츠 이벤트	소관 자치 단체	스포츠이벤트명	최초 개최년	개최 시기	개최 일수	개최 년도	주요내용
글로벌	강원 본청	드림프로그램	2004	겨울	12	2013	39개국 163명 대상 동계스포츠 아카데미(5종목 훈련), 한국문화 배우기 등 견학 및 체험
						2014	39개국 159명 대상 동계스포츠 아카데미(5종목 훈련), 한국문화 배우기 등 견학 및 체험
						2015	42개국 169명 대상 동계스포츠 아카데미(5종목 훈련), 한국문화 배우기 등 견학 및 체험
						2016	44개국 175명 대상 동계스포츠 아카데미(5종목 훈련), 한국문화 배우기 등 견학 및 체험
	강원 춘천시	춘천 국제(월드) 레저대회	2010	여름	4	2012	레저경기 16종목, 시민참여행사 23개 종목
						2014	• 레저경기대회: 17개 종목(국제 3, 국내 14종목) 16,400명 참가 • 시민참여행사: 17개 종목 45,000명 참여 레저스포츠 체험 • 개막축하행사: 15,000명(K-POP 콘서트-아리랑TV녹화, 방송)
						2016	• 레저경기대회: 14개 종목(국제5, 국내9): 5,000명 참가 • 시민참여행사: 26개 종목/67,000명 레저스포츠 등 체험
		춘천코리아오픈 국제태권도대회	2000	여름	5	2013	공식행사(개·폐막식,환영리셉션), 경기(겨루기, 경연, 띠별겨루기), 부대행사(문화행사, 여흥프로그램, 전시판매)

글로벌/국내 스포츠 이벤트	소관 자치 단체	스포츠이벤트명	최초 개최년	개최 시기	개최 일수	개최 년도	주요내용
						2015	공식행사(개·폐막식, 환영리셉션), 경기(겨루기, 경연, 띠별겨루기), 부대행사(문화행사, 여흥프로그램, 전시판매)
	강원 삼척시	삼척 황영조 국제마라톤대회	2009	봄	1	2012	마라톤대회 4종
						2013	마라톤대회 5km, 하프, 풀코스
						2014	마라톤대회 5km, 하프, 풀코스
						2015	마라톤대회 5km, 하프, 풀코스
						2016	풀코스, 하프, 10km, 5km
국내	강원 본청	장애인 체육대회 지원	1981	가을	4	2015	27개 종목(정식 26, 전시1)
		제96회 전국체육대회	1920	가을	6	2015	47개 종목(정식 44, 시범 3)
		전국장애 학생체전	2007	봄	3	2016	15개 종목(정식 15)
		전국소년체전	1972	봄	3	2016	36개 종목
	강원 춘천시	강원도민 체육대회	1966	여름	4	2014	○제49회 강원도민체육대회 개최 −대회기간: 2014.6.10~2014.6.14(5일간) −대회장소: 춘천시 외 2(춘천시, 양양군, 횡성군)
		2015강원도소년체육대회사업	2015	봄	3	2015	도소년체육대회 1식
	강원 강릉시	2015년 전국체전	2015	가을	6	2015	제96회 전국체전(47개 종목) 및 제35회 장애인체전(27개 종목) 지원
	강원 삼척시	각종체육대회 개최 및 출전	2016	겨울	365	2016	도대회 및 각종 생활체육 운영

글로벌/국내 스포츠 이벤트	소관 자치 단체	스포츠이벤트명	최초 개최년	개최 시기	개최 일수	개최 년도	주요내용
	강원 속초시	2014 전국생활체육대축전	2014	여름	2	2014	17개 시도 60천 명 55개 종목 행사지원
	강원 정선군	강원도민 생활체육대회	2012	가을	2	2012	21개 종목 체육경기운영
	강원 철원군	강원도민 체육대회	2012	가을	2	2012	38개 종목 18개 시군별 대항전
	강원 태백시	전국추계대학 축구연맹전	2008	여름	15	2012	전국 추계 대학축구개최: 2008년/2011년
						2013	전국 추계 대학축구개최: 2008년/2011년/2012년/2013년
						2014	전국 추계 대학축구개최: 2008년/2011년/2012년/2013년
						2015	전국 추계 대학축구개최: 2008년/2011년/2012년/2013년/2014년/2015년
						2016	전국 추계 대학축구개최: 2008년/2011년/2012년/2013년/2014년/2015년
	강원 화천군	물의나라 화천 추계한국여자 축구연맹전	2004	가을	10	2014	초·중·고·대학부 여자축구대회
						2015	초·중·고·대학부 여자축구대회

자료: 지방재정365 웹사이트

2) 2012~2016년 강원도 스포츠이벤트의 성과 측정 결과

표 6-7 2012~2016년 강원도 지역 스포츠이벤트별 성과 비교

소관 자치단체	개최 년도	스포츠이벤트명	글로벌/국내 스포츠이벤트	총원가	사업수익	순원가	보조금	총원가 대비 보조금 비율	효과성 지표① 보조금 포함 (직접효과)	효과성 지표② 보조금 제외 (직접효과)	지역경제 파급효과 간접효과	단순 효율성 지표① 보조금 포함	단순 효율성 지표② 보조금 제외	다중효율성 성지표①-1 보조금 포함 (직접효과)	다중효율성 성지표②-1 보조금 제외 (직접효과)	다중효율성 성지표①-2 보조금 포함 & 간접효과 (직접효과)	다중효율성 성지표②-2 보조금 제외
강원도청	2013	드림프로그램		996	600	396	600	0.398	600	186	N/A	0.60241	0.18675	1	1	N/A	N/A
	2014	드림프로그램	글로벌	1,095	680	415	680	0.379	680	0	N/A	0.62100	0	1	1	N/A	N/A
	2015	드림프로그램		1,120	694	426	694	0.380	694	143	N/A	0.61964	0.12768	1	0.68370	N/A	N/A
	2016	드림프로그램		1,200	700	500	700	0.417	700	0	N/A	0.58333	0	0.96149	0	N/A	N/A
	2015	장애인체육대회 지원	국내	2,747	1,291	1,456	1,291	0.530	1,291	0	N/A	0.46997	0	0.77713	0	N/A	N/A
	2015	제96회 전국체육대회	국내	16,612	3,500	13,112	3,500	0.789	3,500	0	N/A	0.21069	0	1	0	N/A	N/A
	2016	전국장애학생체전	국내	886	0	886	0	1	0	0	N/A	0	0	0	0	N/A	N/A
	2016	전국소년체전	국내	1,717	0	1,717	0	1	0	0	N/A	0	0	0	0	N/A	N/A
강원춘천시	2012	2012 춘천월드레저대회	글로벌	2,700	900	1,800	900	0.667	900	0	N/A	0.33333	0	0.79685	0	N/A	N/A
	2014	2014 춘천 국제레저대회	글로벌	2,700	900	1,800	900	0.667	900	0	10,700	0.33333	0	1	0	1	0.14035
	2016	춘천 국제레저대회		1,754	882	872	882	0.497	882	0	4,562	0.50285	0	1	0	1	0.04114
	2013	춘천오픈국제태권도대회	글로벌	677	360	317	360	0.468	360	0	N/A	0.53176	0	0.94172	0	N/A	N/A
	2015	2015년 춘천코리아오픈국제태권도대회	글로벌	400	150	250	150	0.625	150	0	2,600	0.37500	0	0.61818	0	0.77939	0.04795
강원강릉시	2014	강원도민체육대회	국내	879	0	879	0	0	0	0	N/A	0	0	0	0	N/A	N/A
	2015	2015강원도소년체육대회	국내	448	0	448	0	0	0	0	35	0	0	0	0	0.00058	0.00058
	2015	2015년 전국체전	국내	302	0	302	0	1	0	0	N/A	0	0	0	0	N/A	N/A
강원삼척시	2012	삼척 황영조 국제마라톤대회		400	400	400	0	1	0	63	N/A	0.15750	0	0.84339	0	N/A	N/A
	2013	삼척 황영조 국제마라톤대회	글로벌	348	348	348	0	1	0	348	0	0	0	0	0	0.00486	0.00738
	2014	삼척 황영조 국제마라톤대회		400	400	400	0	1	0	28	0	0	0	0	0	0.00027	0.00052
	2015	삼척 황영조 국제마라톤대회		350	350	350	0	1	0	350	0	0	0	0	0	0.01340	0.00737
	2016	삼척 황영조 국제마라톤대회		350	350	350	0	1	0	350	0	0	0	0	0	0.00577	0.00737
	2016	각종체육대회 개최 및 출전	국내	1,103	0	1,103	0	1	0	0	1,103	0	0	0	0	0.00758	0.00758

소관 자치단체	개최년도	스포츠이벤트명	글로벌/국내 스포츠이벤트	총원가	사업수익	순원가	보조금	총원가 대비 보조금 비율	효과성 지표① 보조금 포함 (직접효과)	효과성 지표② 보조금 제외 (직접효과)	지역경제 파급효과 간접효과	단순효율성 지표① 보조금 포함	단순효율성 지표② 보조금 제외	다중효율성 지표①-성지표①-1 보조금 포함 (직접효과)	다중효율성 지표②-성지표②-1 보조금 제외 (직접효과)	다중효율성 지표①-2 보조금 포함 (직접효과 & 간접효과)	다중효율성 지표②-성지표②-2 보조금 제외 (직접효과 & 간접효과)
강원속초시	2014	2014 전국생활체육대축전	국내	1,406	0	1,406	0	1	0	0	190,600	0	0	0	0	1	1
강원정선군	2012	강원도민생활체육대회	국내	820	0	820	0	1	0	0	N/A	0	0	0	0	N/A	N/A
강원철원군	2012	강원도민체육대회	국내	2,143	50	2,093	0	1	50	0	N/A	0.02333	0	0.04018	0	N/A	N/A
강원태백시	2012	전국주계대회축구연맹전		310	0	310	0	1	0	0	1,935	0	0	0	0	0.04604	0.04604
	2013	전국주계대회축구연맹전	국내	329	0	329	0	1	0	0	1,935	0	0	0	0	0.04339	0.04339
	2014	전국주계대회축구연맹전		350	0	350	0	1	0	0	1,935	0	0	0	0	0.04078	0.04078
	2015	전국주계대회축구연맹전		362	0	362	0	1	0	0	15,636	0	0	0	0	0.31863	0.31863
	2016	전국주계대회축구연맹전		362	0	362	0	1	0	0	2,386	0	0	0	0	0.04863	0.04863
강원화천군	2014	물이나라 화천 추계한국여자축구연맹전	국내	300	0	300	0	1	0	0	426	0	0	0	0	0.01047	0.01047
	2015	물이나라 화천 추계한국여자축구연맹전		300	0	300	0	1	0	0	450	0	0	0	0	0.01107	0.01107
평균				1,433	335	1,099	333	0.84	335	335	13,846	0.16271	0.01475	0.31674	0.07897	0.25476	0.10466
N				32	32	32	32	32	32	12	17	32	32	32	32	17	17

주: 지방재정365 홈페이지 자료로 저자 작성; N/A는 자료 없음을 의미함.

<표 6-7>에는 2012~2016년 강원도 지역의 스포츠이벤트별 성과가 제시되어 있다. 이를 통해 다양한 지표들을 기준으로 측정되는 성과 차이를 비교해 볼 수 있다. 특별히 글로벌스포츠이벤트와 국내스포츠이벤트의 성과 간에 통계적으로 유의미한 평균 차이가 존재하는지를 살펴보기 위해 독립표본 T-검정을 수행한 결과가 <표 6-8>에 제시되어 있다. 여기서 효과성(효과성지표①, 효과성지표②) 및 효율성(단순효율성지표①, 단순효율성지표②, 다중효율성지표①-1, 다중효율성지표②-1) 지표는 글로벌스포츠이벤트가 국내스포츠이벤트보다 평균값이 더 컸으며, T-검정 결과에 의하면 효과성지표 ①만을 제외하고 모든 지표들에서 평균값의 차이는 통계적으로 유의미한 것으로 나타났다.

▌표 6-8 글로벌 및 국내 스포츠이벤트 성과 간 평균차이(독립표본 T-검정)

변수			N	평균	표준편차	t값/유의확률 (Levene의 등분산 검정결과)
효과성	효과성지표①	글로벌	14	419	380.91	$-0.61/.55$ (등분산 가정됨)
		국내	18	268.94	861.50	
	효과성지표②	글로벌	14	28	60.79	$-1.96/.06^*$ (등분산 가정됨)
		국내	18	0	0	
효율성	단순효율성지표①	글로벌	14	0.32	.266	$-4.03/.000^{***}$ (등분산 가정됨)
		국내	18	0.04	.118	
	단순효율성지표②	글로벌	14	0.03	.068	$\sim 2.11/.04^{**}$ (등분산 가정됨)
		국내	18	0	0	
	다중효율성지표①-1	글로벌	14	0.59	.471	$-3.65/.001^{***}$ (등분산 가정됨)
		국내	18	0.10	.289	
	다중효율성지표②-1	글로벌	14	0.18	.364	$\sim 2.11/.04^{**}$ (등분산 가정됨)
		국내	18	0	0	

주: * $p<.05$; ** $p<.01$; *** $p<.001$; 성과지표 중 지역경제파급효과(간접효과), 간접효과를 포함하는 다중효율성지표 ①-2 및 다중효율성지표②-2의 경우 샘플 수(17개)가 작아 t-검정에서 제외됨.

4. 결론 및 향후 연구과제

본 연구는 지역 이벤트·축제의 성과측정을 위한 다양한 지표들의 필요성 및 활용 가능성을 논의하였다. 즉 효과성, 단순효율성, 다중효율성의 구분, 그리고 보조금 포함 여부 및 지역경제에 미치는 간접효과 포함 여부 등을 종합적으로 고려한 다양한 평가 지표들을 활용하였다. 결론적으로 본 연구는 다음과 같은 세 가지 필요성을 제기하였다. 첫째로 기존 지역 이벤트·축제 성과지표의 타당성을 검토할 필요성이 있다. 이는 지역 이벤트·축제의 성과 측정을 위한 변수를 무엇으로 볼 것인가의 문제이다. 보조금은 국가 전체 차원에서 보면 공공부문 내에서의 이전지출이며, 지자체가 지원받는 보조금은 발생주의 재무회계상으로는 비교환수익으로 계상되고 있지만, 투입—산출 간의 성과 측정의 관점에서 보면 투입요소로 볼 수 있다. 투입요소인 보조금은 이벤트·축제로 인한 경제적 효과 등의 성과 지표들과는 구분하여 인식할 필요가 있다[25].

둘째, 지역 이벤트·축제의 지역경제파급효과 등 영향 측면에서 간접적·경제적 효과도 성과측정 대상으로 포함시킬 것을 검토할 필요성이 있다. 여기서 이벤트·축제 개최의 직접효과로 들 수 있는 항목은 비용 측면에서는 자치단체 순부담액, 즉 순원가(총비용—사업수익)가 있고, 편익측면에서는 수탁기관 자체수입, 서비스요금 등이 있는데 비하여, 간접효과로는 축제로 인해 그 지역에 발생하는 경제적 효과로서 생산, 고용, 소비 등의 측면을 고려할 수 있다.

셋째, 지역 이벤트·축제의 투입—산출 간 관계를 고려하여 기존 효과성 지표 외에도 다양한 측면에서 성과를 측정할 필요성이 있다. 특히 투입 대비 산출의 비율로 계산하는 단순효율성 지표와는 별도로 다양한 투입 변수들과 산출 변수들을 동시에 고려한 DEA 기법을 활용한 다중효율성 지표를 새롭게 고려할 필요가 있다. 특별히 본 연구는 비교환수익인 보조금을 고려한 기존의 재무회계 지표만으로 성과를 파악할 것이 아니라, 보다 타당성 있는 성과지표를 통해 성과평가를 해야 할 필요성을 제기하였다.

이와 같은 본 연구의 이론적 함의와 실증적·정책적 시사점은 다음과 같다. 우선, 이론적 차원에서 기존 지역 이벤트·축제 성과측정 지표의 타당성 및 투입—산출 관계의 적절성 제고를 위한 탐색을 시도하였다[26]. 특별히 본 연구에서는 재무회계상 수익으로 인식되는 보조금이 성과평가 지표가 아닌 투입의 성격을 가지고 있다는 점을 지적함으로써, 투입—산출의 논리적 관계로부터 구성되는 성과지표 체제의 이론적 정합성을 제고하기 위한 시도를 하였다.

나아가 본 연구는 강원도 지역 스포츠이벤트 관련 자료를 활용한 실증적 분석 결과를 통하여, 지역 이벤트·축제의 성과측정을 위한 다양한 지표들의 정책적 활용가능성을 제기하고 있다. 효과성, 단순효율성, 다중효율성의 구분, 그리고 보조금 포함여부 및 지역경제에 미치는 간접효과 포함 여부 등을 종합적으로 고려한 다양한 평가지표들을 활용하여 분석함으로써, 지역 이벤트·축제의 진정한 성과를 제대로 평가하여 정책적으로 활용하기 위한 기초작업으로서 성과지표 체계의 적실성을 확보하기 위한 시도를 하고 있다. 효과성 지표에 의한 단순한 목표달성도 그 자체로서 의미가 있다. 하지만 투입된 자원 대비 산출의 측면에서 효율성을 반영하고 있지는 못하다. 효과성과 더불어 효율성을 함께 고려해야 그 기관의 진정한 성과가 파악 가능할 수 있다. 또한 효율성을 측정할 경우에는 하나의 투입요소만을 고려한 단순효율성 평가보다는 복수의 투입요소를 동시에 고려한 효율성 평가를 통해 생산과정 전반에 대한 효율성을 평가하는 것이 보다 타당성을 갖는 것으로 볼 수 있다. 따라서 DEA 점수와 같은 다중효율성 지표를 효율성 측면의 성과 평가에 참조할 필요가 있다. 또한 이벤트·축제가 산출한 직접효과 외에도, 지역경제파급효과와 같은 간접효과(영향) 역시 성과지표의 한 요소로 활용할 수 있을 것이다.

한편, 본 연구결과는 보조금 대비 성과를 측정하는 지표의 정책적 활용가능성을 시사하고 있다. 기존 이벤트·축제의 사업수익 항목에 상위 지자체로부터 받는 보조금이 계상되어 있다. 하지만 보조금은 단순히 상위 지자체로부터 이전되는 수입으로서, 이벤트·축제로 인해 창출되는 부가가치(added value)라고 보기에는 어려운 측면이 있다. 오히려 보조금에 의존도가 높을수록 지방재정의 지속가능성 및 건전성 관점에서는 부정적이라고 볼 여지도 있다. 따라서 이벤트·축제의 재정자립도 등과 같은 지표를 통해 해당 지자체가 보조금 의존성을 줄이고 자체적으로 지역 이벤트·축제를 개최해나갈 수 있는 역량을 갖추는 방향으로 나가는 것이 바람직할 것이다. 나아가 보조금을 얼마나 받는지 보다는 보조금 한 단위가 창출하는 성과를 측정하는 것을 고려해 볼 필요가 있다[27].

물론, 이벤트·축제를 개최하는 목적이 반드시 효율성 제고의 차원에서만 정당화되는 것은 아니라는 점도 간과해서는 안 될 것이다. 비록 상당한 규모로 비용이 소모된다 할지라도 이벤트·축제 참가자들의 만족도가 매우 높거나, 개최 지역에 화폐로 측정되기 어려운 무형의(intangible) 긍정적 영향을 미치는 경우에는 이벤트·축제 개최의 정당성이 확보될 수도 있을 것이다. 그럼에도 불구하고 이벤트·축제의 지속가능성 관점에서 보면 본 연구에서 주목하는 재무적 성과는 가장 기본적인 중요성을 띠는 고려사항이라 할 수 있다[28]. 따라서 효과성, 효율성 등의 성과지표들을 상호 보완적으로 활용하여 지역 이벤트·축제의 본래 취지가 극대화될 수 있도록 노력을 경주해나갈 필요가 있다.

본 연구에서 제안한 바와 같이 다차원적인 성과를 측정한 이후에 필요한 후속 연구과제는 성과에 영향을 미치는 요인들[29]을 식별해내고 이러한 요인들의 긍정적·부정적 영향력을 탐색하는 것이다. 이러한 후속 연구를 통하여 지방자치단체의 이벤트·축제 성과를 제고하고 지역사회의 발전에 보다 실질적으로 기여하는 정책적 시사점을 도출할 수 있을 것으로 기대된다.

📖 읽을거리 | 2018 평창 동계올림픽 사후유산 활용방안

진행자: 축제는 막을 내렸고 박수도 받을 만큼 받았습니다만, 우리에게 큰 숙제가 남겨져 있습니다. 올림픽 시설물의 사후활용입니다. 활용안이 제시된 몇 개 시설도 예산문제에서 자유롭지 못하고, 그 외 시설은 애물단지로 전락할 처지에 놓여있는데요. 더 이상 미룰 수만은 없습니다. 지역을 위한 결정이 무엇일지, 강원대학교 이광훈 교수로부터 들어보겠습니다. 이 교수님 안녕하십니까(인사)?

응답자: 네, 안녕하십니까.

Q1. 평창올림픽 기대효과와 비교해 봤을 때, 올림픽 효과 제대로 누리고 있는 걸까요? 어떻게 생각하십니까?

☞ 물론 다양한 올림픽 효과에 대해서 좀더 엄밀하고 과학적인 방법으로 종합적인 평가가 이루어져야 되겠지만, 1주년이 되는 시점에서 보면, 기대한 만큼의 효과를 누리지는 못하고 있다고 생각합니다.

올림픽 효과는 유형적 효과와 무형적 효과로 나눠볼 수 있는데요, 대표적인 유형적 효과인 경제적 효과를 보면, 올림픽 기간과 그 직후에는 반짝 특수가 있었습니다. 그러나 지금은 개최지역에 미치는 경제적 파급효과가 그다지 크지 않은 상황으로 보입니다. 특히 많은 국민들이 우려하시는 것처럼 사후시설 적자 문제가 시급한 현안입니다. 또한 올림픽의 무형적 효과인 평창올림픽이라는 브랜드 가치가 제대로 활용되지 못하고 있는 것도 문제입니다.

그리고 사회적 효과로서 지역주민의 체육활동 참여 제고나 동계스포츠 발전 측면에서 보아도, 그다지 긍정적인 효과가 있다고 보기는 어렵습니다. 아시다시피 세계수준의 슬라이딩 종목 국가대표 선수들이 오히려 올림픽이 끝나고 슬라이딩센터에서 연습조차 할 수 없는 안타까운 상황입니다.

Q2. 동계올림픽 개최 전부터 우려했던 경기장 사후관리 문제가 개막 1년을 맞는 이 시점까지 답보상태입니다. 어디서부터 잘못된 걸까요?

☞ 우선, 이 문제의 근본적인 원인은 올림픽 개최 자체가 갖는 구조적인 문제라고 볼 수 있습니다. 원래 국가 예산이 투입되는 재정사업의 경우에는, 사전에 비용과 편익을 따져보는 경제적 타당성조사를 거쳐야 됩니다. 하지만 일반적으로 올림픽유치 과정에서 개최의 편익은 과대하게 추정되는 반면에 비용은 과소하게 추정되는 경향이 있습니다. 대회 이전에는 수십 조의 경제적 효과가 있다는 장밋빛 예측도 있었습니다. 하지만 현재 부정적 효과나 비용은 지속적으로 발생하고 있지만, 긍정적인 편익은 제대로 창출되지 못하고 있습니다.

사후관리 운영의 주체가 누구인지에 대한 책임성의 문제가 지적될 수 있는데요, 평창올림픽조직위원회는 대회 개최 이후에 해산되는 임시조직이기 때문에, 결국 개최 지자체인 평창, 강릉, 정선과 강원도가 책임을 지게 됩니다. 하지만 국가적인 행사였던 만큼 일정부분은, 체육업무 소관 부서인 문체부나 중앙정부 차원에서도 책임이 있다고 볼 수 있습니다. 이처럼 관료제 조직에서 여러 주체들이 공동책임을 지는 상황에서는, 일반적으로 어느 기관도 책임부담을 다 떠안으려고 하지는 않게 됩니다.

그리고 사전에 올림픽 유산을 체계적으로 관리하고, 시설을 운영할 계획이 미비했던 것도 문제입니다. 올림픽 유산은 저절로 얻어지는 것이 아니라, 체계적인 전략수립과 관리가 이루어져야 하는데, 그러지 못하고 있는 것이 아쉽습니다.

Q3. 자칫 '흰 코끼리'로 전락할지 모를 올림픽 시설물들, 이런저런 아이디어만 난무한 상황인데요. 지금까지 나와 있는 활용안들, 현실성이 있다고 보십니까?

☞ 현재까지 언론에 공개된 바로는 올림픽플라자 등 시설과 12개 경기장에 대한 관리주체와 사후 활용방안이 결정됐는데요, 급하게 이루어지다보니 여러 가지 한계들이 보입니다.

우선, 올림픽 유산 관리의 측면에서 보면, 중장기적인 비전이나 목표 같은 청사진이 부재하고요, 체계적인 전략이나 구체적인 세부실행계획이 미비합니다. 또 개별 시설들마다 제각각 관리주체가 상이해서, 만일 서로 부담을 떠넘길 경우 책임성의 문제가 제기될 수도 있고, 비효율적으로 운영될 우려가 있습니다. 따라서 보다 종합적인 관점에서 체계적이고 효율적인 운영계획이 필요하고요.

　　나아가 현재와 같이 시설관리에만 한정된 대응으로는 만성적인 적자문제를 근본적으로 해결할 수 없습니다. 시설유지관리 비용을 어떻게 최소화할 것인가 뿐만이 아니라, 장기적으로 올림픽 유산을 활용해서 어떻게 편익을 창출할 것인지에 대한, 창의적인 방안이 마련될 필요가 있습니다.

Q4. 어떤 형태든 간에 시설을 유지하는 데에는 비용이 발생합니다. 정부 예산에 의존하는 건 한계가 있을 테고, 장기적으로 봤을 때 운영비 충당 어떤 방식으로 가능하겠습니까?

☞ 먼저, 시설운영 적자분에 정부 예산이 투입된다면, 납세자인 국민의 세금이 들어가는 부분에 대해서 그럴만한 가치가 있는지 합당한 근거, 즉 지출가치성을 설명할 수 있어야 합니다. 우리가 공공의 문화재나 기념관 등이 적자가 난다고 해도 예산을 지원하는 이유는 그럴 만한 사회적 가치나 공익성이 있기 때문입니다.

　　동계올림픽의 중요한 유산은 시설 자체가 아니라 사람이라는 관점을 휴먼레거시(Human Legacy)라고 합니다. 이러한 휴먼레거시의 관점으로 본다면, 시설 지원의 이유로서 단지 경제성만이 아니라, 사회적 편익도 고려돼야 합니다. 예를 들면, 동계스포츠선수 육성·지원이나 생활체육 활성화 차원에서 지속적으로 예산이 투입될 가치가 있다는 국민적인 합의가 있을 때, 시설에 대한 예산지원의 정당성을 확보할 수 있습니다.

　　이와 같은 휴먼레거시의 관점에서 보면, 시설에 대한 예산지원은 단순히 소모적인 '비용'의 지출만이 아니라, 인적자원에 대한 선제적인 '투자'로도 볼 수 있습니다. 이 경우 예컨대 학교체육과 연계해서, 교육부에서 주관하는 동계체육 체험교육 사업을 개발·운영하는 방안이 가능합니다.

　　또 다른 방안으로는 평창올림픽을 준비하면서 강원도가 추진해온 사업으로 '드림프로그램'이 있는데요, 이것은 개발도상국 청소년들을 대상으로 하는 공적개발원조, 즉 ODA 사업입니다. 이 사업을 확대해서 평창의 휴먼레거시로서 개도국 동계체육인재 교육훈련사업을 동계스포츠 ODA 차원으로 추진해 볼 수 있습니다. 이 경우 소요재원을 국내 ODA 예산은 물론 IOC로부터 올림픽 연대 기금(Olympic Solidarity funds)을 지원받는 것도 생각해 볼 수 있습니다.

　　장기적으로는 시설의 자체적인 운영예산 확보를 위해서, 수익을 창출하려는 노력이 동반될 필요가 있습니다. 이를 위해 지속가능한 수입원을 다각화해야 되는데, 예를 들면, 국내외 기업의 후원이나 수익사업 참여는 물론이고 국제스포츠기구들과의 협업을 통해 시설활용을 극대화할 필요가 있습니다.

Q5. 앞서 올림픽을 치른 국가들에 답이 있지 않을까 싶은데요. 역대 동계 올림픽 개최국들은 시설물을 비롯한 유산을 어떻게 유지·관리하고 있습니까?

☞ 해외 사례를 보면, 동계올림픽 이후 적자의 늪에 빠진 나라들도 많은 반면, 개최이후 세계적인 휴양관광도시로 발돋움한 사례도 있습니다. 대표적으로 1994년 개최지인 노르웨이의 릴레함메르는 친환경 올림픽도시 이미지로 부각되었고, 2006년 개최지 이탈리아 토리노는 관광도시로 거듭났습니다. 이들 도시는 올림픽 유산과 개최도시의 장점을 결합한 지역발전 전략을 효과적으로 추진했다는 공통점이 있고요.

시설물 사후관리 측면에서 우리가 참고할 만한 사례로서, 미국의 2002년 솔트레이크시티의 경우, 사후시설 활용을 위해 다양한 수입원을 창출했습니다. 예를 들면, 미국 국가대표팀 본부를 유치했고, 지역 내에 스포츠 의학 특화 병원을 육성했습니다. 그리고 일반인에게 동계스포츠 체험기회를 제공해서 관광객을 유치했고, 경기시설의 스포츠산업과 연계를 통해서 지역관광과 경제의 활성화에 성공했습니다.

또 한 가지 눈여겨볼 사례는 미국의 레이크플래시드인데요, 이 도시는 올림픽 유산관리를 위한 전담조직인 올림픽 지역개발청(Olympic Regional Development Authority)을 설립했습니다. 이 조직은 단순 시설관리만을 넘어서, 국제대회 유치, 관광프로그램 개발, 마케팅·홍보 등 다양한 수익사업을 통해서, 지속가능한 자체 운영 예산을 확보했습니다. 특히 레이크플래시드 동계올림픽 개최당시에는, 각 시설별로 소유권이 여러 지자체로 분산되어서 개별적으로 관리됐지만, 이후 올림픽 지역개발청이 관련 시설을 통합관리했습니다. 이를 통해서 일부 시설에서 적자가 발생하더라도 다른 시설에서 발생한 흑자로 이를 보전함으로써, 전반적인 재정건전성을 확보할 수 있었습니다.

Q6. 올림픽 유산 활용에서 강원도나 정부의 책임과 역할은 무엇이라고 보시는지요?

☞ 현재 알려진 바로는 올림픽 개최수익금으로 평창올림픽·패럴림픽 기념재단을 설립한다고 하는데요. 저는 기본적으로 단순히 시설관리만이 문제가 아니라, 체계적인 올림픽 유산관리를 위한 전략과 시스템 구축이 중요하다고 보고 있습니다.

이를 위해서 앞에서 말씀드린 레이크플래시드의 올림픽 지역개발청과 같이, 다양한 수익창출이 가능한 조직형태를 갖는, 유산관리 전담기관을 설립해서, 유무형의 평창올림픽 유산을 관리할 필요가 있습니다.

우선, 유형의 유산으로서 사후시설의 운영비용 절감과 효율적인 관리가 필요하고요, 이를 위해 중앙정부와 강원도 그리고 평창, 강릉, 정선 간의 협력 체계 구축은 물론이고 지역주민의 참여가 필수적입니다. 특히 지역주민의 참여를 통해서는 생활체육활성화, 건강증진, 지역사회 역량강화와 같은, 무형적인 유산을 창출할 필요가 있습니다.

나아가 또 다른 무형의 유산인 평창 올림픽브랜드 이미지를 효과적으로 활용할 필요가 있는데요. 사실 평창올림픽하면 떠오르는 이미지나 특별한 행사가 마땅히 없는 상황입니다. 따라서 평창브랜드를 활용해서 평창, 강릉, 정선 지역주민들이 매력적인 지역 행사나 명품 축제를 개발하는 것도 하나의 방법입니다.

이와 함께 온라인상에서도 평창브랜드가 세계인들에게 홍보될 필요가 있습니다. 예를 들면, 유튜브 같은 사이트에서 평창올림픽을 검색해보면, 아직도 1년 전 개막식 영상들 외에는 새로운 콘텐츠가 없습니다. 또한 평창브랜드 관련 콘텐츠를 소개하는 크리에이터들도 없고, 평창에 관광을 오고 싶게 하는 외국어 홍보영상 조차도 없습니다. 평창브랜드는 국민 모두의 브랜드라고도 볼 수 있기 때문에, 지금이라도 정부와 강원도 차원의 체계적인 관리가 필요합니다.

Q7. 동계올림픽 유산의 활용방안이 곧 향후 도시발전 계획과도 맞물려 있다고 봅니다. 어떤 청사진 그려볼 수 있을까요?

☞ 말씀하신 것처럼 동계올림픽 유산 활용 방안은 장기적으로 평창, 강릉, 정선은 물론 강원도의 발전계획과 연계돼야 합니다. 이를 위해서는 강원도가 처한 조건을 고려해야 하는데요, 장기추세로 볼 때 인구소멸이라는 위기가 있습니다. 아무리 좋은 시설을 갖추어도 이용자가 없으면 적자가 나게 됩니다.

결국 평창, 강릉, 정선을 외부 관광객이 방문하고 싶어하는 매력적인 지역으로 자리매김하는 것이 필요합니다. 이를 위해서 강원도 차원의 종합적 지역개발 계획 속에서, 평창, 강릉, 정선을 '평창브랜드' 관광문화체육 산업특구로 연계시킬 필요가 있습니다. 이를 통해서 동계스포츠 관련 교육의 제공이나, 문화여가의 향유, 그리고 관련 일자리창출 간의 선순환 구조 속에서 동계스포츠 생태계가 활성화되는 청사진을 그려볼 수 있습니다.

Q8. 끝으로 한 가지 더 여쭙겠습니다. 강원도가 동계아시안게임 유치를 선언했습니다. 강원도는 이 동계아시안게임을 올림픽 유산 활용안의 하나로 보고 있는데, 일각에서는 또 다른 흰 코끼리를 양산하는 것 아니냐는 우려의 목소리도 높습니다. 지금 상황에서 동계아시안게임 유치, 지역에 득이 되는 결정일까요? 교수님은 어떻게 보시는지요?

☞ 적자가 나는 시설의 활용도 제고를 위해서, 동계아시안게임을 유치한다는 것은, 지속가능성 측면에서 볼 때 일시적 처방에 그칠 위험이 크고요, 문제의 근본적인 해결책은 될 수 없습니다. 현재와 같이 밑 빠진 독에 물붓기와 같은 상황 속에서는, 빠져있는 밑을 메우지 않고서는, 시설 적자 문제는 여전히 계속될 것입니다. 문제의 본질은 시설이용자나 수요가 부족하다는 것이고, 그 해결책의 하나로서 제가 앞에서 말씀드린 유산관리시스템을 구축함으로써, 동계스포츠 생태계를 활성화하는 것을 생각해 볼 수 있습니다.

마지막으로 한 가지 덧붙여 말씀드리면, 아시다시피 우리나라는 이미 하계·동계올림픽, 월드컵축구, 세계육상대회 등 4대 대형스포츠경기를 유치하여, 소위 그랜드슬램을 달성한 몇 안 되는 나라입니다. 이러한 대형행사는 긍정적인 효과도 있지만, 외화내빈에 불과한 경우도 많습니다. 따라서 장기적으로는 단지 대형스포츠행사 유치 위주가 아니라, 내실화를 기하고 작지만 실속있는 행사를 추진하는 패러다임의 변화가 필요합니다. 앞으로는 평창, 강릉, 정선 지역주민과 강원도민이 주도적으로 참여하여 기획하는, 지역기반의 문화체육축제행사를 정례화함으로써, 세계적인 관광명소로서의 명성을 얻을 수 있기를 바랍니다.

진행자: 오늘 말씀 고맙습니다.
지금까지 강원대학교 이광훈 교수였습니다.

*출처: KBS 제1라디오 프로그램 〈영동 포커스〉 전화 인터뷰(2019.2.7.)

6.2 스포츠이벤트 및 일반이벤트·축제 개최의 효율성 비교 분석[30]

1. 서론

지방자치단체(지자체)의 부채 증가 등 재정악화로 인한 지방재정의 위기에 대해 이미 오랫동안 우려가 제기되어 왔다. 지방자치가 활성화되고 지방정부의 자율성이 증대함에 따라 지자체의 활동이 증가하는 것은 바람직한 측면이 있으나, 지방 차원에서 한정된 재원을 배분하여 재정사업을 수행할 때 투입된 자원에 비해 성과가 높지 않다면 재정 자원의 집행에 정당성을 인정하기가 어렵게 된다.

이에 본 연구에서는 특별히 지방재정사업의 효율성 측면에서 최근 다양한 언론보도[31]를 통해 많은 문제가 제기된 지역 이벤트·축제 사업의 타당성을 경제적 효율성 기준으로 평가해 보고 이러한 효율성의 영향요인을 분석함으로써, 지자체 재정사업의 효율성을 높이고 한정된 자원으로 성과를 제고할 수 있는 방안을 모색함을 목적으로 한다. 이를 위해 지방재정365(지방재정통합공개시스템)를 통해 제공되는 지역 이벤트·축제의 원가회계정보를 활용하여 자료포락분석(Data Envelopment Analysis: DEA)에 의한 효율성을 측정하고 이러한 효율성에 영향을 주는 다양한 요인들을 탐색하였다. 구체적으로 본 연구는 2012년부터 2016년까지 강원도 지자체별 이벤트·축제 관련 총원가(총비용), 사업수익 등을 활용하여, 개별 이벤트·축제의 효율성을 DEA 기법 중 CCR 모형과 BCC 모형에 기초하여 비교분석하고, 나아가 패널토빗(Panel Tobit) 모형을 이용하여 지역 이벤트·축제의 효율성에 영향을 미치는 내부적 관리·운영 요인에 초점을 두고 분석했다.

2. 분석방법론

1) DEA 모형

DEA 모형이란 다수의 산출물을 단일 척도로 전환하는 선형계획법으로서, 특정 확률분포를 가정하지 않는 비모수적 모형이다. 즉, 체제(system) 모형을 기반으로 다수의 투입요소와 산출요소를 전환시키는 의사결정 단위들(decision-making units: DMUs)의 관리운영상 효율성[32]을 측정하는 방법론으로서, 비시장적 재화를 투입물 또는 산출물로 사용하는 공공부문 및 비영리조직의 상대적 효율성 측정에 활용될 수 있다(유금록, 2008: 80; 이영범, 2009: 225). 상대적 효율성이란 경제 주체들의 효율성 중 최고치 및 최저치와 비교하여 상대적으로 표현되는 것을 의미하며, DEA 모형은 투입요소와 산출요소를 가진 DMUs 간 형성된 경험적 프런티어 또는 준거집단[33]을 통해 조직체들 간에 상대적 효율성을 평가하는 방법을 사용한다. 여기서 모든 DMUs의 효율성 점수는 0에서 1 사이의 값을 가지며, 효율성 값이 1인 준거집단과의 비교를 통해 특정 DMU의 상대적 효율성이 측정된다[34].

Farrel(1957)[35]은 효율성의 개념을 총효율성(Overall Efficiency)과 기술적 효율성(Technical Efficiency)[36]으로 구분하고, 이들의 차이를 배분적 효율성(Allocation Efficiency)[37]으로 정의했다(유금록, 2004). 기술적 효율성을 측정하는 기본개념은 <그림 6-5>와 같다 (Coelli et al., 1998; 최충익·김미숙, 2008 재인용). 여기서 투입물 X와 산출물 Y를 만들어내는 4개의 생산 단위의 투입물 산출물 조합을 F1, F2, F3, F4로 표시한다고 가정하면, 원점을 통과하는 직선은 규모수익불변(Constant Returns to Scale: CRS)이며, 이것은 기술 조건하에서 효율성 프런티어를 나타낸다. F1, F2, F3를 연결하는 곡선은 표본 내에서

▼ 그림 6-5 DEA에 의한 효율성 측정

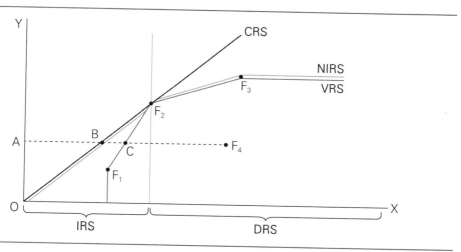

출처: Coelli et al., 1998: 152-153; 최충익·김미숙, 2008; 279 재인용).

주어진 산출물 규모 대비 최소의 투입물이 사용되는 프런티어로서 규모수익가변(Variable Returns to Scale: VRS)이다. 이러한 두 모형에서 구해진 CRS와 VRS를 나타내는 프런티어는 효율성을 측정하는 기준이 된다[38].

DEA에서 기술적 효율성(Technical Efficiency: TE)은 다시 순수기술적 효율성(Pure Technical Efficiency: PTE)과 규모효율성(Scale Efficiency: SE)으로 분류된다(최충익·김미숙, 2008). 첫째, 기술적 효율성이란 CRS 프런티어와 얼마나 떨어져 있느냐에 따라 결정되며, 생산단위가 CRS 프런티어상에 있으면 해당 생산단위는 기술효율적인 상태이다. 이러한 기술적 효율성은 규모의 경제만 존재하고 규모의 불경제는 존재하지 않는다는 가정하에서, 가장 효율적인 생산단위의 생산구조에서 규모가 관찰대상 생산단위의 수준으로 줄어들 때 투입물의 절감 비율을 나타낸다.

둘째, 순수기술적 효율성 또는 운영효율성(managerial efficiency)은 생산단위의 투입물 및 산출물 조합이 규모수익가변 기술하에서 거리가 얼마나 떨어져 있는지를 측정한다. 운영효율성은 규모의 불경제로 인해 해당 생산단위의 효율성이 낮은 것으로 나타나게 되지만, 규모의 경제를 고려하지 않을 경우에는 동일 규모의 다른 생산단위에 비해 효율적이게 된다.

셋째, 규모효율성은 특정 산출물 수준에서 규모수익불변 프런티어가 규모수익가변 프런티어로부터 얼마나 떨어져 있는지에 따라 결정된다. DMUs의 규모의 효율성은 CCR 모형의 효율성과 BCC 모형의 효율성을 이용하여 얻을 수 있다.

이와 같은 DEA 모형은 규모수익불변(CRS)을 가정한 CCR 모형과 규모수익가변(VRS)을 가정하여 규모수익의 효과를 통제하고 기술적 효율성(TE)을 추정하는 BCC 모형 등이 존재한다. 우선, 규모에 대한 수익불변(CRS)을 가정하고 기술적 효율성(TE)을 추정하기 위해서는 CCR(연구자들인 Chranes, Cooper & Rhodes(1978)의 머리글자를 따라 명명) 모형을 사용한다. DEA의 가장 기본적인 모형인 CCR 모형은 Farrel의 단수의 산출/투입 요소의 비율 모형을 복수의 산출/투입 모형으로 확장시킨 것으로서 다음과 같은 선형계획식으로 표현된다.

$$Min\,\theta_k$$
$$s.t. \sum_{k=1}^{K} z_k x_{kn} \leq \theta_k x_{kn}\,, k = 1, ..., K$$
$$\sum_{k=1}^{K} z_k y_{mk} \geq y_{km}\,, \ z_k \geq 0$$

여기서 θ_k는 DMU k의 기술적 효율성 값, x_n은 n개의 투입요소, y_m은 m개의 산출요소, z_k는 DMUs에 대해 계산되는 가중치, 즉 DMU k의 각 투입/산출요소에 대한 모든 DMU들의 투입/산출요소의 가중합을 의미한다. 위 모형에서 특정 DMU의 θ_K 값이 1이 되면 그 DMU는 상대적으로 가장 효율적인 것으로 간주되고, 1보다 작은 값이면 상대적으로 비효율적인 DMU가 된다.

하지만 규모수익불변(CRS)을 가정하는 CCR 모형은 특정 투입물의 증가에 대해 산출물이 수확체증적으로 증가하는 경우에는 효율성 측정이 왜곡될 수 있다. 이러한 단점을 보완하기 위해 Banker, Charnes & Cooper(1984)에 의해 개발된 BCC(연구자들 이름의 머리글자를 따라 명명) 모형은 규모의 경제를 고려하여 규모수익가변(VRS)을 가정하고 있다. 위에 제시된 CCR 모형의 식에 아래 조건을 추가하면 VRS 조건을 만족하는 BCC 모형이 된다.

$$\sum_{k=1}^{K} z_k = 1$$

여기서 투입 규모를 늘림에 따라 동일한 비율로 산출이 증가는 경우 규모에 대한 불변(CRS), 점차 감소하는 경우 규모의 비경제(Decreasing Returns to Scale: DRS), 점차 증가하는 경우 규모의 경제(Increasing Returns to Scale: IRS)의 존재를 인정한다[39].

이와 같은 BCC 모형을 이용하면 기술적 효율성(TE)에서 규모효율성(SE)을 제외한 순수기술적 효율성(PTE) 또는 운영효율성을 측정할 수 있다. 즉, 규모효율성(SE)은 CCR 모형의 기술적 효율성(TE)을 BCC 모형의 순수기술적 효율성(PTE)으로 나눈 값이다.

$$SE = \frac{TE}{PTE}$$

여기서 $SE = 1$인 경우에는 기술적 효율성과 순수기술적 효율성이 동일하여 규모의 비효율성이 존재하지 않기 때문에 수익불변(CRS)으로 최적규모 상태임을 의미한다. 반면, $SE \neq 1$인 경우에는 규모의 비효율성이 존재하며 최적규모에서 벗어나 있는 것으로 볼 수 있다[40].

2) 분석자료 및 투입·산출요소

본 연구의 DEA 모형에 의한 효율성 분석은 2012년부터 2016년까지 강원도 지자체(본청 및 시·군) 내에서 개최된 이벤트·축제 가운데 지방재정365(지방재정통합공개시스템)에서 확보한 총 229개를 대상으로 수행되었다[41]. 특별히 본 연구에서 분석대상 지역으로 선정한 강원도의 경우, 지역경제의 70%가 관광산업에 치중되어 있으며(김권식·이광훈, 2017: 150), <그림 6-6>과 같이 주민 1인당 지역 이벤트·축제에 투입하는 순비용(=총비용-사업수익)이 전국에서 가장 높은 것으로 나타나고 있다. 따라서 전국 시도 대비 상대적으로 소규모의 인구와 한정된 재원 등의 제약조건하에 있는 강원도 지자체들은 지역 이벤트·축제에 투입되는 예산액의 지출가치성(value for money) 관점에서 지방재정의 효율성 제고에 더욱 관심을 기울일 필요가 있으며, 본 연구는 그러한 노력의 하나로서 정책적 시사점을 제공할 수 있을 것이다.

▼ 그림 6-6 2016년 전국 시도별 지역 행사·축제 경비 비교

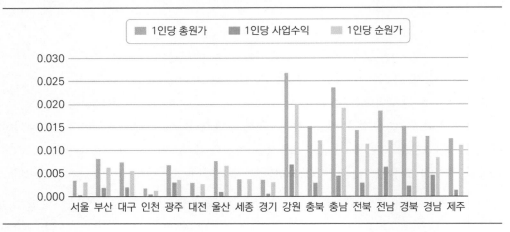

본 연구의 DEA 모형은 기존에 이벤트·축제의 성과를 측정하는 데 주로 사용되어 온 원가회계정보 중 사업수익[42]을 산출요소로 설정하고, 복수의 투입요소로는 이벤트·축제에 투입된 자원의 총량으로서 총원가(총비용)와 함께 지자체가 투입한 재원으로서 이벤트·축제경비액수 및 비율을 사용했다(김권식·이광훈, 2017)[43]. <표 6-9>와 <표 6-10>에는 각각 투입 및 산출 요소의 정의, 기초통계량 및 상관계수가 제시되어 있다.

| 표 6-9 **투입 및 산출 요소의 정의**

구분	투입 요소			산출 요소
변수명	총원가(비용)	이벤트·축제경비 액수	이벤트·축제경비 비율	사업수익
조작적 정의	인건비, 홍보비, 시설장비비 등 이벤트·축제를 개최하기 위해 소요되는 모든 경제적 자원	지자체별 이벤트운영비, 이벤트실비보상금, 민간 이벤트사업보조, 이벤트 관련 시설비 등 지출된 경비의 총부담액	지자체별 세출결산액 중 이벤트·축제경비 액수가 차지하는 비율=(이벤트·축제경비액/세출결산액)*100%	보조금(국가, 상급 자치단체 등 외부로부터 받은 금액 일체) + 서비스요금수익(사용료수익, 시설물 임대수익, 주차요금 등 이벤트·축제 개최로 인해 발생하는 수익)

주: 총원가(비용), 이벤트·축제경비 액수 및 사업수익은 백만 원 단위임.

| 표 6-10 **투입 및 산출 요소의 기초통계량 및 상관계수**

변수명	표본수	평균	표준편차	최소값	최대값	피어슨 상관계수		
						1	2	3
1. 이벤트·축제 경비액수	229	3200.03	2340.93	719.28	10683	1		
2. 이벤트·축제 경비 비율	229	0.8	0.6	0.07	2.52	0.18***	1	
3. 총원가	229	872.66	1351.75	100	16612	0.41***	-0.01	1
4. 사업수익	229	213.62	480.94	0	3500	0.39***	0.12*	0.73***

주: *$p < .1$, **$p < .05$, ***$p < .01$; 총원가(비용), 이벤트·축제경비 액수 및 사업수익은 백만 원 단위임.

본 연구는 개별 이벤트·축제의 총체적인 기술적 효율성(TE)을 운영효율성(순수기술적 효율성: PTE) 및 규모효율성(SE)으로 나누어 측정·평가하기 위해 CCR 및 BCC 모형을 이용하여 효율성 점수를 계산했다. 우선, 규모수익불변(CRS)을 가정하는 CCR 모형을 통해 얻은 값으로 DMUs의 기술적 효율성을 추정한 다음, DMUs의 비효율성 원인이 운영 상 문제인지 혹은 규모의 문제인지를 파악하기 위해 규모수익가변(VRS)을 가정하는 BCC 모형을 이용하여 운영효율성과 규모효율성으로 분해하고, 양자 중에서 작은 값을 비효율 발생의 주원인으로 간주한다. 여기서 규모효율성이 문제인 경우 현재의 규모를 증가시켜야 하는지 아니면 감소시켜야 하는지를 분석하기 위해 해당 DMU가 규모수익증가 상태인지 혹은 규모수익감소 상태인지를 파악했다.

한편, 자료포락분석은 투입기준(input－based) 혹은 산출기준(output－based) 효율성인지에 따라 투입지향 혹은 산출지향 모형으로 구분되는데, 투입지향(input orientation) 모형은 DMUs의 산출물을 고정시킨 상태에서 가장 효율적인 생산단위와 비교하여 투입물의 조합을 어느 정도 감축할 수 있는지에 대한 정보를 제공한다. 본 연구는 투입지향 모형을 활용했는데, 왜냐하면 지역 이벤트·축제에 투입되는 예산은 지자체 차원에서 상대적으로 임의적 조절이 가능하지만, 서비스요금수익 등 산출량을 지자체가 조정하는 데 제약이 있기 때문이다. 또한 일반적으로 이윤극대화를 목표로 하는 민간조직이 시장가격이 존재하는 산출수준에 초점을 두는 것과는 달리, 공공서비스를 제공하는 공공조직은 주로 비용극소화 등 투입 측면의 관리에 치중하는 경향이 존재하기 때문에, 투입요소의 효율화 방안을 모색하기 위해서는 투입지향 효율성 측정 방법이 더 적합할 수 있다. 따라서 본 연구는 지자체가 지역 이벤트·축제라는 공공서비스 수요를 효율적으로 충족시키기 위해 지방재정 관련 투입예산을 얼마나 줄일 수 있는지에 초점을 두고 STATA 12.0 프로그램을 이용하여 투입지향 모형으로 분석했다.

3) 패널토빗 모형(Panel Tobit Model)

다음으로 본 연구는 효율성의 영향요인을 분석하기 위해 DEA 모형에 의해 계산한 효율성 점수를 종속변수로 하는 2단계 회귀분석(two－stage regression model: Chilingerian & Sherman, 2004; Ray, 2004; Ruggiero, 2004)을 실시했다. 여기서 자료포락분석을 사용하여 구한 효율성 점수는 0과 1 사이의 값을 갖기 때문에 통상최소자승법(ordinary least squares: OLS)을 사용하여 회귀분석을 수행할 경우 회귀계수가 불일치·편의추정치(inconsistent and biased estimates)를 갖게 되는 문제(Athanassopoulos & Triantis, 1998; McCarthy & Yaisawarng, 1993)를 완화하기 위해, 본 연구는 토빗 회귀모형(Tobit regression model: Amemiya, 1984; Maddala, 1986, 1991; McDonald & Moffitt, 1980)[44]을 활용했다. 동 모형은 종속변수가 하한(lower bound)보다 작거나 상한(upper bound)보다 크면 관찰되지 않는 절단회귀모형(censored regression model)으로서, 표준적인 회귀모형과 이원선택모형(binary choice model)이 혼합된 모형이다(Dougherty, 2007: 304; 유금록, 2008: 86 재인용).

토빗 (회귀)모형은 직접적으로 관찰된 종속변수 대신 잠재변수(latent variable)를 활용하여 계수를 추정하며, 아래 식과 같이 정의된다.

$$y_i^* = x'_i \beta + \epsilon_i, \ \epsilon_i \sim N(0, \sigma_e^2), \ i = 1, 2, ..., n.$$

여기서 x_i는 효율성에 영향을 미치는 독립변수들이며, β는 추정해야 할 모수 벡터다. 토빗 모형은 최우추정법(Maximum Likelyhood Estimation)을 사용하므로 위 식의 ϵ_i는 교란항(disturbance term)으로서 평균이 0이고 분산이 σ_{e2}인 정규분포를 따른다고 가정한다. 종속변수인 효율성 y_i는 아래와 같이 정의된다.

$$y_i = \begin{cases} y_i^* & \text{if} \ y_i^* > 0 \\ 0 & \text{if} \ y_i^* \leq 0 \end{cases}$$

위의 식에서 잠재변수 y_i^*의 기댓값은 다음과 같다.

$$E(y_i^* \mid y_i^* > 0) = x'_i \beta + \sigma_e \cdot \frac{\phi(x'_i \beta / \sigma_e)}{\Phi(x'_i \beta / \sigma_e)}$$

여기서 Φ는 표준정규밀도함수 값을 나타내며, ϕ는 표준정규누적함수 값을 의미한다. 따라서 최대우도함수를 극대화하는 방법으로 회귀계수 β와 분산 σ_{e2}의 값을 구할 수 있다.

특별히 본 연구에서 활용하는 자료는 5개년도에 걸쳐 수집된 패널 자료이므로 아래와 같은 패널토빗 모형을 사용한다.

$$y_{it}^* = x'_{it} \beta + u_i + \epsilon_{it}, \ u_i \sim N(0, \sigma_u^2), \ \epsilon_{it} \sim N(0, \sigma_e^2)$$
$$i = 1, 2, ..., n, \ t = 1, 2, ..., T.$$

여기서 ϵ_{it}는 확률적 교란항(stochastic disturbance term)이며, u_i는 패널 자료의 시간에 따라 변하지 않는 개체 고유의(individual-specific) 특성(이질성)을 나타내는 확률변수로서, 이것을 고정효과(fixed effects) 또는 확률효과(random effects)로 간주하는

지에 따라서 고정효과 패널모형과 확률효과 패널모형으로 구분된다. 고정효과 패널모형의 경우 연도별로 변하지 않는 독립변수들은 차분을 통해 제거되기 때문에 더미변수들의 효과를 추정하기 어렵다. 또한 Hsiao(2003)에 의하면 패널 자료의 분석 기간이 짧은 경우 고정효과 모형은 편의가 존재할 가능성이 큰데, 본 연구의 분석 기간은 비교적 짧은 5년이기 때문에 확률효과 패널모형을 채택하여 최종적으로 확률효과 토빗 모형(Random-effects tobit regression)을 채택했다. 특별히 본 연구에서는 패널 자료의 시계열별 고유한(time-specific) 효과를 통제하기 위해 매 기간별 독특한 특성이 잠재해 있음을 가정하는 Two-Way 모형을 적용하여 각 연도의 더미변수를 추가하여 분석했다.

본 연구의 패널토빗 모형에 포함된 독립변수들은 종속변수인 지역 이벤트·축제의 효율성에 영향을 미칠 수 있는 다양한 요인을 내부적 특성변수(internal characteristic variables)와 외부적 환경변수(environmental variables)로 구분하여 선정했다. 구체적인 변수의 정의 및 조작적 정의와 각 변수들의 기초통계량은 아래 <표 6-11>과 <표 6-12>에 제시되어 있다.

▮ 표 6-11 **변수 정의 및 조작화**

구분	변수 설명		조작적 정의
종속 변수	기술적 효율성(TE)		CCR 모형으로 계산된 효율성 점수
	운영효율성(PTE)		BCC 모형으로 계산된 효율성 점수
	규모효율성(SE)		기술적 효율성(TE)/운영효율성(PTE)
설명 변수	내부적 관리· 운영 요인	스포츠이벤트 여부 더미변수	스포츠 관련 이벤트이면 1, 그 밖에 문화예술 이벤트나 축제 등일 경우는 0
		이벤트·축제의 목적에 따른 유형별 더미변수	지역특산물·전통시장 활성화
			전통문화 계승·보전·홍보
			주민화합과 건강한 지역사회
			국제우호 친선협력
			사회적 약자배려
			기타
		계절별 더미변수	봄
			여름
			가을

구분	변수 설명		조작적 정의
통제 변수			겨울
	운영방식별 더미변수		자치단체 직접집행
			산하기관 출연
			민간위탁
			기타
	개최기간		이벤트·축제의 시작부터 종료까지 총 일수(일)
	개최역사		2016-최초개최년도+1(년)
	외부적 환경 요인	지자체 채무비율	(지방채무잔액÷최종예산액)×100(%)
		지자체 재정자립도	(자체수입÷자치단체 예산규모)×100(%)
		1인당 세출예산액	지방자치단체의 총 세출예산액을 자치단체별 인구수로 나눈 주민 1인당 예산액(천 원)
		ln(주민인구수)	해당 지자체 등록 주민 인구 수(명, 자연로그)
		ln(GRDP)	해당 지자체의 전년도(t-1) 지역총생산액(억 원, 2010년 기준년 연쇄가격, 자연로그)
		GRDP 성장률	해당 지자체의 전년도(t-1) 연간 GRDP 성장률(%)
	연도별 요인		2013년도 더미변수
			2014년도 더미변수
			2015년도 더미변수
			2016년도 더미변수

(연도별 요인의 Base: 2012년)

주: GRDP는 국가통계포털(KOSIS) 자료, 그 밖의 자료들은 지방재정365 자료임.

변수명	표본수	평균	표준편차	최소값	최대값
기술적 효율성	229	.287781	.358677	0	1
운영효율성	229	.5274344	.4484186	0	1
규모효율성	229	.3220335	.380908	0	1
지역특산물·전통시장 활성화	229	.0873362	.2829456	0	1
전통문화 계승·보전· 홍보	229	.4366812	.497061	0	1
주민화합과 건강한 지역사회	229	.1790393	.3842251	0	1
국제우호 친선협력	229	.0742358	.2627285	0	1
사회적 약자배려	229	.0087336	.0932487	0	1
기타	229	.2139738	.4110069	0	1
스포츠이벤트여부	229	.139738	.3474745	0	1
봄	229	.1266376	.333295	0	1
여름	229	.3362445	.4734586	0	1
가을	229	.4061135	.492182	0	1
겨울	229	.1310044	.3381442	0	1
자치단체 직접집행	229	.0786026	.2697071	0	1
산하기관 출연	229	.0655022	.2479518	0	1
민간위탁	229	.5371179	.4997126	0	1
기타	229	.318777	.4670233	0	1
개최기간	229	20.75983	65.01787	1	698
개최역사	229	15.21834	16.16134	1	117
지자체 채무비율	229	1.424921	3.919207	0	20.1
지자체 재정자립도	229	19.12533	6.15809	9.8	31.3
1인당 세출예산액	229	5151.362	2189.174	1831	9455
주민인구수	229	246961.3	462656.6	22285	1549507
GRDP	229	5376.223	10097.37	662	35449
GRDP 성장률	229	2.696661	4.073471	−11.5245	15.19553

주: 개최기간은 일수, 개최역사는 년수, 1인당 세출예산액은 천 원, GRDP는 억 원 단위임.

3. 분석결과

1) 강원도 지역 이벤트·축제 개최 현황

2012~2016년 강원도 지역 내 이벤트·축제 개최횟수의 연도별 변화 추이(<그림 6-7>)를 살펴보면, 동 기간 개최 건수는 총 229회이며 2012년 36회에서 2016년 54회까지 해를 거듭할수록 증가해온 것으로 나타났다.

▼ 그림 6-7 2012~2016년 강원도 지역 이벤트·축제 개최횟수 연도별 변화 추이

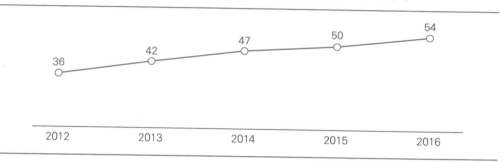

주: 총 229회, 단위는 건수; 자료: 지방재정365 웹사이트

<그림 6-8>과 같이 2012~2016년 강원도 지역 내 이벤트·축제의 개최에 투입된 총비용은 2012년 298억 4천 5백만 원에서 해마다 증가하여 2015년에는 532억 7천 5백만 원으로 최대치에 이르렀다가 2016년에는 총부담액이 416억 5백만 원으로 감소하였다. 개최로 인한 사업수익의 경우 2012년 74억 8천 9백만 원에서 점차 증가하여 2015년에 최대치(129억 7천 4백만 원)를 기록한 후 2016년에는 106억 3천 4백만 원인 것으로 나타났다.

2012~2016년 강원도 지역 내 이벤트·축제 경비 액수[45] 및 비율[46] 변화 추이(<그림 6-9>)를 살펴보면, 동 기간 1개의 이벤트·축제당 투입된 경비 액수(각 연도별 평균값)는 2012년 43억 3천 9백만 원에서 2013년 20억 4천 3백만 원으로 감소하였으나 이후 지속적으로 액수가 증가하여 2016년에는 1개 당 평균 이벤트·축제 경비가 33억 3천 6백만 원에 이르는 것으로 나타났다. 각 지자체별 세출결산액 중 이벤트·축제경비 액수가 차지하는 비율의 경우, 2012년 1.47%에서 2013년 0.62%로 감소하였고 2016년에는 0.69%였다.

▼ 그림 6-8 2012~2016년 강원도 지역 이벤트·축제 총비용 및 사업수익 변화 추이

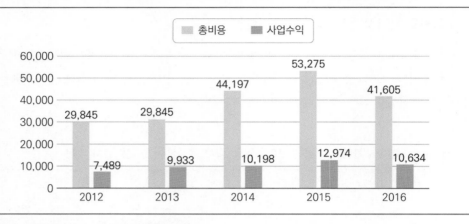

주: 단위는 백만 원; 자료: 지방재정365 웹사이트

▼ 그림 6-9 2012~2016년 강원도 지역 이벤트·축제 경비 액수 및 비율 변화 추이

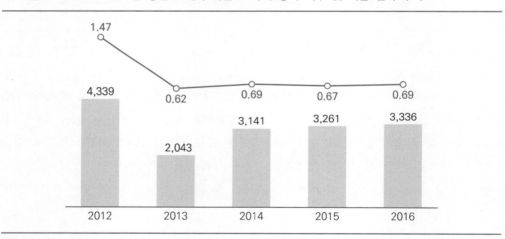

주: 단위는 백만 원, %; 2012~2016년 기간 평균값; 자료: 지방재정365 웹사이트

　　한편, <표 6-13>의 지자체별 이벤트·축제 개최 현황(2012~2016)을 살펴보면, 개최횟수가 많은 지자체로는 강원본청(총 25회), 춘천시(총 21회), 영월군(총 20회) 등 순이었다. 이벤트·축제 1개 당 평균 투입된 경비액수는 강원본청, 강릉시, 화천군, 철원군, 태백시 등 순이었으며, 평균 이벤트·축제경비비율의 경우는 화천군, 태백시, 철원군,

양양군, 영월군 등 순인 것으로 나타났다. 이벤트·축제 1개 당 평균 총원가[47]는 강원본청, 화천군, 횡성군 등의 순이었고, 사업수익[48](평균값)의 경우 화천군이 가장 높고 강원본청이 그 뒤를 이었으나, 이에 비해 속초시, 철원군, 양구군 등은 사업수익이 매우 적었으며, 특히 동해시의 경우는 전혀 수익이 발생하지 않았던 것으로 나타났다. 순원가[49]는 강원본청, 횡성군, 원주시, 화천군, 속초시 등 순이었다. 이벤트·축제 1개 당 평균 보조금[50]의 경우에는 강원본청이 가장 높고 강릉시, 춘천시 등이 그 뒤를 이었으나, 속초시, 철원군 등은 보조금이 매우 적었으며, 특히 양구군, 동해시의 경우는 전혀 보조금이 없었던 것으로 나타났다.

▌표 6-13 2012~2016년 지자체별 이벤트·축제 개최 현황

번호	자치단체	개최횟수 (2012-2016)	이벤트· 축제경비 액수	이벤트· 축제경비 비율	총원가	사업수익	순원가	보조금
1	강원본청	25	7909	0.20	2326	647	1679	647
2	춘천시	21	1959	0.28	733	215	518	215
3	원주시	6	2314	0.34	780	33	747	33
4	강릉시	12	5241	0.82	800	270	530	217
5	태백시	16	3179	1.30	537	79	458	8
6	속초시	10	1756	0.80	708	6	702	6
7	삼척시	16	2168	0.52	474	18	457	18
8	홍천군	6	1768	0.43	627	153	474	10
9	횡성군	5	1857	0.69	1579	32	1547	20
10	영월군	20	2875	1.00	538	139	399	138
11	평창군	13	2097	0.67	513	171	342	171
12	정선군	12	1555	0.51	609	183	411	183
13	철원군	11	3293	1.23	662	6	656	2
14	화천군	15	4965	2.26	1724	1023	702	199
15	양구군	6	1851	0.91	349	1	348	0

번호	자치단체	개최횟수 (2012-2016)	이벤트·축제경비 액수	이벤트·축제경비 비율	총원가	사업수익	순원가	보조금
16	인제군	13	1869	0.69	579	31	548	30
17	고성군	7	1791	0.74	477	31	446	31
18	동해시	4	1739	0.67	308	0	308	0
19	양양군	11	2286	1.07	473	105	368	86

주: 단위는 백만 원, %; 2012~2016년 기간 평균값; 자료: 지방재정365 웹사이트

한편, 행사·축제로 발생되는 경제적 성과를 산출(output) 측면의 직접효과와 영향 (impact) 측면의 간접효과로 나누어 살펴보면 다음과 같다(이광훈 외, 2020). 먼저, 행사 ·축제의 직접효과로서 수익성을 총비용(원가) 대비 사업수익[51](조서형·엄태호, 2018)으로 측정한 결과, 수익성 기준 2012~2016년 상위 7개 행사·축제를 살펴보면(<표 6-14>), 탄허대종사 탄신 100주년 기념사업, 2012강릉 ICCN 세계무형문화축전, 문화 재 야행, 세계 대한민국 아리랑 축전 등의 순인 것으로 나타났다.

▎표 6-14 **수익성(총비용 대비 사업수익) 기준 상위 10개 행사·축제(2012~2016)**

순위	행사·축제명	자치단체	최초 개최연도	유형	총비용 대비 사업수익
1	탄허대종사 탄신 100주년 기념 사업	평창군	2013	전통문화 계승·보전·홍보	0.767
2	2012강릉 ICCN 세계무형문화 축전	강릉시	2012	국제우호 친선협력	0.752
3	문화재 야행	강릉시	2016	전통문화 계승·보전·홍보	0.750
4	세계 대한민국 아리랑 축전	정선군	2013	전통문화 계승·보전·홍보	0.700
5	춘천가족음악축제	춘천시	2015	기타	0.667
6	평창스토리	평창군	2016	전통문화 계승·보전·홍보	0.663

순위	행사·축제명	자치단체	최초 개최연도	유형	총비용 대비 사업수익
7	강원전통음식 관광 상품화 (보조)	평창군	2016	지역특산물· 전통시장 활성화	0.662

주: 단위는 백만 원; 자료: 지방재정365 웹사이트

다음으로, 행사·축제가 지역에 미치는 영향(impact)으로서 경제적 파급효과를 지역 산업연관분석을 통해 해당 축제가 유발시킨 부가가치창출효과나 생산유발효과 및 취업유발효과 등으로 측정한 결과, 지역경제 파급효과 기준 상위 7개 행사·축제 (2012~2016)를 살펴보면(<표 6-15>), 2014 전국생활체육대축전, 화천 산천어 축제, 6년근 강원홍천인삼 늘푸름한우 명품축제, 횡성한우축제, 양양 송이 축제 등의 순인 것으로 나타났다.

▌ 표 6-15 지역경제 파급효과 기준 상위 10개 행사·축제(2012~2016)

행사·축제명	자치 단체	최초 개최연도	유형	총원가	사업 수익	순원가	파급효과
2014 전국생활체육대축전	속초시	2014	주민화합과 건강한지역사회	1406	0	1406	191000
얼음나라 화천 산천어 축제	화천군	2003	전통문화 계승· 보전·홍보	4184	2720	1464	87500
6년근 강원홍천인삼 늘푸름한우 명품축제	홍천군	2003	지역특산물· 전통시장 활성화	450	0	450	78000
횡성한우축제	횡성군	2004	지역특산물· 전통시장 활성화	1418	45	1373	53300
양양 송이 축제	양양군	1997	지역특산물· 전통시장 활성화	560	156	404	51400
정선5일장 이벤트축제	정선군	2006	지역특산물· 전통시장 활성화	394	180	215	49700
강릉 단오제	강릉시	1967	전통문화 계승· 보전·홍보	1066	0	1066	44400

주: 단위는 백만 원; 자료: 지방재정365 웹사이트

2) 강원도 지역 이벤트·축제의 효율성 측정결과

<표 6-16>에는 2012년부터 2016년까지 각 연도별 강원도 지자체 이벤트·축제의 DEA(CCR 및 BCC 모형) 추정값이 기술적 효율성(TE) 점수 순으로 상위 10개씩 제시되어 있다. 여기서 효율성 값이 0을 갖는 이벤트·축제가 많은 것으로 나타나는 이유는 이들에 투입되는 예산은 존재하지만 산출물(사업수익)이 없는 경우, 즉 해당 이벤트나 축제가 수익을 전혀 내지 못하는 사례가 다수 존재하기 때문이다.

DEA 분석결과를 통해 2012~2016년 강원도 지역 이벤트·축제들의 효율성에는 상당한 편차가 존재함을 알 수 있는데, 여기서 전반적인 효율성을 보여주는 기술적 효율성(TE)을 파악한 후, TE를 운영효율성(PTE)과 규모효율성(SE)으로 구분하여 비효율적으로 판명된 DMU가 순수한 기술적 요인에 의해 운영상 비효율적으로 평가되었는지 아니면 규모의 요인에 의해 비효율적으로 평가되는지를 비교해 볼 수 있다. 즉, 운영효율성이 규모효율성보다 더 작으면 기술적 비효율의 원인이 상대적으로 규모보다는 운영에 있음을 알 수 있다. 만약 규모의 비효율이 존재할 경우 규모수익체증(IRS) 상황인지 아니면 규모수익체감(DRS) 상황인지에 따라 현재의 규모에서 더 늘려야 하는지 혹은 줄여야 하는지를 판단해 볼 수 있다.

▌표 6-16 **2012~2016년 강원도 지자체별 이벤트·축제(상위 10개)의 효율성**

개최 년도	이벤트·축제명	지자체명	기술적 효율성 (TE)	운영 효율성 (PTE)	규모 효율성 (SE)	비효율 원인	규모수 익
2012	2012 춘천월드레저대회	강원춘천시	1.000	1.000	1.000		–
	2012강릉 ICCN 세계무형문화축전	강원강릉시	1.000	1.000	1.000		–
	얼음나라 화천 산천어 축제	강원화천군	1.000	1.000	1.000		–
	대관령국제음악제	강원본청	0.919	1.000	0.919	SE	IRS
	양양 송이 축제	강원양양군	0.774	0.991	0.781	SE	IRS
	태백산눈축제	강원태백시	0.696	0.855	0.814	SE	IRS
	강릉바다축제	강원강릉시	0.662	1.000	0.662	SE	IRS
	2012 춘천마임축제	강원춘천시	0.580	1.000	0.580	SE	IRS
	물의 나라 화천 쪽배 축제	강원화천군	0.507	0.699	0.725	PTE	IRS
	단종문화제	강원영월군	0.425	0.649	0.654	PTE	IRS
2013	드림프로그램	강원본청	1.000	1.000	1.000		–

개최 년도	이벤트 · 축제명	지자체명	기술적 효율성 (TE)	운영 효율성 (PTE)	규모 효율성 (SE)	비효율 원인	규모수 익
	2014 GTI국제무역투자박람회	강원본청	1.000	1.000	1.000		–
	얼음나라 화천 산천어 축제	강원화천군	1.000	1.000	1.000		–
	탄허대종사 탄신 100주년 기념사업	강원평창군	0.760	1.000	0.760	SE	IRS
	강원국제민속예술축전	강원본청	0.758	1.000	0.758	SE	IRS
	대한민국 아리랑 대축제, 정선아리 랑제	강원정선군	0.730	1.000	0.730	SE	IRS
	춘천오픈국제태권도대회	강원춘천시	0.702	1.000	0.702	SE	IRS
	대관령국제음악제	강원본청	0.667	1.000	0.667	SE	IRS
	영월국제박물관포럼	강원영월군	0.619	0.820	0.755	SE	IRS
	2014 춘천마임축제	강원춘천시	0.589	1.000	0.589	SE	IRS
2014	2014 춘천 국제레저대회	강원본청	1.000	1.000	1.000		–
	드림프로그램	강원본청	1.000	1.000	1.000		–
	2014 GTI국제무역투자박람회	강원춘천시	1.000	1.000	1.000		–
	홍천강 꽁꽁축제	강원홍천군	1.000	1.000	1.000		–
	세계 대한민국 아리랑 축전	강원정선군	1.000	1.000	1.000		–
	대한민국산림박람회	강원화천군	0.929	1.000	0.929	SE	DRS
	한국민속예술축제	강원정선군	0.869	0.999	0.870	SE	IRS
	2014 춘천마임축제	강원춘천시	0.707	1.000	0.707	SE	IRS
	정선5일장 이벤트축제	강원정선군	0.701	0.990	0.708	SE	IRS
	단종문화제	강원영월군	0.649	0.661	0.983	PTE	DRS
2015	드림프로그램	강원본청	1.000	1.000	1.000		–
	장애인체육대회 지원	강원본청	1.000	1.000	1.000		–
	제96회 전국체육대회	강원본청	1.000	1.000	1.000		–
	세계 대한민국 아리랑 축전	강원정선군	1.000	1.000	1.000		–
	얼음나라 화천 산천어 축제	강원화천군	1.000	1.000	1.000		–
	GTI 국제무역 투자박람회	강원본청	0.839	0.965	0.869	SE	IRS
	춘천호수별빛축제	강원춘천시	0.820	1.000	0.820	SE	IRS
	평창겨울음악제	강원본청	0.780	0.931	0.838	SE	IRS
	태백산눈축제	강원태백시	0.654	0.670	0.976	PTE	DRS
	2015년 춘천코리아오픈국제태권도 대회	강원춘천시	0.615	0.999	0.616	SE	IRS

개최년도	이벤트·축제명	지자체명	기술적 효율성 (TE)	운영 효율성 (PTE)	규모 효율성 (SE)	비효율 원인	규모수익
2016	춘천 국제레저대회	강원본청	1.000	1.000	1.000		−
	드림프로그램	강원본청	1.000	1.000	1.000		−
	GTI 국제무역 투자박람회	강원춘천시	1.000	1.000	1.000		−
	문화재 야행	강원강릉시	1.000	1.000	1.000		−
	영월국제박물관포럼	강원영월군	1.000	1.000	1.000		−
	세계 대한민국 아리랑 축전	강원정선군	1.000	1.000	1.000		−
	얼음나라 화천 산천어 축제	강원화천군	1.000	1.000	1.000		−
	평창스토리	강원평창군	0.954	0.954	1.000	PTE	DRS
	겨울문화페스티벌	강원강릉시	0.867	0.937	0.925	SE	IRS
	올해(2017)의 관광도시 해변디자인 페스티벌	강원강릉시	0.866	1.000	0.866	SE	IRS

▼ 그림 6-10 강원도 지역 행사·축제 효율성의 연도별 평균치 변화

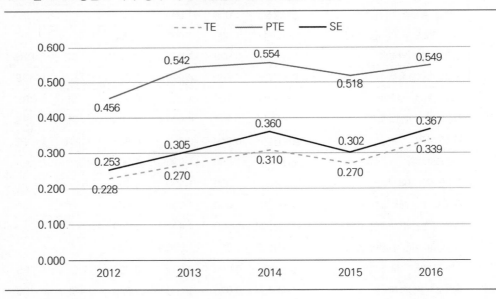

한편, <그림 6-10>에는 2012~2016년 강원도 지역 이벤트·축제 효율성의 연도별 평균값 변화 추이가 나타나 있다. 이를 통해 기술적 효율성(TE), 운영효율성(PTE) 및 규모효율성(SE)은 2012년에서 2014년까지 점차 상승곡선을 보이다 2015년에는 약간 하락했으나 2016년에는 다시 상승하는 국면에 있음을 알 수 있다.

3) 효율성의 영향요인 분석결과 및 해석

<표 6-17>에 제시되어 있는 2012~2016년 강원도 지역 이벤트·축제의 기술적 효율성, 운영효율성 및 규모효율성에 영향을 미치는 요인을 패널토빗 회귀분석으로 추정한 결과를 구체적으로 살펴보면 다음과 같다. 먼저 설명변수인 내부적 관리·운영 요인 중 스포츠이벤트인 경우에는 다른 이벤트·축제들에 비해 세 가지 효율성 모두 통계적으로 유의미하게 낮은 것으로 나타났다(유의수준 0.05). 축제 목적에 따른 유형별로 효율성에 미치는 효과가 달라지는지를 살펴본 결과, 국제우호 친선협력을 목적으로 하는 이벤트·축제의 경우 다른 유형들에 비해 기술적 효율성(TE), 운영효율성(PTE) 및 규모효율성(SE)이 통계적으로 유의하게 높은 것으로 나타났다(유의수준 0.01). 계절별 영향을 살펴본 결과는 봄에 개최되는 이벤트·축제에 비해 여름, 가을 및 겨울에 개최되는 경우 기술적 효율성과 규모효율성이 통계적으로 유의미하게 높은 것으로 나타났다(유의수준 0.05~0.1). 다음으로 이벤트·축제 운영방식에 따른 효율성 차이가 존재하는지를 검증하기 위해 자치단체 직접집행, 산하기관 출연, 민간위탁의 경우를 기타 운영방식과 비교한 결과 각 방식의 효율성 간에는 통계적으로 유의미한 차이를 발견할 수 없었다. 또한 이벤트·축제의 개최기간이 길어질수록 기술적 효율성과 운영효율성이 통계적으로 유의미하게 높아지는 것으로 나타났다(유의수준 0.1). 그러나 이벤트·축제의 개최역사가 효율성에 미치는 효과는 통계적으로 유의미하지 않았다[52].

한편, 통제변수 중 외부적 환경 요인들의 경우 이벤트·축제의 소관 지자체의 재정자립도와 전년도 GRDP가 모든 종류의 효율성에 통계적으로 유의미한 양(+)의 영향을 미쳤으며(유의수준 0.05~0.1), 주민인구수의 경우에는 기술적 효율성과 운영효율성에 통계적으로 유의미한 음(-)의 영향을 미치는 것으로 나타났다(유의수준 0.1). 한편 통제변수인 외부적 환경 요인 중 통계적으로 유의미한 효과를 미치는 것으로 나타난 변수는 지자체 재정자립도(+), 주민인구수(-), 전년도 GRDP(+)로 나타났다(유의수준 0.05~0.1).

▌표 6-17 패널토빗 회귀분석결과

종속변수			기술적 효율성(TE)		운영 효율성(PTE)		규모 효율성(SE)	
			Coef. (Std. Err.)	P〉|z|	Coef. (Std. Err.)	P〉|z|	Coef. (Std. Err.)	P〉|z|
설명 변수	내부적 관리· 운영 요인	스포츠이벤트 여부	-0.47** (0.21)	0.03	-0.93** (0.39)	0.02	-0.55** (0.23)	0.02
		지역특산물· 전통시장 활성화	-0.03 (0.18)	0.88	-0.42 (0.37)	0.25	-0.07 (0.19)	0.69
		전통문화 계승· 보전·홍보	-0.01 (0.08)	0.87	-0.23 (0.19)	0.24	-0.05 (0.09)	0.58
		주민화합과 건강한 지역사회	-0.07 (0.13)	0.61	-0.44 (0.28)	0.12	-0.04 (0.14)	0.78
		국제우호 친선협력	0.73*** (0.24)	0.002	1.26*** (0.44)	0.004	0.73*** (0.27)	0.01
		사회적 약자배려	0.52 (0.63)	0.41	0.73 (1.06)	0.49	0.53 (0.68)	0.43
		여름	0.31** (0.13)	0.02	0.15 (0.28)	0.60	0.32** (0.13)	0.02
		가을	0.29** (0.15)	0.05	0.26 (0.31)	0.39	0.30** (0.16)	0.05
		겨울	0.30* (0.16)	0.07	0.27 (0.33)	0.41	0.33* (0.17)	0.06
		자치단체 직접집행	-0.02 (0.15)	0.92	0.11 (0.31)	0.72	-0.05 (0.16)	0.73
		산하기관 출연	0.004 (0.13)	0.97	0.39 (0.30)	0.20	-0.02 (0.14)	0.87
		민간위탁	-0.02 (0.08)	0.85	0.01 (0.18)	0.94	-0.05 (0.08)	0.52
		개최기간	0.001* (0.001)	0.10	0.003* (0.001)	0.06	0.001 (0.001)	0.108
		개최역사	0.003 (0.003)	0.21	0.01 (0.01)	0.11	0.004 (0.003)	0.22
통제 변수	외부적 환경 요인	지자체 채무비율	0.003 (0.01)	0.75	0.01 (0.02)	0.73	0.003 (0.01)	0.75

종속변수			기술적 효율성(TE)		운영 효율성(PTE)		규모 효율성(SE)	
			Coef. (Std. Err.)	P>|z|	Coef. (Std. Err.)	P>|z|	Coef. (Std. Err.)	P>|z|
		지자체 재정자립도	0.02* (0.01)	0.10	0.04** (0.02)	0.04	0.02* (0.01)	0.09
		1인당 세출예산액	0.00003 (0.00007)	0.70	0.0001 (0.0001)	0.40	-8.56e-06 (0.0001)	0.91
		ln(주민인구수)	-0.68* (0.42)	0.10	-1.44* (0.85)	0.09	-0.67 (0.43)	0.13
		ln(전년도 GRDP)	0.81** (0.39)	0.04	1.44* (0.78)	0.07	0.81** (0.41)	0.05
		전년도 GRDP 성장률	-0.003 (0.01)	0.61	0.01 (0.01)	0.68	-0.003 (0.01)	0.65
	연도별 요인	year2013 더미	-0.10 (0.09)	0.27	-0.11 (0.22)	0.61	-0.09 (0.09)	0.32
		year2014 더미	-0.07 (0.08)	0.36	-0.17 (0.19)	0.38	-0.03 (0.08)	0.72
		year2015 더미	-0.13 (0.09)	0.16	-0.21 (0.21)	0.31	-0.11 (0.09)	0.23
		year2016 더미	-0.16 (0.10)	0.11	-0.26 (0.22)	0.25	-0.18 (0.10)	0.09
		_cons	1.35 (2.21)	0.54	5.50 (4.51)	0.22	1.09 (2.28)	0.63
		/sigma_u	0.54 (0.07)	0.00	0.83 (0.14)	0.00	0.59 (0.07)	0.00
		/sigma_e	0.20 (0.02)	0.00	0.51 (0.06)	0.00	0.20 (0.02)	0.00
		rho	0.88 (0.04)		0.73 (0.08)		0.89 (0.03)	
		Log likelihood	-102.24		-183.68		-103.97	
		Wald chi2	39.22(24)		33.71(24)		39.07(24)	
		Prob > chi2	0.026		0.090		0.027	
Number of obs (left-censored/uncensored/right-censored)			(90/115/23)		(90/80/58)		(90/115/23)	
Number of group = 85; Obs per group: min = 1 ; avg = 2.7 ; max = 5								

주: *p < .10; **p < .05; ***p < .01; 연도 더미는 2012년이 base임; Wald chi2의 괄호 안 수치는 자유도를 나타냄.

이상의 분석결과 중 내부적 관리·운영 측면의 영향요인들은 다음과 같이 해석해 볼 수 있다. 첫째, 스포츠이벤트의 경우에 그렇지 않은 경우보다 효율성이 낮은 것으로 나타났다. 이는 스포츠이벤트의 경우 산출물인 사업수익의 극대화 자체가 목적이 아니라 경기의 진행 및 관련된 운영 측면에 대부분의 역량이 집중되기 때문으로 볼 수 있다. 따라서 이벤트의 운영 과정에서 산출 자체를 늘리거나 투입을 감축하려는 노력이나 동기의 유인이 상대적으로 부족할 수 있으며, 이벤트의 성격상 수익성이나 다양한 방문객 유치를 통한 편익 창출 등이 주된 목적이 아닌 만큼 비용 대비 효과의 측면에서 효율성이 낮게 나타날 수 있는 것으로 해석될 수 있다.

둘째, 축제목적 측면에서는 국제우호 친선협력을 목적으로 하는 경우가 다른 목적의 이벤트·축제들보다 효율성이 높고 유의미한 것으로 나타났다. 이처럼 국제우호 친선협력과 관련이 있을수록 상대적으로 효율성이 높은 것으로 나타난 것은, 이벤트·축제 목적의 범위와 성격이 글로벌 수준으로 확대됨에 따라 더욱 다양한 방문객의 참여 및 유치가 가능해지고 또한 이벤트 결과 측면에서도 이벤트의 종류 및 사업 내용 등이 다양해지는 등 주어진 재정적 투자 대비 파생적 효과가 보다 극대화되는 양상이 나타난 것으로 해석될 수 있다[53].

셋째, 계절별 효율성을 비교해 본 결과, 봄철의 축제에 비해 여름과 가을·겨울에 개최되는 축제의 효율성이 더 높은 것으로 나타났다. 생각건대 특히 휴가철에 해당하는 여름, 그리고 단풍놀이 등 행락철인 가을에 이벤트·축제에 대한 수요가 많은 것으로 예상할 수 있다[54]. 계절의 기후적 특성이 두드러지는 겨울에도 눈꽃 축제, 산천어 축제, 빙어 축제 등 관련된 축제와 이벤트의 수요가 높은 만큼 산출(사업수익)이 상대적으로 높아져 봄철에 비해 기술적 효율성 및 규모효율성이 높게 나타나는 것으로 해석될 수 있다.

넷째, 이벤트·축제의 운영방식과 관련하여, 지역 이벤트·축제를 지방정부가 직접 운영하는 경우나 지방정부 산하기관 출연을 통해 운영하는 경우 또는 민간 주체에 운영을 위탁한 경우 간에는 통계적으로 유의미한 차이가 나타나지 않았다. 이를 통해 알 수 있는 점은 기존 지역 이벤트·축제의 운영방식상 산하기관에의 위임이나 민간위탁[55]이 지자체가 직접 집행하는 방식보다 반드시 효율적이라고 단정할 수는 없다는 점이다.

다섯째, 개최기간과 효율성의 관계를 보면, 이벤트·축제의 개최기간이 길수록 효율성이 높은 것으로 나타났다. 분석대상 이벤트·축제 전체 229개 중에서 196개가 개최기간이 20일 이내인 것으로 나타났고, 그중 대부분은 5일 이내에 분포하고 있다[56]. 즉,

대부분의 이벤트·축제의 개최기간이 일주일 이내인 것을 감안하면, 기간이 길수록 이벤트·축제의 효율성이 높게 나타난다는 것은 개최기간이 이벤트·축제의 효율성에 미치는 영향이 상당히 큰 것을 의미한다. 개최비용의 상당 부분이 이벤트운영 위탁계약, 사전 준비 등 이벤트 전에 지출이 결정되는 고정적 성격의 경비라는 것을 감안한다면, 이벤트기간이 길어질수록 비용의 증가보다 이벤트로 인한 수익 등 편익의 증가가 더 클 수 있다는 것을 추측할 수 있다. 또 다른 측면에서 보면 기간이 긴 이벤트·축제의 경우 더욱 철저한 사전 계획과 준비를 요함에 따라 더 엄격히 관리됨으로써 운영효율성이 증가하기 때문인 것으로 볼 수도 있다.

여섯째, 이벤트·축제가 현재까지 개최되어 온 횟수, 즉 처음 시작된 이후 얼마나 오래되었는지는 효율성에 크게 영향을 미치지는 않는 것으로 나타나고 있다. 다시 말해, 오래된 축제일수록 효율성이 약간 높은 경향이 나타나고는 있으나 통계적으로 크게 유의미하지는 않다. 하지만 이벤트·축제가 시작된 연혁이 오래되었다 해도, 그 개최 경험이 학습효과로 작용하여 효율성을 유의미하게 증가시킬 수 있을 정도의 운영상 개선 노력이나 노하우의 축적 및 체계적인 관리 등은 여전히 부족할 가능성이 있다[57]. 따라서 시작된 역사가 긴 이벤트·축제인 경우에도 오랜 연혁으로부터 축적된 노하우를 체계적으로 관리함으로써, 지역 이벤트·축제의 효율성을 제고하기 위한 추가적 노력이 필요할 것이다.

4. 결론 및 정책적 시사점

본 연구는 문화예술 분야 지방재정사업의 효율성 측면에서 지역 이벤트·축제 사업의 타당성을 경제적 효율성 기준으로 평가해보고 이러한 효율성의 영향요인을 분석함으로써, 지자체 재정사업의 효율성을 높이고 한정된 자원으로 성과를 제고할 수 있는 방안을 모색하는 것을 목적으로 수행되었다. 구체적으로 본 연구는 2012년부터 2016년까지 강원도 지자체별 이벤트·축제 관련 원가회계정보인 총원가(총비용), 사업수익 등을 활용하여, 개별 이벤트·축제의 효율성을 DEA 기법 중 CCR 모형과 BCC 모형에 기초하여 비교분석하고, 나아가 패널토빗 모형을 통해 지역 이벤트·축제의 효율성에 영향을 미치는 다양한 요인 중 내부적 관리·운영 요인에 초점을 맞추어 분석했다.

투입요소를 총원가(비용), 이벤트·축제경비 액수 및 이벤트·축제경비 비율로, 산출요소를 사업수익으로 선정하고 DEA 분석을 실시한 결과, 2012~2016년 강원도 지역 이벤트·축제들의 기술적 효율성(TE), 운영효율성(PTE) 및 규모효율성(SE)에는 상당한 편차가 존재하며, 특별히 이벤트·축제의 성격상 산출물인 사업수익이 전혀 없는 경우가 많은 것으로 나타났다. 다음으로 지역 이벤트·축제의 효율성에 영향을 미치는 요인을 패널토빗 회귀분석으로 추정한 결과를 살펴보면, 스포츠이벤트인 경우에는 다른 이벤트·축제들에 비해 세 가지 효율성 모두 낮은 것으로 나타났고, 국제우호 친선협력을 목적으로 하는 이벤트·축제의 경우 다른 유형들에 비해 기술적 효율성, 운영효율성 및 규모효율성이 높은 것으로 나타났다. 계절적 요인으로는 봄철에 비해 대체로 계절의 기후적 특성이 두드러지는 여름, 가을, 겨울이 상대적으로 이벤트·축제에 대한 수요가 높아 효율성이 더 높은 것으로 나타났다. 이벤트·축제 운영방식상 자치단체 직접집행, 산하기관 출연, 민간위탁의 경우를 기타 운영방식과 비교한 결과는 각 방식 간에 효율성 차이를 발견할 수 없었다. 이벤트·축제의 개최기간이 길어질수록 기술적 효율성과 운영효율성이 높아지는 것으로 나타났으나, 이벤트·축제의 개최 역사가 효율성에 미치는 효과는 통계적으로 유의미하지 않았다.

이상과 같은 본 연구결과로 도출되는 지역 이벤트·축제의 내부적 관리·운영 효율성 제고를 위한 정책적 시사점은 다음과 같다. 첫째, 스포츠이벤트가 다른 이벤트·축제들에 비해 효율성이 나타난 원인으로는 산출물인 사업수익의 극대화 자체가 목적이 아니기 때문에, 이벤트의 운영 과정에서 산출 자체를 늘리거나 투입을 감축하려는 노력이나 동기의 유인이 상대적으로 부족하기 때문으로 볼 수 있으나, 향후 스포츠이벤트의 비용 대비 효과 측면 효율성 제고를 위해서는 수익성이나 다양한 방문객 유치를 통한 편익 창출 등을 고려하여 개최될 필요가 있을 것이다.

둘째, 국제우호 친선협력을 목적으로 하는 이벤트·축제의 효율성이 높은 것은 지역 이벤트·축제라고 해서 반드시 지역적 범위 내에서만 한정될 필요는 없으며, 국제적인 시장수요가 고려될 경우 더욱 다양한 방문객의 참여 및 유치가 가능해지고, 또한 이벤트 결과 측면에서도 이벤트의 종류 및 사업 내용 등도 다양해지는 등 주어진 재정적 투자 대비 파생적 효과가 보다 극대화되는 결과가 나타날 수 있음을 시사한다.

셋째, 봄철의 축제에 비해 여름과 가을, 겨울에 개최되는 축제의 효율성이 더 높은 것으로 나타난 것은 계절의 기후적 특성에 따른 축제와 이벤트의 수요를 면밀히 분석하고 이를 이벤트·축제의 수익으로 창출할 수 있는 방안을 마련할 필요가 있음을 의미한다[58].

넷째, 지역 이벤트·축제의 현행 운영방식 측면에서는 지방정부가 직접 운영하는 경우나 지방정부 산하기관 출연을 통해 운영하는 경우 또는 민간위탁의 경우 간에는 효율성의 차이가 나타나지 않고 있는데, 더욱 효율적인 민간위탁을 위해서는 이벤트·축제의 최종 성과에 운영 주체의 수익을 연동시킴으로써 성과 제고를 위해 노력할 수 있도록 추가적 유인을 제공하는 방식 등을 고려해 볼 수 있을 것이다.

다섯째, 개최기간이 길수록 효율성이 높은 것으로 나타난다는 것은 개최비용의 상당 부분이 이벤트운영 위탁계약, 사전 준비 등 이벤트 전에 지출이 결정되는 고정적 성격의 경비라는 것을 감안한다면, 이벤트기간이 길어질수록 비용의 증가보다 이벤트로 인한 수익 등 편익의 증가가 더 클 수 있다는 것으로 해석될 수 있으며, 이는 긴 개최기간 동안 더욱 철저한 사전 계획과 준비 등을 통해 더 엄격히 관리함으로써 운영효율성을 제고할 수 있음을 시사한다.

여섯째, 이벤트·축제의 연혁이 오래된 것만으로는 효율성이 높아지는 것이 아니라는 점은 개최경험을 학습효과 삼아 운영상 개선 노력이나 노하우의 축적 및 체계적인 관리가 효율성 제고에 필수적임을 시사하고 있다.

물론 본 연구에서 시도한 것과 같이 지역 이벤트나 축제의 성과를 효율성의 측면에서만 평가하는 것이 항상 바람직한 것은 아닐 수도 있다[59]. 하지만 지방재정의 위기에 대한 문제제기가 오랫동안 계속되어온 상황을 고려하면, 지방정부의 재정투자가 어떤 형태로든 지역발전에 기여하고 부가가치를 창출함으로써 많은 참여자들에게 편익을 발생시킬 수 있도록 노력해야 할 필요성이 매우 크다. 더구나 지역 축제와 이벤트 등을 개최하기 위한 예산 지출은 지자체들의 한정된 재정자원 내에서 지역 주민의 복리 후생 증진 및 지역 산업발전 등에 활용될 수 있는 재원을 전용함으로써 기회비용을 발생시킬 수 있다는 측면을 고려할 필요가 있다. 따라서 지역 축제 및 이벤트의 효율성을 제고할 수 있는 관리·운영 측면의 다양한 요인을 탐색하고 그에 대한 대책을 마련하는 것은 다양한 관련 프로그램으로 방문객을 유치하고 지역 경제를 활성화시키는 효과를 극대화함으로써, 지방재정 운용의 성과를 높이고 더욱 지속가능하면서 지역발전에 진정으로 기여할 수 있는 바람직한 재정투자를 가능케 하는 디딤돌로서 의의를 가질 수 있을 것이다.

CHAPTER 06

1 본 절은 김권식·이광훈(2017). 문화예술 분야 지방재정사업의 성과지표에 관한 탐색적 연구: 강원도 지역 행사·축제를 중심으로. 〈사회과학논집〉, 48(1), 139-168의 내용을 수정·보완하여 작성함.

2 「행사·축제 예산편성 사전심사 및 성과평가 지침」에 따르면, 행사 혹은 이벤트(event)란 주민화합, 지역홍보, 지역경제 활성화 등을 위하여 개최하는 것으로 스포츠이벤트, 박람회, 전시회, 문화이벤트, 관광이벤트 등을 말하며, 지역축제(local festival)는 지역의 전통문화를 계승·발전, 주민의 정체성 제고, 외지인의 지역에 대한 이해증진 등을 위하여 개최하는 지역별 축제 등을 의미한다.

3 대표적 축제 연구자인 Getz(1991; 1996)는 지역축제가 관광지 시설 활성화의 자극제이자 관광지 개발의 촉매자가 될 수 있음을 지적하였다.

4 통계청의 '2014년 지역소득 추계 잠정치(세종시 제외)'에 따르면 강원도 주민 1인당 개인소득은 1,454만 원인 전남을 제외하면 전국 최하위이다. 또한 강원도 산업의 72.1%는 서비스업, 제조·건설업은 17.8%, 농림어업은 5.4%, 기타는 4.7%로서, 강원도의 산업 구조는 전국 대비 제조업이 취약하고 지역 경제의 70%가 관광산업에 치중되어 있다.

5 국민일보, 2016.05.01., "돈 벌 일 없는 지자체 지역축제 361건 중 화천 산천어만 흑자"

6 예컨대 산천어 축제의 경우, 재무지표 항목 상 타 지자체와 상이한 분류방식으로 인해 성과의 차이가 발생하는 것으로 나타났다. 즉, 타 이벤트·축제들이 입장료수입을 수탁기관 자체수입으로 계상하는 것과는 달리 산천어 축제에서는 입장료수입을 지자체 기타수입 항목으로 포함시켜서 흑자규모가 과대계상된 측면이 있는 것으로 확인되었다.

7 동일 회계 내에서의 자금 유출입을 상계하여 순계로 계상하는 예산순계의 개념에 비추어 볼 때, 이전수입인 보조금은 사업으로 인한 편익 증가분이나 공공부문의 수익 등과 같이 특정 지방자치단체의 재정이나 지역경제로 경제적 가치가 순유입(inflow) 되는 것과는 분명 차이가 있다. 즉, 중앙정부와 지방정부를 모두 포함한 공공부문 전체로 보면 zero-sum인 것이다.

8 이 경우 보조금 확보는 기존 성과지표(사업수익=서비스요금+보조금)에 따르면 지자체의 순원가(총원가-사업수익)를 감소시키는 결과를 가져오지만, 단지 순원가를 낮춘다고 보조금을 성과로 보는 것은 문제가 있다. 순원가를 축소시키는 이유는 보조금이 성과로 계상되는 기존의 측정방식 자체에 기인하는 것이기 때문이다. 이에 비해 본 연구는 보조금을 성과로 인식하는 기존 지표 자체에 문제를 제기하고 투입요소로 보는 것이 타당하다는 입장이다.

9 특히 지자체의 보조금 확보 여부 및 규모의 경우, 국가(중앙정부, 의회 등)와 지방정부 간 관계, '구유통(pork barrel)' 정치, 지자체간 보조금 '쟁탈전' 등 이벤트·축제와는 직접적으로 관련이 없는 다양한 정치적, 외생적 요인들이 영향을 미친다. 따라서 투입요소인 보조금이 성과지표로 설정될 경우, 지자체간 이벤트·축제의 성과 제고를 위한 경쟁은 보조금 쟁탈전으로 귀결될 수 있고, 이벤트·축제의 진정한 성과와는 상관없이 누가 더 보조금을 많이 받느냐가 높은 성과를 결정짓는 아이러니한 결과가 빚어질 수도 있는 것이다.

10 이는 지방정부로부터 이벤트·축제를 위탁받은 기관의 수익으로서 지방정부에 직접 발생한 금전적 수익을 의미하는 서비스요금과는 구별할 필요가 있다.

11 본 연구에서는 바로 이러한 점에 착안하여 순원가 중심의 회계정보가 아니라 축제·이벤트에 투입된 자원의 총량으로서의 총원가를 총비용으로, 그리고 서비스 요금, 수탁기관 자체 수입 등 지방재정365를 통해 공개된 회계정보를 최대한 활용하여 그에 따른 수익의 측면을 파악하고자 하였다. 그리고 이에 따라 설정된 비용과 수익 측면의 변수들을 토대로 투입 대비 산출 측면에서 효율성 평가를 위한 다양한 지표들을 제안하고 있다.

12 논란의 여지는 있지만 일단 현행 회계시스템하에서 보조금도 수입에 포함되어 있는데, 앞서 언급한 바와 같이 이를 진정한 의미의 직접효과로 볼 수 있을지 검토가 필요하다.

13 본 연구는 해당 지자체가 개최한 이벤트·축제에 대해 자체 컨설팅이나 평가보고서 등을 통해 지역경제 파급효과를 추산한 값을 지방재정365에서 수집·활용하여 분석하였다.

14 총원가는 자치단체가 투입한 총비용을 의미하고 순원가는 총원가(총비용)에서 사업수익을 제외한 금액으로서 지방자치단체의 순부담액을 의미한다.

15 전술한 "사업수익/총원가"와 같이 경제·경영분야의 재무분석에서 주로 사용하는 지표들을 의미한다.

16 자료포락분석(DEA)에 의하면 가장 효율적인 개체의 효율성 측정치를 1로 하고 나머지 개체의 효율성 점수에 0에서 1 사이의 값을 부여하여 각 개체간 상대적인 효율성의 차이를 측정하게 된다.

17 이벤트·축제의 성과측정에 DEA 모형의 적용가능성을 탐색한 본 연구에서는 편의상 규모수익불변(CRS)을 가정한 CCR 모형만을 적용하였으나, 추후 BCC 모형 등 다양한 DEA 모형들을 활용한 분석이 가능할 것이다. CCR 모형의 선형계획법 공식 및 효율성 지수를 구하는 구체적인 방법은 Charnes et al.(1994)를 참조할 수 있다.

18 한편, DEA 모형은 투입변수와 산출변수들의 수가 많아질수록 효율적인 것으로 평가되는 DMU의 수 역시 지나치게 많아지는 경향이 있는 등 투입변수와 산출변수를 여하히 선정하는지에 따라 DMU의 효율성 평가결과의 신뢰성에 민감한 영향을 줄 수 있다. 이와 관련하여 DMU의 수가 투입과 산출변수의 총합보다 최소 3배 이상이거나 투입·산출 요소의 곱보다 2배 이상 커야 한다는 조건(Banker & Morey, 1986; Boussofiane, et. al., 1991; 윤경준, 2003)에 의하면, 본 연구는 투입변수와 산출변수의 합이 4, 5이고 곱이 3, 6인 데 비해 DMU의 수는 각각 33, 47개이므로 적정한 DMU를 확보한 것으로 볼 수 있다.

19 「행사·축제 원가회계정보」란 자치단체가 행사·축제 성격의 사업을 추진하기 위해 직·간접

적으로 투입한 모든 재원의 정보를 말하며, 집행액 기준으로 광역자치단체 5억, 기초자치단체 3억 원 이상 행사·축제들로 산정되었다(지방재정365 웹사이트: https://lofin.mois.go.kr).

20 반면, 강원도의 총 18개 시군 중 10개인 원주시, 홍천군, 횡성군, 영월군, 평창군, 양구군, 인제군, 고성군, 동해시, 양양군에서는 동기간 개최된 스포츠이벤트가 없는 것으로 나타났다.

21 인건비, 홍보비, 시설장비비 등 이벤트·축제를 개최하기 위해 소요되는 모든 경제적 자원

22 보조금(국가, 상급 자치단체 등 외부로부터 받은 금액 일체) + 서비스요금수익(사용료수익, 시설물 임대수익, 주차요금 등 이벤트·축제 개최로 인해 발생하는 수익)

23 자치단체가 이벤트·축제 사업에 대해 순수하게 부담한 금액(총원가-사업수익)

24 국비보조금(국고보조사업에 대하여 지원받는 국고보조금) + 시도비보조금수익(시·군·구가 각 시·도에서 교부받는 시도비보조금과 시도에서 관리하고 있는 각종 기금에서 지원받는 수익)

25 여기서 유의할 점은 보조금이 성과측정을 위한 지표와 관련해서는 산출이나 성과의 의미로 보기 어렵지만 재무회계 지표체계상에서는 비교환수익으로서 수익의 일종으로 계리된다는 것이다. 재무회계 관점에서 성과측정은 당연히 수익과 비용에 의해 이루어져야 하지만, 본 연구에서 주장하는 바와 같이 공공부문에서 성과지표를 식별함에 있어서는 보조금과 같이 정부 간 이전지출의 형태로 이루어지는 비교환수익의 비중이 크다는 점이 고려되어야 할 것이다. 따라서 기존 재무회계 지표 가운데 비교환수익인 보조금을 제외하고, 서비스요금과 수탁기관 자체수입 등 이벤트·축제로 인해 해당 지역에 직접적으로 발생한 편익을 지역 이벤트·축제의 실질적인 산출로 인식하는 성과지표가 필요하다.

26 물론 본 연구는 새로운 지표체계를 제안하는 탐색적 연구로서, 실제 분석대상 스포츠이벤트의 사례 수가 많지 않으며, 인구가 적고 경제기반이 부족한 강원도의 특성이 반영된 분석결과라는 한계가 있으므로, 향후 여러 지자체별 비교분석 및 국내 스포츠이벤트 전체를 대상으로 하는 연구가 필요할 것이다.

27 예컨대 보조금 대비 직접효과(서비스요금 + 수탁기관 자체수입) 혹은 보조금 대비 직·간접효과(서비스요금 + 수탁기관 자체수입+지역경제파급효과) 등을 성과지표로 활용하는 것도 고려할 수 있을 것이다.

28 예컨대 어떤 이벤트·축제가 지역주민의 참여가 저조하거나 참가자의 만족도가 낮은 경우에도 불구하고 단지 해당 지자체가 보조금을 많이 확보하는 것이 가능하다는 이유만으로 관성적으로 이벤트·축제가 반복된다면, 이로 인한 사회적 비용이나 비능률이 막대할 수 있다는 점을 유념할 필요가 있다. 만일 동일한 보조금이 투입되었을 때 보다 높은 성과를 창출할 수 있는 다른 지자체나 다른 이벤트·축제에 그 재원이 주어졌더라면, 재정투입의 지출가치성(value for money) 제고 및 사회적 후생 증가가 가능하였을 것이기 때문이다.

29 이러한 영향요인들로는 예컨대 해당 지자체의 지역내총생산(GRDP) 및 재정자립도, 지역 이벤트·축제 유형, 개최시기(봄, 여름, 가을, 겨울), 개최기간, 개최누적횟수, 민간위탁 여부 등이 있다.

30 본 절은 김권식·이광훈(2019). 자료포락분석(DEA) 모형에 의한 문화 분야 지방재정사업의 효율성 평가: 강원도 지역 행사·축제를 대상으로. 〈문화정책논총〉, 33(1), 31-69의 내용을 수정·보완하여 작성함.

31 연합뉴스, 2018. 4. 30, "눈축제 100만 왔는데..태백 대표 유료관광지는 고작 7천 명"; 조선일보, 2017. 11. 9, "200억 쓰고도 흉물 소리까지 들은 서울시 축제"; YTN, 2016. 5. 16, "대한민국은 '축제 중'..361개 중 1개만 흑자"; 경인일보, 2016. 5. 06, "지역축제 '적자 낳는 거위'"; 국민일보, 2016. 5. 1, "돈 벌 일 없는 지자체 지역축제 361건 중 화천 산천어만 흑자"; 연합뉴스, 2019. 3. 12, "관광객 외면하는 '그들만의 잔치' 제주 지역 축제".

32 Koopmans(1951)에 따르면, 효율성이란 투입물을 늘리지 않고 더 이상 산출물을 늘릴 수 없는 상태 또는 산출물을 줄이지 않고 더 이상 투입물을 줄일 수 없는 상태로서, 이는 최소자원 또는 최소비용으로 산출물을 생산할 수 있는 정도를 말한다(최충익·김미숙, 2008 재인용).

33 분석대상이 되는 DMUs의 실제 값에 의해 도출되는 경험적 프런티어 상에 있는 DMU는 효율성이 가장 우수한(효율성 값이 1) 경영체들로서, 이들의 집합체를 준거집단(reference group)이라고 한다.

34 즉, 효율성의 평가기준은 DMUs의 최대효율성을 1 혹은 100%로 표준화하고, 최대효율적인 DMU와 당해 DMU를 비교해 상대적 효율성을 측정하는 방식을 사용한다(이정동·오동현, 2012). 따라서 상대적으로 가장 효율적인 DMU에 1의 척도가 부여되며, 비효율적인 DMU는 효율적 의사결정 단위와 상대적 비교를 통해 1 이하의 점수가 부여된다.

35 Farrell(1957)은 생산기술을 생산가능 집합으로 표현하고 효율적 생산기술을 생산가능집합 내의 효율적 부분집합으로 정의하면서, 평가대상의 효율성을 평가대상이 효율적 부분집합에서 떨어져 있는 거리로 측정할 수 있다고 생각했다. 즉, Farrell은 특정 DMU의 효율성은 그 DMU가 효율적 부분집합(효율성 프런티어)으로부터 떨어져 있는 거리로 측정할 수 있다고 전제하고, 거리 개념을 기초로 한 효율성 측정방법을 제시했다.

36 여기서 기술적 효율성은 관리적 효율성(Management Efficiency)이라고도 하며, 일정한 투입으로부터 최대한의 산출을 얻거나 일정량의 산출물 생산 시 최소의 투입물을 사용하는 조직의 내적 운영 능력을 말한다.

37 배분적 효율성은 가격의 효율성이라고 하며 파레토 효율성(Pareto Efficiency)이 달성된 상태로 주어진 상대가격 체계 아래에서 단순히 생산요소들을 최적의 비율로 최적 배합할 수 있는 능력을 의미한다. 여기서 파레토 효율성이란 더 이상의 개선이 불가능한 상태로 모두에게 이득이 되는 변화를 만들어낼 수 없는 상태를 뜻한다.

38 일반적으로 CRS 모형보다 VRS 모형에서 효율성 값이 1을 갖는 기관이 더 많아지게 되는데, 그 이유는 같은 투입을 했다고 가정하더라도 거리상으로 VRS 모형과 비교했을 때 CRS 모형에서 더욱 가까운 거리에 프런티어가 형성되므로 효율적인 DMU로 평가되는 수가 많아지기 때문이다.

39 각 생산단위가 규모수익증가 상태인지를 판단하기 위해서는 비증가 규모수익(Non Increasing Returns to Scale: NIRS) 기술조건 아래에서 효율성 프런티어를 비교하는데, CRS 아래에서

기술적 효율성과 NIRS 아래에서 기술적 효율성이 같으면 해당 생산단위는 규모수익증가(IRS) 상태로, 같지 않으면 규모수익감소(DRS) 상태로 볼 수 있다(Coelli et al., 1998; 최충익·김미숙, 2008; 279 재인용). 여기서 NIRS하에서의 효율성은 위에 제시된 CCR 모형의 식에 다음 조건을 추가한다. $\sum_{k=1}^{K} z_k \leq 1$

40 예컨대 〈그림 6-5〉에서 생산단위 F4의 경우 기술적 효율성은 AB/AF4. 운영효율성은 AC/AF4, 규모효율성은 AB/AC이며, 따라서 이들의 관계는 다음의 식으로 표현된다(최충익·김미숙, 2008).

$$\frac{AB}{AF_4}(\text{기술효율성}) = \frac{AC}{AF_4}(\text{운영효율성}) \times \frac{AB}{AC}(\text{규모효율성})$$

여기서 F4를 운영효율적으로 만들기 위해서는 투입물을 (1-AC/AF4)만큼 감소시켜야 한다. 이에 비해 F1에 위치한 생산단위는 IRS 상태에 있고, F3에 있는 생산단위는 DRS 상태에 있으며, 이들 생산단위 F1, F3는 운영효율적이지만 기술효율적이지는 않다고 해석된다.

41 분석자료로 활용한 강원도 지역 「행사·축제 원가회계정보」는 자치단체가 이벤트·축제 성격의 사업을 추진하기 위해 직간접적으로 투입한 모든 재원의 정보로서, 현재 집행액 기준 광역자치단체 5억, 기초자치단체 3억 원 이상 이벤트·축제들에 대해 작성, 공개되어 있다.

42 사업수익은 보조금과 서비스요금수익의 합으로 구성되는데, 여기서 보조금이 이벤트·축제의 진정한 성과를 측정하는 지표가 될 수 있는지는 더욱 심도 깊은 논의가 필요하며 이에 대해서는 김권식·이광훈(2017)을 참조할 수 있다. 본 연구에서는 기존에 행정안전부에서 지자체 이벤트·축제의 성과지표로 활용하고 있는 사업수익을 산출요소로 선정했으나, 향후 연구에서는 서비스요금수익, 지역경제파급효과 등 다양한 산출요소를 활용하여 지역 이벤트·축제 성과를 DEA 모형으로 측정할 필요성이 제기된다.

43 DEA 모형은 투입변수와 산출변수의 선정 결과에 따라 효율성 수치의 신뢰성에 민감한 영향을 줄 수 있으므로, N≥ Max{m×s, 3(m+s)}이라는 조건(여기서 N은 표본의 크기 m은 투입변수의 개수, s는 산출변수의 개수임), 즉 DMU의 수가 투입과 산출변수의 총합보다 최소 3배 이상 또는 투입·산출 요소의 곱보다 2배 이상이라는 조건이 권장된다(Banker, 1984; Banker & Morey, 1986; Boussofiane, et. al., 1991; Cooper et al, 2000; 김권식·이광훈, 2017 재인용). 따라서 본 연구는 투입변수와 산출변수의 합이 4이고 곱이 3인 데 비해 DMU의 수는 각각 36~54개이므로 적정한 수의 DMU를 확보한 것으로 판단된다.

44 동 모형은 Tobin(1958)이 종속변수인 지출금액이 음이 될 수 없다는 점을 고려하여 설계한 회귀모형으로서, 이후 Goldberger(1964)가 프로빗(probit)모형과의 유사성에 착안하여 Tobin의 probit, 즉 Tobit 모형이라 지칭했다.

45 지자체별 행사운영비, 행사실비보상금, 민간행사사업보조, 행사관련 시설비 등 지출된 경비의 총부담액

46 지자체별 세출결산액 중 이벤트·축제경비 액수가 차지하는 비율=(이벤트·축제경비액/세출결산액)*100%

47 인건비, 홍보비, 시설장비비 등 이벤트·축제를 개최하기 위해 소요되는 모든 경제적 자원

48 보조금(국가, 상급 자치단체 등 외부로부터 받은 금액 일체) + 서비스요금수익(사용료수익, 시설물 임대수익, 주차요금 등 이벤트·축제 개최로 인해 발생하는 수익)

49 자치단체가 이벤트·축제 사업에 대해 순수하게 부담한 금액(총원가-사업수익)

50 국비보조금(국고보조사업에 대하여 지원받는 국고보조금) + 시도비보조금수익(시·군·구가 각 시·도에서 교부받는 시도비보조금과 시도에서 관리하고 있는 각종 기금에서 지원받는 수익)

51 현행 행사·축제회계정보의 회계규정상 사업수익에는 보조금(중앙정부 및 지자체)이 포함되어 있으나, 사업수익의 대부분은 보조금이며 많은 지역축제가 관 주도의 축제로서 주로 정부보조금으로 축제 경비가 충당되기 때문에 보조금을 투입(input) 측면이 아닌 산출(output) 측면의 수익으로 보는 것이 합리적으로 보는 견해(김권식·이광훈, 2017)도 있다. 비록 이와 같은 사업수익 지표의 한계가 존재하나 본 연구에서는 실제 행사·축제의 기존 성과지표로 활용되고 있기에 사업수익을 수익성 측정에 활용하였다.

52 기간의 길이가 효율성을 약간 증진시키는 것으로는 보이나 통계적으로는 크게 유의미하지는 않다(유의확률 0.11~0.22).

53 물론 효율성이 높은 원인이 산출요소인 사업수익이 포함하고 있는 보조금의 액수가 많기 때문인 경우라면, 국제우호 친선협력 목적의 이벤트·축제가 국가 또는 상급자치단체의 더 많은 관심을 받기 때문에 다른 목적의 이벤트·축제들보다 많은 보조금을 받는 것이라고 해석할 수도 있을 것이다.

54 분석대상 총 229개 이벤트·축제의 계절별 분포를 살펴보면, 봄 29, 여름 77, 가을 93, 겨울 30개인 것으로 나타났다. 여름의 경우 휴가철에 해당하므로 산이나 바다로 피서 여행이 많으며, 가을의 경우도 단풍 구경 등 관광객이 증가함에 따라 관련 이벤트·축제에 대한 수요가 많은 것으로 해석된다.

55 흔히 민간위탁 방식이 효율적일 것이라는 통념과는 달리 기존 지역 이벤트·축제의 민간위탁 여부가 효율성에 특별한 기여는 하지 않은 것으로 나타나고 있다. 사실 민간 운영주체에 위임된 경우라 하더라도 이벤트·축제 그 자체의 효율성을 높이는 것보다는 운영 주체 자신이 확보할 수 있는 수입의 극대화가 목표인 경우가 많을 것이다. 운영주체의 수입은 축제 운영의 계약과정에서 결정되고 운영경비의 일부로 포함되기 때문에, 만일 위탁받은 이벤트·축제의 성과가 높다고 해서 수탁기관의 이익이 증가하는 인센티브 구조가 아닌 경우에는 이벤트·축제 효율성을 높이기 위해 노력해야 할 동기는 높지 않다고 할 수 있다. 이 경우 일단 운영 주체로 지정되어 계약이 체결된 이후에는 자신들이 거둘 수 있는 수익이 확정되므로, 이벤트·축제 진행과정에서 수익 및 제반 성과의 증진을 위해 별도로 노력할 유인이 적을 수도 있다. 따라서 더욱 효율적인 민간위탁을 위해서는 이벤트·축제의 최종 성과에 운영주체의 수익을 연동시킴으로써 성과 제고를 위해 노력할 수 있도록 추가적 유인을 제공할 필요가 있을 것이다.

56 이처럼 전체 축제 및 이벤트의 기간의 분포가 대부분 5일 이하인 것을 감안하면 더더욱 축

제 기간이 길수록 효율성이 높다는 것은 시사하는 바가 크다. 기간에 관계없이 축제 및 이벤트는 사전 홍보 및 기획 등 준비단계에서 적잖은 비용이 지출될 것이다. 이때 축제 기간이 길수록 철저한 사전 준비나 계획이 수반될 것이고, 축제 및 이벤트의 완성도가 높은 만큼 그로 인한 성과도 높은 경향이 있을 것으로 생각해 볼 수 있다. 따라서 축제 기획 및 운영에 있어 짧은 기간 이벤트성 행사로 축제를 운영하기보다는, 축제의 효과를 충분히 발휘할 수 있는 적절한 기간을 설정하여 제대로 된 기획과 준비를 통해 운영함으로써 효율성을 증진시킬 필요가 있을 것이다.

57 다른 한편으로, 연혁이 오래된 축제의 경우는 대체로 유서 깊은 역사나 전통이 있는 이벤트·축제가 대부분인 점도 고려할 여지가 있다. 실제로 분석대상 이벤트·축제 중 누적 개최 횟수가 30회를 넘는 오래된 이벤트·축제가 대부분 전통문화를 기리거나 절기 등을 기념하는 것이 많다. 이 경우 지속적인 개최에 따라 경직적인 경비 지출은 계속되지만 특별히 수익을 추가로 창출하거나 증진시키기 위한 프로그램 개발이 어렵다. 즉, 이벤트의 목적이 수익 등 효율성의 추구가 아닌 경우가 대부분이라는 점이 효율성에 영향을 미쳤을 개연성이 존재한다.

58 본 연구는 봄철을 기본 범주로 하여 다른 계절을 더미변수로 설정하고, 더미변수의 계수 부호와 크기를 해석하기 위해 봄철 이외의 계절 요인을 휴가철, 행락철, 계절적 특성 등과 연관시키고 있으며, 봄철이 다른 계절에 비해 상대적 효율성이 낮게 나타나는 요인을 직접 분석하지는 않고 있다. 따라서 봄철이 갖는 상대적 효과를 더 면밀히 분석하기 위해서는 추후 인터뷰나 사례분석 등에 의한 심층적인 후속 연구가 요청된다.

59 이 연구의 실증분석 결과에서 효율성이 상대적으로 낮게 나타나는 지역 이벤트·축제의 영향요인으로서 이벤트 개최시기, 이벤트 기간 등을 식별한 것은 단기간 이벤트나 봄철 이벤트가 효율성이 떨어지기 때문에 이를 폐지하거나 지양해야 한다는 의미로 단순히 귀결시킬 것이 아니라, 오히려 기존 이벤트·축제의 효율성을 높이기 위한 노력의 필요성을 제기하는 것으로 해석할 수 있다.

참고문헌

Afriat, S. N., (1967). The Construction of Utility Functions from Expenditure Data, International Economic Review, 8(1), 67−77.

Akerlof, G. A. (1970). The market for "lemons": Quality uncertainty and the market mechanism. The quarterly journal of economics, 488−500.

Allison, G. T. and Zelikow, P. (1999). Essence of Decision: Explaining the Cuban Missile Crisis, 2nd ed., Addison Wesley Longman, New York.

Al−Ubaydli, O. & Patrick A. McLaughlin. (2012). The Industry−specific Regulatory Constraint Database (IRCD): A Numerical Database on Industry−Specific Regulations for All U. S. Industries and Federal Regulations, 1997−2010. IRCD Working Paper. June.

Amemiya, T. (1984). Tobit models: A survey, Journal of Econometrics, 24, 3−61.

Aminuddin, Norliza, (2012). Establishing Dimensions Of Country Attractiveness For Cross−Border Second Homes, Journal of Tourism, Hospitality & Culinary Arts, Volume 4, Issue 1.

Andersson, Hans E. and Nilsson, Susanna, (2011). Asylum Seekers and Undocumented Migrants' Increased Social Rights in Sweden, International Migration, Volume 49, Issue 4, August, 167-188.

Andreff, Wladimir, (2012), THE WINNER'S CURSE: Why is the cost of sports mega−events so often underestimated?, 37−69, In Wolfgang Maennig and Andrew Zimbalist, eds., International Handbook on the Economics of Mega Sporting Events, 2012, Edward Elgar.

Andrews, Kenneth R., (1980). The concept of corporate strategy, Rev. edition, Homewood, IL: Irwin.

Ansoff, I., (1965). Corporate Strategy. New York: McGraw Hill, Inc.

Arne Feddersen, Wolfgang Maennig, Philipp Zimmermann. (2008). "The empirics of key factors in the success of bids for olympic games." Revue d'Économie politique Vol. 118 (Feb., 2008): 171−187.

Athanassopoulos, A. D., & Triantis, K. P. (1998), Assessing Aggregate Cost Efficiency and their Related Policy Implications for Greek Local Municipalities, INFOR, 36(3), 66−83.

Bachrach, Peter, and Morton Baratz. (1963). "Decisions and nondecisions: An analytical framework." American Political Science Review 57(September): 632−42.

Backman, S. J., Uysal, M., & Backman, K. (1991). Regional analysis of tourism resources. Annals of Tourism Research, 8(1), 323‒327.

Balla, Steven J., (2000). Legislative Success and Failure and Participation in Rule Making, Journal of Public Administration and Research Theory, 10 (3): 633−654.

Baltagi, Badi H., (2008). Econometric analysis of panel data, 4th ed. West Sussex, UK: John Wiley and Sons.

Baltagi, Badi H., (2008). Econometric analysis of panel data. John Wiley & Sons, Inc.

Banker, R. D. (1984). Estimating Most Productive Scale Size Using Data Envelopment Analysis, European Journal of Operational Research, 17, 35−44.

Banker, R. D., Charnes, A., and Cooper W. W. (1984). "Some Models for Estimating Technical and Scale Inefficiencies in Data Envelopment Analysis." Management Sciences, Vol. 30, No. 9, 1078−1092.

Banker, R. D. and Morey, R. C. (1986). "The Use of Categorical Variables in DEA." Management Science, Vol. 32, No. 12, 1613−1627.

Bansal, Pratima, (1995). Why do firms go green? The case of organisational legitimacy, D. Phil thesis, Oxford University.

Bansal, Pratima, Roth, Kendall. (2000). Why Companies Go Green: A Model of Ecological Responsiveness, The Academy of Management Journal, Vol. 43, No. 4 (Aug., 2000): 717−736.

Barnet, Michael and Duvall, Raymond(ed.). (2005). Power in Global Governance. Cambridge and New York: Cambridge University Press.

Barnet, Michael and Finnemore, Martha. (1999). "The Politics, Power, and Pathologies of International Organizations." International Organization Vol. 53, No. 4 (Autumn, 1999): 699−732.

Barney, J. B. (2001). Resource−based theories of competitive advantage: A ten−year retrospective on the resource−based view. Journal of Management, 6, 643‒650.

Barney, J. B. (1991). Firm resources and sustained competitive advantage. Journal of Management, 17, 99−120.

Barney, Jay B. and Clark, Delwyn N. (2007). Resource−Based Theory: Creating and Sustaining Competitive Advantage. New York: Oxford University Press.

Bates, D. C. (2002). "Environmental refugees? Classifying human migrations caused by environmental change", Population and Environment, 23(5): 465-477.

Bateson, Gregory. (1979). Mind and Nature: A Necessary Unity. NY: E. P. Dutton.

Beck, N. (2001). Time−series−cross−section data: What have we learned in the past few years? Annual Review of Political Science, 4:171−293.

Beck, N. and Katz, J. (1995). What to do (and not to do) with time−series−cross−section data. American Political Science Review, 89(3): 634−647.

Bemelmans−Videc, M.Ray, C.Rist and Evert Vedung. (1998). Carrot, Stick and Sermons: Policy Instruments and Their Evaluation. New Brunswick NJ. USA.

Benz, Arthur(ed.). (2004). Governance. Regieren in komplexen Regelsystemen. Opladen.

Billings, A.C. & Eastman, S.T., (1998). Marketing the Olympics within the Olympics, Ecquid Novi: African Journalism Studies, 19:2, 74−87.

Boussofiane A, Byson RC, Thanassoulis E. (1991). "Applied data envelopment analysis." European Journal of Operational Research, Vol. 32, 1−15.

Black, R. (2001). "Environmental refugees: myth or reality?", UNHCR 'New Issues in Refugee Research' Working Paper No. 34 (March), UNHCR, Geneva.

Brown, Graham, (2000). Emerging Issues in Olympic Sponsorship: Implications for Host Cities. Sport Management Review, 3, 71-92.

Brown, Graham. (2000). "Emerging Issues in Olympic Sponsorship: Implications for Host Cities." Sport Management Review 3: 71-92.

Byers, Terri, Slack, Trevor, and Parent, Milena, (2012). Key Concepts in Sport Management, SAGE.

Cameron, A. C. & Trivedi, P. K. (2009). Microeconometrics Using Stata. College Station: Stata Press.

Cantelon, H., & Letters, M. (2000). The making of the IOC environmental policy as the third dimension of the Olympic Movement. International Review for the Sociology of Sport, 35, 294−308.

Carey, Meaghan, Daniel S. Mason and Laura Misener. (2011). Social Responsibility and the Competitive Bid Process for Major Sporting Events, Journal of Sport and Social Issues, 35:3, 246-263.

Castles, S. (2002). "Environmental change and forced migration: making sense of the debate", UNHCR 'New Issues in Refugee Research' Working Paper No. 70 (October), UNHCR,

Geneva.

Cha, Victor D. (2009). "A Theory of Sport and Politics." The International Journal of the History of Sport 26(11): 1581−1610.

Cha, Victor D., (2009). A Theory of Sport and Politics, The International Journal of the History of Sport, 26:11, 1581−1610.

Chandler, A. D., (1962). Strategy and Structure: Chapters in the History of the Industrial Enterprise, Cambirdge, MA: MIT Press.

Chapelet, Jean−Loup, (1991). Le Système olympique, Grenoble: PUG.

Chappelet, Jean−Loup. (2008b). "Olympic Environmental Concerns as a Legacy of the Winter Games", The International Journal of the History of Sport, 25:14, 1884−1902.

Chappelet, Jean−Loup. (2010). Switzerland, International Journal of Sport Policy and Politics, 2:1, 99−110.

Chappelet, Jean−Loup. & Mutter, O., (2009). Développement territorial au travers d'événements sportifs: l'analyse d'une politique publique émergente. Rapport final de recherche. Lausanne: Institut de hautes études en administration publique(IDHEAP).

Chappelet, Jean−Loup. Bayle, Emmanuel, (2005). Strategic and Performance Management of Olympic Sport Organisations, HUMAN KINETICS PUB.

Chappelet, Jean−Loup (eds.). (2005). From initial idea to success: a guide to bidding for sports events for politicians and administrators, SENTEDALPS(Sports Event Network for Tourism and Economic Development of the ALPine Space), Consortium, Chavannes−Lausanne, Switzerland: IDHEAP.

Chappelet, Jean−Loup, (1996). Dimensions publiques et privées de l'organisation des Jeux olympiques. Revue économique et sociale, Vol. 54, No. 3, 163−175.

Chappelet, Jean−Loup, (2000). Le Rêve inachevé ou les candidatures de Si on aux Jeux olympiques d'hiver. Lausanne: IDHEAP.

Chappelet, Jean−Loup, (2009). "The Economics of The IOC", in Andreff, Wladimir & Szymanski, Stefan (eds.), Handbook On The Economics Of Sport, Cheltenham: Edward Elgar, 241−253.

Chappelet, Jean−Loup. (2006). L'émergence des politiques publiques d'accueil d'événements sportifs. In Chappelet, J.−L. (Hrsg.), Les politiques publiques d'accueil d'événements sportifs (S. 9−30). Paris: L'Harmattan.

Chappelet, Jean−Loup. (2006). Les politiques publiques d'accueil d'événements sportifs. Paris,

France: L'Harmattan.

Chappelet, Jean−Loup. (2008a). The International Olympic Committee and the Olympic System: The Governance of World Sport. Routledge.

Chappelet, Jean−Loup. (2008a). The International Olympic Committee and the Olympic System: The Governance of World Sport. Routledge.

Chappelet, Jean−Loup. (2008b). "Olympic Environmental Concerns as a Legacy of the Winter Games." The International Journal of the History of Sport. 25(14): 1884−1902.

Chappelet, Jean−Loup. (2012a). Mega sporting event legacies: a multifaceted concept, Papeles de Europa, 25: 76−86.

Chappelet, Jean−Loup. (2012b). From daily management to high politics: the governance of the International Olympic Committee, In Robinson, Leigh, Chelladurai, Packianathan, Bodet, Guillaume, Downward, Paul, Routledge Handbook of Sport Management, Routledge.

Chappelet, Jean−Loup. (2016). "From Olympic administration to Olympic governance", Sport in Society, 19:6, 739−751.

Charnes, A., Cooper, W. and Rhodes, E. (1978). "Measuring the efficiency of decision making units." European journal of operational research, Vol. 2, No.6, 429−444.

Charnes, Abraham, William W. Cooper, Arie Y. Lewin, and Lawrence M. Seiford. (1994). Data Envelopment Analysis: Theory, Methodology, and Application. Boston: Kluwer Academic Publishers.

Chappelet, (2021). The Governance of the Olympic System: From One to Many Stakeholders, Journal of Global Sport Management, DOI: 10.1080/24704067.2021.1899767

Chappelet, Jean−Loup. Favre, Nancy, (2008). Quinze ans de championnats du monde et d'Europe en Suisse: un état des lieux, Working paper de l'IDHEAP no. 11/2008.

Charmetant, Rémy (eds.). (2005). GUIDE TO THE ORGANISATION OF SPORTS EVENTS FOR SPORTS OFFICIALS, POLITICIANS AND ADMINISTRATORS: "SO, WHERE DO WE START?", SENTEDALPS.

Chen, Gan, (2009), China's Climate Diplomacy and Its Soft Power, 225−244, in Li, Mingjiang(ed.). 2009. Soft power: China's emerging strategy in international politics. Lexington Books.

Chernushenko, David, (1994). Greening Our Games: Running Sports Events and Facilities That Won't Cost the Earth, Centurion Publishing & Marketing.

Chilingerian J. A., Sherman H. D. (2004), Health Care Applications. In: Cooper W. W., Seiford L. M., Zhu J.(eds), Handbook on Data Envelopment Analysis, 481−537. International Series in Operations Research & Management Science, Vol. 71, Springer, Boston, MA.

Chin, Wei; Dent, Peter; Roberts, Claire, (2006). An Explanatory Analysis of Barriers to Investment and Market Maturity in Southeast Asian Cities, Journal of Real Estate Portfolio Management, Vol. 12, No. 1, 49−57.

Christiansen, Hans. (2004). ODA and investment for development: what guidance can be can be drawn from investment climate scoreboards, WORKING PAPERS ON INTERNATIONA L INVESTMENT, No. 2004/5, OECD.

Conference on Information Systems, Cambridge, MA.

Coelli, Tim, Rae, D. S., Prasada, Battese, and George, E. (1998), An Introduction to Efficiency and Productivity Analysis, Kluwer Academic Publishers.

Connelly, Brian L. S. Trevis Certo, R. Duane Ireland and Christopher R. Reutzel, (2011). Signaling Theory: A Review and Assessment, Journal of Management, 37: 39.

Cooper, W. W., L. M. Seiford and K. Tone. (2000). Data Envelopment Analysis: A Comprhensive Text with Models, Applications, Reference and DEA−solver software, Kluwer Academic Publishers.

Cooper, F. Andrew. (1997). Niche Diplomacy: Middle Powers after the Cold War. Basingstoke: Palgrave Macmillan.

Crenshaw, Edward, (1982). "Foreign Investment as a Dependent Variable: Determinants of Foreign Investment and Capital Penetration in Developing Nations, 1967−1978," Societal Forces 69: 1169−1182.

Crozier, M. and Friedberg, E., (1977). L'ACTEUR ET LE SYSTÈME : Les contraintes de l'action collective. Paris: Seuil.

Cull, N. J. (2008). "The public diplomacy of the modern Olympic Games and China's soft power strategy." In Owning the Olympics: Narratives of New China by Price, M. E. University of Michigan Press. Ann Arbor, MI. 117−144.

Cutler, Claire A., Haufler, Virginia, Porter, Tony(ed.). (1999). Private Authority and International Affairs. Albany: State University of New York Press.

De Bosscher, Veerle, Paul De Knop, Maarten Van Bottenburg & Simon Shibli, (2006). A Conceptual Framework for Analysing Sports Policy Factors Leading to International Sporting Success, European Sport Management Quarterly, 6:2, 185−215.

De Jong, G. F. and J. T. Fawcett. (1981). 'Motivation for migration: an assessment and a value-expectancy research model', in G. F. De-Jong and R. W. Gardner (eds.), Migration Decision-Making: Multidisciplinary Approaches to Microlevel Studies in Developed and Developing Countries, New York: Pergamon Press, 13-53.

Deephouse, D. L., & Carter, S. M. (2005). An examination of differences between organizational legitimacy and organizational reputation. Journal of Management Studies, 42, 329-360.

Diaey, Taha, Dufourg, Jérôme J., Tjusevs, Pavels, Zamboni Garavelli, Alberto, (2011). Bidding: How can you win even if you lose? Identifying the legacies of lost bids to host a sports mega event, Neuchâtel: CIES, 89.

DiMaggio, P. J., & Powell, W. W. (1983). The iron cage revisited: Institutional isomorphism and collective rationality in the organizational field. American Sociological Review, 48, 147-160.

Dingwerth, Klaus and Pattberg, Philipp. 2006. "Global Governance as a Perspective on World Politics." Global Governance 12(2006): 185-203.

Dögl, Corinna, Dirk Holtbrügge, Tassilo Schuster, 2012, "Competitive advantage of German renewable energy firms in India and China: An empirical study based on Porter's diamond", International Journal of Emerging Markets, Vol. 7 Issue: 2, 191-214.

Dougherty, C. (2007). Introduction to Econometrics, Third Edition, Oxford: Oxford University Press.

Dowling, J. & Pfeffer, J., (1975). "Organizational legitimacy: Societal values and organizational behaviour". Pacific Sociological Review, Vol. 18, No. 1, January, 122-136.

Downs, Antony. (1957). An economic theory of democracy. New York: Harper & Row.

Dreher, Axel. (2006). Does Globalization Affect Growth? Evidence from a new Index of Globalization, Applied Economics 38, 10: 1091-1110.

Dreyer, Libby. (2011). Hosting an Olympic Games: Implications for the public sector, Development Planning Division, Working Paper Series No. 26, Development Bank of Southern Africa.

Dunning, J. H. (1993). The Globalisation of Business, Routledge, London.

Easton, David. (1965). A Systems Analysis of Political Life, New York : John Wiley and Sons, Inc.

Eden, C. and Ackermann, F. (1998) Making Strategy, The Journal of Strategic Management, London: Sage Publications.

Edward Freeman. (1984). Strategic Management: A Stakeholder Approach, Cambridge.

Edward Freeman. (2007). Jeffrey Harrison and Andrew Wicks, Managing for Stakeholders: Survival, Reputation, and Success, Yale University Press.

Ehrlich, Paul R. & Peter H. Raven. (1964). "Butterflies and Plants: A Study in Coevolution," Evolution, Vol. 18, No. 4, 586−608.

Emery, P. R. (2001). Bidding to host a major event: Strategic investment or complete lottery, New York: Routledge.

Emery, P. R. (2002). "Bidding to host a major sports event: The local organising committee perspective", International Journal of Public Sector Management, Vol. 15. Issue: 4, 316−335.

Ernst & Young, (2012). Renewable energy country attractiveness indices, May 2012 Issue 33.

Etzioni A. (1961). A comparative analysis of complex orga− nizations. The Free Press, New York.

Farrell, M. J. (1957), The Measurement of Productive Efficiency, Journal of the Royal Statistical Society, Series A, 120(3), 253−290.

Fakeye, P.C., & Crompton, J. L., (1991). Image difference between prospective, first−time, and repeat visitors to the lower Rio Grande valley. Journal of Travel Research, 30(2), 10−16.

Feddersen Arne, Maennig, Wolfgang, (2012). Determinants of successful bidding for mega events: the case of the Olympic Winter Games, Maennig, Wolfgang and Andrew S. Zimbalist (eds.), International Handbook on the Economics of Mega Sporting Events, Edward Elgar Publishing Inc.: UK.

Feddersen, A., Maennig, W., & Zimmermann, P., (2008). The empirics of key factors in the success of bids for Olympic Games. Revue d'Économie Politique, 2008/2(118): 171−187.

Ferrand, Alain. (1993). "La communication par l'événement sportif" in Sport et management, Paris: Dunod, 280−294.

Ferrand, Alain, Jean−Loup Chappelet, Benoit Seguin. (2012). Olympic Marketing, London: Taylor and Francis (Routledge).

Ferrand, Alain, McCarthy, S., (2009). Marketing the Sports Organisation: Building Networks and Relationships, Routledge: London.

Ferrario, F., (1979). "The Evaluation of Tourist Resources: An Applied Methodology." Journal of Travel Research. 17 (3): 18-22 and 17 (4): 24-30.

FIFA, (2006), Green Goal Legacy Report, Organizing Committee 2006 FIFA World Cup.

FIFA, (2011), FIFA Financial Report 2010, Zurich, 31 May and 1 June 2011.

Findling, J. E. and Pelle, K. D. (2004). Dictionary of the Modern Olympic Movement. Greenwood Press. Westport, CT, 107.

Florida, R., (2002). The Rise of the Creative Class, New York: Basic Books.

Florida, R., (2005). The Flight of the Creative Class, New York: Harper Business.

Formica, Sandro and Uysal, Muzaffer, (2006). Destination Attractiveness Based on Supply and Demand Evaluations: An Analytical Framework, Journal of Travel Research, 44: 418.

Fraser-Moleketi, Geraldine(ed.). (2005). The World We Could Win: Administering Global Governance. International Institute of Administrative Sciences. OIS Press.

Freeman, R. E. (1984). Strategic Management: A stakeholder approach. Boston: Pitman.

French Ministry for the Economy and Finance, French Interministerial Delegation for Regional Development and Economic Attractiveness, French Strategic Analysis Center, The Invest in France Agency, 2012. France Attractiveness Scoreboard, 2012 Edition.

Friedman, Milton, (1953). The Methodology of Positive Economics, 3-43, in Essays in Positive Economics, Chicago.

Friedmann, J. (1973) Urbanisation, Planning and National Development, Beverly Hills: Sage Publications.

Gearing, Charles E., William W. Swart, and Turgut Var (1974). "Establishing a Measure of Touristic Attractiveness." Journal of Travel Research, 22 (Spring): 1-8.

Getz, D. (1991). Festivals, Special Events and Tourism. New York : Van Nostrand Reinhold.

Getz, D., (1997). Event management & Event tourism, Elmsford: Cognizant Communication Cooperation.

Getz, Donald, (2004). Bidding on Events, Journal of Convention & Exhibition Management, 5:2, 1-24

Geurts, Tom G.; Jaffe, Austin J. (1996): Risk and Real Estate Investment: An International Perspective. In: The Journal of Real Estate Reseach, vol. 11, no. 2, 117-130.

Gnädinger, J., Stopper, M. & Kempf, H. (2011). The Gain of Playing Host — A comparison of National Policies for Hosting Major Sporting Events. Unpublished paper. Swiss Federal Institute of Sport Magglingen SFISM.

Godet, M. (2001), Manuel de prospective stratégique, vol. 2, 2nd ed. Paris: Dunod.

Goldberger, A. S. (1964), Economic theory, Wiley, New York.

Gompers, P., Lerner, J., (1998). What Drives Venture Fundraising? Brooking Papers on Economic Activity, Microeconomics, 149−192.

Gordenker, L. & T. G. Weiss. (1996). "Pluralizing Global Governance: Analytical Approaches and Dimensions." Weiss and Gordenker(ed.). NGOs, the UN, and Global Governance. Boulder: Lynne Reinner.

Gratton, C. (1990). The production of Olympic champions: International comparisons, in Sport in society, policy, politics and culture (Leisure, Labour and Lifestyles: International Comparisons Vol. 12) (LSA Publication No. 43), (edited by A. Tomlinson), Leisure Studies Association, Eastbourne, 50–66.

Graves, P. E., (1979). A Life−Cycle Empirical Analysis of Migration and Climate, by Race. Journal of Urban Economics, VI (1979), 135−147.

Gray, B., (1989), Collaborating: Finding Common Ground for Multiparty Problems.

Green, M., & Houlihan, B. (2005). Elite sport development: Policy learning and political priorities. Oxon: Routledge.

Groh, Alexander Peter and Wich, Matthias, A Composite Measure to Determine a Host Country's Attractiveness for Foreign Direct Investment (November 24, 2009). IESE Business School Working Paper No. 833.

Groh, Alexander Peter, Liechtenstein, Heinrich and Lieser, Karsten, The European Venture Capital and Private Equity Country Attractiveness Indices (April 1, 2010). Journal of Corporate Finance, Vol. 16, No. 2, 2010.

Groh, Alexander Peter; Liechtenstein, Heinrich, "How Attractive is Central Eastern Europe for Risk Capital Investors?", Journal of International Money and Finance, Vol. 28, No. 4, 2009, 625−647.

Gujarati, Damodar N., (2003), BASIC ECONOMETRICS, FOURTH EDITION, McGraw−Hill.

Hall, C. M. & Jenkins. J. (1995). Tourism and Public Policy. New York, Routledge.

Hall, Rodney Bruce and Biersteker, Thomas J. (2002). The Emergence of Private Authority in Global Governance. New York: Cambridge University Press.

Hall, P. A. (1992). "The movement from Keynesianism to monetarism: Institutional Analysis and British economic policy in the 1970s". chapter 4 in Steinmo, Thelen.

Hall, P. A. ed. (1989). The Political Power of Economic Ideas: Keynesianism Across Nations.

Princeton: Princeton University press.

Hall, P. A. (1986). Governing the Economy: The Politics of State Intervention in Britain and France. New York: Oxford University Press.

Hall, R. A framework linking intangible resources and capabilities to sustainable competitive advantage. Strategic Management Journal, 1993, 14(8): 607–618.

Hsiao, Cheng. (2003), Analysis of Panel Data, 2nd ed., Cambridge: Cambridge University Press.

Longstreth. (eds.) Structuring Politics. Cambridge: Cambridge University Press.

Harris J. & M. Todaro, (1970). Migration, Unemployment & Development: A Two–Sector Analysis, American Economic Review, March 1970; 60(1):126–142.

Haugen, H. Ø. (2005). Time and space in Beijing's Olympic bid. Norsk Geografisk Tidsskrift/Norwegian Journal of Geography, 59(3): 217–227.

Hausman J. A., Hall BH, Griliches Z, (1984). Econometric models for count data with applications to the patents R & D relationship. Econometrica, 52, 909–938.

Hausman, J. A. (1978). "Specification Tests in Econometrics", Econometrica, 46(6).

Hautbois, C., Milena M. Parent, Benoit Seguin, (2012). How to win a bid for major sporting events? A stakeholder analysis of the 2018 Olympic Winter Games French bid. Sport Management Review.

Hellström, Jörgen and Jonas Nordström, (2008). A Count Data Model with Endogenous Household Specific Censoring: the Number of Nights to Stay, Empirical Economics, Vol. 35, No. 1, 179–193.

Henkel, R., Henkel, P., Agrusa, W., Agrusa, J., & Tanner, J. (2006). Thailand as a tourist destination: Perceptions of international visitors and Thai residents. Asia Pacific Journal of Tourism.

Hercog, M. (2008), "The Role of the State in Attracting Highly–Skilled Migrants: The Case of the Netherlands", EIPASCOPE 3/2008. Hulme (2008)

Hilbe, Joseph, (2011). Negative binomial regression, 2nd, Cambridge University Press: New York.

Hollensen, Svend. (2007). Global Marketing: A Decision–Oriented Approach 4th, Pearson Education .

Hollinsheada, Keith & Hou Chun Xiao, (2012). The Seductions of "Soft Power": The Call for Multifronted Research Into the Articulative Reach of Tourism in China, Journal of China

Tourism Research, Volume 8, Issue 3.

HÖRTE S. Å.; PERSSON C., (2000). HOW SALT LAKE CITY AND ITS RIVAL BIDDERS CAMPAIGNED FOR THE 2002 OLYMPIC WINTER GAMES, Event Management, Volume 6, No. 2, 65−83(19).

Hotelling, Harold. (1929). "Stability in competition." The Economic Journal 39: 41−57.

Houlihan, B., (2005). Public sector sport policy: developing a framework for analysis. International review for the sociology of sport, 40, 163-185.

Houlihan, Barrie, (2012). Sport policy convergence: a framework for analysis, European Sport Management Quarterly, 12:2, 111−135.

Houthakker, H., (1950). Revealed preference and the utility function, Economica, 159−174.

Hu,Y., & Ritchie, J. R. B. (1993). Measuring destination attractiveness: A contextual approach. Journal of Travel Research, 32(2), 25-34.

Hulme, M. (2008). 'Climate refugees: cause for a new agreement (commentary)', Environment, 50(6): 50-52.

Imber, Jane and Toffler, Betsy−Ann, (2008). Dictionary of Marketing Terms, 4th edition, Barron's Educational Series, Inc.

Immergut, E. M. (1992a). "The rules of the game: The logic of health policy−making in France, Switzerland, and Sweden," chapter 3 in Steinmo, Thelen and Longstreth (eds.). Structuring Politics, Cambridge: Cambridge University Press.

Immergut, E. M. (1992b). Health Politics: Interests and Institutions in Western Europe. New York: Cambridge University Press.

Ingerson L. and Westerbeek H. M., (2000). Determining key success criteria for attracting hallmark sporting events, Pacific Tourism Review, Vol. 3, No. 4. pp. 239−253.

International Olympic Committee (IOC), 2005a. Rules of Conduct Applicable to all Cities Wishing to Organise the Olympic Games. Lausanne: IOC.

International Olympic Committee (IOC), 2005b, MANUAL ON SPORT AND THE ENVIRONMENT, Lausanne: IOC.

International Olympic Committee (IOC), 2011. Olympic charter. Lausanne: Switzerland.

International Olympic Committee (IOC), 2012a, FACTSHEET− Olympic Truce / 15 May.

International Olympic Committee (IOC), 2012b, FACTSHEET− Development through Sport / 4 June.

International Olympic Committee (IOC), 2012c, Olympic Marketing Fact File, Lausanne:

Switzerland.

International Olympic Committee (IOC), 2018. Olympic charter. Lausanne: Switzerland.

International Olympic Committee(IOC). 2005. Rules of Conduct Applicable to all Cities Wishing to Organise the Olympic Games. Lausanne: IOC.

International Organisation for Migration, 2007 Discussion Note: Migration and the Environment (MC/INF/ 288 -1 November 2007 - Ninety Fourth Session), International Organization for Migration, Geneva. 14 February.

J. M. Bryson (2004), What To Do When Stakeholders Matter, Public Management Review, Vol. 6 Issue 1 21−53:https://www.hhh.umn.edu/people/jmbryson/pdf/stakeholder_identification_analysis_techniques.pdf

Jaggia, S. and Thosar, S., (1993), Multiple Bids as a Consequence of Target Management Resistance: A Count Data Approach, Review of Quantitative Finance and Accounting, December, 447−457.

Jin, Liyan, Zhang, James J., Ma, Xingdong & Connaughton, Daniel P., (2011), Residents' Perceptions of Environmental Impacts of the 2008 Beijing Green Olympic Games, European Sport Management Quarterly, 11:3, 275−300.

Joshi, Kailash, Srikanth Mudigonda. An analysis of India's future attractiveness as an offshore destination for IT and IT−enabled services, Journal of Information Technology (2008) 23, 215-227.

Jung, Martina, (2005). Host country attractiveness for CDM non−sink projects, HWWA Discussion Paper 312.

Kale, Sudhir H., and Katherine M. Weir (1986). "Marketing Third World Countries to the Western Traveler: The Case of India." Journal of Travel Research, 25 (Fall): 2−7.

Keogh, Geoffrey; D'Arcy, Eámonn (1999): Property Market Efficiency: An Institutional Economics Perspective. In: Journal of Urban Studies, vol. 36, no. 13, 2401−2414.

Kibreab, G. (1997). "Environmental causes and impact of refugee movements: a critique of the current debate", Disasters, 21(1): 20-38.

Kim, H.−B. (1998). Perceived attractiveness of Korean destinations. Annals of Tourism Research, 25(2), 340-361.

Kim, S. S., Lee, C., & Klenosky, D. B. (2003). The influence of push and pull factors at Korean national parks. Tourism Management, 24(2), 169-180.

King, Gary, (1989). "Variance Specification in Event Count Models: From Restrictive Assumptions to a Generalized Estimator." American Journal of Political Science 33:(Aug.): 762−784.

Knight, Andy. (1999). "Engineering Space in Global Governance: The Emergence of Civil Society in Evolving New Multilateralism." Michael Schechter(ed.). Future Multilateralism. London: Macmillan for the UN University Press.

Knoepfel, P., C. Larrue, F. Varone, M. Hill (2011), public policy analysis. The Policy Press.

Kotler, P., & Gertner, D. (2002). Country as brand, products, and beyond: A place marketing and brand management perspective. Journal of Brand Management, 9(4/5), 249.

KOTTEK, MARKUS, JÜRGEN GRIESER, CHRISTOPH BECK, BRUNO RUDOLF and FRANZ RUBEL, (2006). World Map of the Köppen−Geiger climate classification updated, Meteorologische Zeitschrift, Vol. 15, No. 3, (June 2006) 259−263.

Koopmans, T. C. (1951), Activity Analysis of Production and Allocation, Wiley, New York, NY, 33−97.

Koudriachov, Serguei A., (2002). New Evaluation Criteria for Country Attractiveness in Terms of Market Entry, 11 Currents: International Trade Law Journal, (2002) Summer, 23.

Kroenig, Matthew, McAdam, Melissa and Weber, Steven, (2010). Taking Soft Power Seriously. Comparative Strategy. 29: 5, 412−431.

Krupka, D. J., (2007). Location−Specific Human Capital Location Choice and Amenity Demand. IZA Discussion Papers No. 2987, August 2007.

Latour, Bruno, (2005). Reassessing the Social: An Introduction to Actor−network Theory. Oxford and New York: Oxford University Press.

Laws, E. (1995). Tourism destination management: Issues, analysis, and policies. New York: Routledge.

Lee, Cheng−Fei, Hsun−I Huang & Huery−Ren Yeh, (2010). Developing an evaluation model for destination attractiveness: sustainable forest recreation tourism in Taiwan, Journal of Sustainable Tourism, 18:6, 811−828.

Lee, E. S., (1966). A Theory of Migration. Demography 3:47−57.

Lee, Kwang−Hoon and Jean−Loup Chappelet. (2012). "Faster, Higher, 'Softly' Stronger: The Impact of Soft Power on the Choice of Olympic Host Cities." The Korean Journal of Policy Studies. 27(3): 47−71.

Lee, Kwang−Hoon, (2013), The Attractiveness of Nations in Global Competition: An

Empirical Assessment of the Effects of Country Attractiveness on the Success of Strategy for Hosting International Sports Events, 1990−2012, unpublished PhD dissertation, UNIVERSITE DE LAUSANNE.

Lee, Stephen, (2001): The Risks of Investing in the Real Estate Markets of the Asian Region. In: Working Paper of Department of Land Management, The University of Reading, No. 6.

Leonardsen, Dag, (2007). Planning of Mega Events: Experiences and Lessons, Planning Theory & Practice, 8:1, 11−30.

Leopkey B., O. Mutter & M. M. Parent. (2010). Barriers and facilitators when hosting sporting events: exploring the Canadian and Swiss sport event hosting policies, International Journal of Sport Policy and Politics, 2:2, 113−134.

Lew, Allan A. (1987). "A Framework of Tourist Attractions Research". Annals of Tourism Research, 14 (4): 553−575.

Li, Mingjiang, (2009). Soft Power: China's Emerging Strategy in International Politics, Lexington Books.

Lieser, Karsten and Groh, Alexander Peter, The Attractiveness of 66 Countries for Institutional Real Estate Investments: A Composite Index Approach (May 1, 2011). International Conference of the French Finance Association (AFFI), May 11−13, 2011.

Lim, Lay Cheng; McGreal, Stanley; Webb, James R. (2006): Perception of Real Estate Investment Opportunities in Central/South America and Africa. In: Journal of Real Estate Portfolio Management, vol. 12, no. 3, 261−276.

Long, J. SCOTT, Freese Jeremy, (2006). Regression Models for categorical Dependent Variables Using Stata, 2nd ed Stata Press, 527.

Luhmann, Niklas. (1988). "The Autopoiesis of Social Systems," In: Geyer, Felix/Van der Zouwen, Johannes (Eds.) Sociocybernetic Paradoxes. London: Sage. 172−192.

Maddala, G. S. (1986), Limited−Dependent and Qualitative Variables in Econometrics, Cambridge: Cambridge University Press.

Maddala, G. S. (1991), A Perspective on the Limited−Dependent and Qualitative Variables Models in Accounting Research, The Accounting Review, 66(4), 788−807.

Manrai, Lalita A.; Manrai, Ajay K.; Lascu, Dana−Nicoleta, (2001). A country−cluster analysis of the distribution and promotion infrastructure in Central and Eastern Europe, International Business Review. − Elsevier. − Vol. 10. 2001, 5, 517−549.

Massey, Douglas S., Joaquin Arango, Graeme Hugo, Ali Kouaouci, Adela Pellegrino, J. Edward Taylor, Theories of International Migration: A Review and Appraisal, Population and Development Review, Vol. 19, No. 3. (Sep., 1993), 431−466.

Mayo, E. J. (1973). Regional Images and Regional Travel Destinations. In: Proceedings of the Fourth Annual Conference of TTRA. Sun Valley, ID: Travel and Tourism Research Association, 211−218.

Mayo, E. J., & Jarvis, L. P. (1981). The psychology of leisure travel: Effective marketing and selling oftravel service. Boston, MA: CBI Publishing.

McAuley, A., & Sutton, W. A. (1999). In search of a new defender: The threat of ambush marketing in the global sport arena. International Journal of Sports Marketing and Sponsorship, 1, 64−86.

McCarthy, T., & Yaisawarng, S. (1993), Technical Efficiency in New Jersey School Districts. In H. O. Fried, C. A. K. Lovell & S. S. Schmidt(eds.), The Measurement of Productive Efficiency: Techniques and Applications, 271−287, Oxford: Oxford University Press.

McClory, J. (2010). The new persuaders: An international ranking of soft power. The Institute for Government.

McClory, Jonathan. (2010). THE NEW PERSUADERS: An international ranking of soft power, The Institute for Government.

McCloy, C., (2006). The role and impact of Canadian federal sport hosting policies in securing amateur sport legacies: Case studies of the past four decades. Doctoral dissertation. Toronto: University of Toronto.

McCloy, C., (2009). Canada Hosts the World: An Examination of the First Federal Sport Hosting Policy (1967), The International Journal of the History of Sport, 26:9, 1155−1170.

McDonald, J., & Moffitt, R. (1980), The Uses of Tobit Analysis, Review of Economics and Statistics, 62, 318−321.

McGregor, J. (1993). "Refugees and the environment", in R. Black and V. Robinson (eds.), Geography and Refugees: Patterns and Processes of Change, Belhaven, London and New York.

Meier, K. J. (1985). Regulation: Politics, Bureaucracy, and Economics. St. Martin's Press. Inc.

Mendelow, A. (1991) 'Stakeholder Mapping', Proceedings of the 2nd International.

Merkel, U., & Kim, M. (2011). Third time lucky!? PyeongChang's bid to host the 2018 Winter

Olympics－politics, policy and practice. International Journal of the History of Sport, 28(16): 2365－2383.

Meyer, J. W., & Rowan, B. (1977). Institutional organizations: Formal structures as myth and ceremony. American Sociological Review, 83, 340‒363.

Miah, Andy, Garcia, Beatriz, (2012). The Olympics: The Basics, Routledge.

Mincer, J., (1978). Family Migration Decisions, Journal of Political Economy, University of Chicago Press, vol. 86(5), 749－773.

Mintzberg, H. (1987). "The strategic concept I: Five P's for strategy", vol. 30. No. 1, 11－24.

Mintzberg, H. (1994). The rise and fall for strategic planning, New York: Prentice Hall.

Mitchell, Heather Mitchell & Stewart, Mark F., (2007): A competitive index for international sport, Applied Economics, 39:5, 587－603.

Mitchell, Ronald K., Bradley R. Agle and Donna J. Wood, (1997), Toward a Theory of Stakeholder Identification and Salience: Defining the Principle of Who and What Really Counts, The Academy of Management Review, Vol. 22, No. 4 (Oct., 1997), 853－886: http://www.thecourse.us/5/library/Salience.pdf

Mitnick, Barry. M. (1980). The Political Economy of Regulation.New York: Colombia University Press.

Moore, J. F., "Predators and Prey: A New Ecology of Competition," Harvard Business Review, 71(May－June), 1993, 75－86.

Moore, James F. (1996). The Death of Competition: Leadership and Strategy in The Age of Business Ecosystems. NY: Harper Business.

Morgenthau, Hans J., (1978), Politics Among Nations: The Struggle for Power and Peace, Fifth Edition, Revised, New York NY: Alfred A. Knopf.

Myers, N. (1993). "Environmental refugees in a globally warmed world", Bioscience, 43(11): 752‒761.

Nahrath, Stéphane, Schenk, Roch and Knoepfel, Peter, (2006). Proposition de cadrage théorique pour une analyse des politiques d'accueil systématique de grands événements sportifs In Chappelet, J.－L. (Hrsg.), Les politiques publiques d'accueil d'événements sportifs (S. 9－30). Paris : L'Harmattan.

Nardo, M., Saisana, M., Saltelli, A., Tarantola, S., Hoffman, A., Giovannini, E.. (2005). Handbook on constructing composite indicators: Methodology and user guide. OECD statistics working paper STD/DOC(2005) 3.

Nelson, Jon P. and Douglas Young (2008), Effects of youth, price, and audience size on alcohol advertising in magazines, Health Economics, 17(4), 551−556.

Nicoliello, Mario, (2021), The New Agenda 2020+5 and the Future Challenges for the Olympic Movement, Athens Journal of Sports, Volume 8, Issue 2, 121−140.

North, D. (1990). Institutions, Institutional Change and Economic Performance. Cambridge: Cambridge University Press.

North, Douglass C (1990). Institutions, Institutional Change, and Economic Performance, Cambridge: Cambridge University Press.

Nye, J. (1967). "Corruption and Political Development: A Cost−Benefit Analysis," American Political Science Review. Vol. 61/2., 417−427.

Nye, J. (1990). Bound to lead: The changing nature of American power. New York: Basic Books.

Nye, J. (2002). The Paradox of American Power: Why the World's Only Superpower Can't Go It Alone. New York: Oxford University Press.

Nye, J. (2004). Soft Power: Means to Success in World Politics. Public Affairs.

Nye, J. (2008a). "Public Diplomacy and Soft Power." Annals of the American Academy of Political and Social Science. 616, March: 94−109.

Nye, J. (2008b). The Powers to Lead. Oxford and New York: Oxford University Press.

Nye, J. (2011). The Future of Power. New York: Public Affairs.

Nye, J., (2008). Public Diplomacy and Soft Power. Annals of the American Academy of Political and Social Science. 616, March, 94−109.

Nye, J., (2011). The Future of Power, New York: Public Affairs.

OECD, (1997). The OECD Report on Regulatory Reform: Synthesis.Paris: OECD.

OECD, (2002). Foreign Direct Investment for Development − Maximising Benefits, Minimising Costs, Paris: France.

OECD, (1997). OECD Report on Regulatory Reform Synthesis, 6.

Ogus, Anthony I. (1994). Regulation: Legal Form and Economic Theory. Oxford, UK: Clarendon Press.

Ohlin, Bertil, (1933). Interregional and International Trade. Harvard Economic Studies 39. Cambridge, MA: Harvard University Press.

Page, S. J., & Hardyman, R. (1996). Place marketing and town centre management: A new tool for urban revitalization. Cities, 13(3), 153−164.

Palvia, S. (2004). Global Outsourcing of IT and IT Enabled Services: Choosing an outsourcing destination country, Journal of IT Cases and Applications 6(3): 1-20.

Pantelidis, Pantelis, Efthymios Nikolopoulos, (2008). FDI Attractiveness in Greece, International Advances of Economic Research, 14:90-100.

Pasquier M. (2008). The Image of Switzerland: Between clichés and realities, Nation Branding. Concepts, Issues, Practice, Oxford, Elsevier. 79−84.

Pasquier M., Yersin N. (2009). L'image de la Suisse à l'étranger, Institut de hautes études en administration publique, Lausanne, Suisse.

Peiser, Benny, Reilly,Thomas, (2004). Environmental factors in the summer Olympics in historical perspective, Journal of Sports Sciences, 22:10, 981−1002.

Pentifallo, Caitlin & VanWynsberghe, Rob, (2012). Blame it on Rio: isomorphism, environmental protection and sustainability in the Olympic Movement, International Journal of Sport Policy and Politics, 4:3, 427−446.

Persson, C., (2000). THE INTERNATIONAL OLYMPIC COMMITTEE AND SITE DECISIONS: THE CASE OF THE 2002 WINTER OLYMPICS, Event Management, Volume 6, Number 3, 135−153(19).

Persson, C., (2002). The Olympic Games site decision. Tourism Management, 23: 27−36.

Peters, Guy. (2002). "The Politics of Tool Choice". In Salamon, L. M. (ed.). The Tools of Government: A Guide to the New Governance. New York: Oxford University Press.

Pfeffer, J., & Salancik, G. R. (1978). The external control of organizations. New York: Harper & Row.

Piperoglou, J. (1966). "Identification and Definition of Regions in Greek Tourist Planning." Papers of the Regional Science Association, 18, 169−176.

Poast, Paul D. (2007). "Winning the Bid: Analyzing the International Olympic Committee's Host City Selections." International Interactions. 33(1): 75−95.

Pomfret, Richard, John K. Wilson and Bernhard Lobmayr, (2009). Bidding for Sport Mega−Events, University of Adelaide, School of Economics, Research Paper No. 2009−30.

Porter, M. E. (1990). The Competitive Advantage of Nations. New York: Free Press, MacMillan.

Porter, M. E., (1980). Competitive Strategy, Free Press, New York, 1980. The book was voted the ninth most influential management book of the 20th century in a poll of the Fellows of the Academy of Management.

Porter, M.E., (1996). "What is Strategy", Harvard Business Review, Nov/Dec, 74(6): 61−78.

Portnov, Boris A. (2000). Neutral migration models for Israel and Japan, Journal of Ethnic and Migration Studies, 26:3, 511−533.

Prayag, Girish & Ryan, Chris, (2011). The relationship between the 'push' and 'pull' factors of a tourist destination: the role of nationality − an analytical qualitative research approach, Current Issues in Tourism, 14:2, 121−143.

Preuss, H., (1998) Problematizing the arguments of the opponents of Olympic Games. Faculty of Sports, Johannes Gutenberg University, Mainz, Germany.

Preuss, H., (2000). Electing an Olympic City − a Multidimensional Decision. In K.B. Wamsley, S. G. Martyn, G. H. MacDonald & R. K. Barney (Hrsg.) Bridging Three Centuries: Intellectual Crossroads and the Modern Olympic Movement (S. 89−104). 5. International Symposium for Olympic Research. London ON.

Preuss, H., (2004). The Economics of Staging the Olympics, Edward Elgar: Northampton.

Preuss, H., (2007). The Conceptualisation and Measurement of Mega Sport Event Legacies, Journal of Sport & Tourism, 12:3−4, 207−228.

Provan, K. G., Lamb, G., & Doyle, M. (2004). Building legitimacy and the early growth of health networks for the uninsured. Health Care Management Review, 29, 117-128.

Ravenstein, E. G., (1885). The Laws of Migration. Journal of the Royal Statistical Society 48:167−227.

Ravenstein, E. G., (1889). The Laws of Migration. Journal of the Royal Statistical Society 52:214−301.

Ray, S. C. (2004), Data Envelopment Analysis: Theory and Techniques in Economics and Operations Research, Cambridge: Cambridge University Press.

Renaud, Fabrice G., Olivia Dun, Koko Warner and Janos Bogardi, A Decision Framework for Environmentally Induced Migration, International Migration, Volume 49, Issue 1, June 2011, 5-29.

Richter, M. K., (1966). Revealed Preference Theory, Econometrica, 34(3), 635−645.

Ritchie, J. R. B., (1984), Assessing the impact of hallmark events: conceptual and research issues, Journal of Travel Research, 1984 Vol. 23 No. 1, 2−11.

Ritchie, J. R. B., and Michel Zins, (1978). Culture as Determinant of the Attractiveness of a Tourism Region, Annals of Tourism Research, 5 (2): 252−267.

Rittberger, Volker(ed.). (2001). Global Governance and the United Nations System. United Nations University Press.

Roche, M., (1998). Mega−events, culture and modernity: Expos and the origins of public culture, International Journal of Cultural Policy, 5:1, 1−31.

Roche, M., (2000). Mega−events and modernity, London: Routledge.

Rodríguez, Carlos, Carmen Gómez and Jesús Ferreiro. (2009). A proposal to improve the UNCTAD's inward FDI potential index, Transnational Corporations, Vol. 18, No. 3 (December 2009).

Romain, A., van Pottelsberghe de la Potterie, B., (2004). The Determinants of Venture Capital: A Panel Analysis of 16 OECD Countries. Université Libre de Bruxelles Working Paper no. WPCEB 04/015.

Rosenau, James, Czempiel, Ernst−Otto(ed.). (1992). Governance without Government: Order and Change in World Politics. Cambridge: Cambridge University Press.

Rosenau, James. (1995). "Governance in the Twenty−First Century." Global Governance: A Review of Multilateralism and International Organization. Vol. 1, Lynne Reinner Publisher: 13−43.

Rowe, D. (2012). The bid, the lead−up, the event and the legacy: Global cultural politics and hosting the Olympics. British Journal of Sociology, 63(2): 285−305.

Ruggiero, J. (2004), Performance Evaluation in Education: Modeling Educational Production. In: Cooper W. W., Seiford L. M., Zhu J. (eds), Handbook on Data Envelopment Analysis, 299−325, International Series in Operations Research & Management Science, Vol. 71, Springer, Boston, MA.

Samaranch, J. A., (1993). Foreword to Marketing Matters, 1.

Samuelson, P. A., (1938). A Note on the Pure Theory of Consumer's Behaviour. Economica, New Series, Vol. 5, No. 17 (Feb.), 61−71.

Samuelson, P. A., (1948). Consumption Theory in Terms of Revealed Preference. Econometrica, 15, 243−253. San Francisco: Jossey−Bass.

Schmidt, C., (1979). The guided tour. Urban Life 7(4), 441-467.

Scott, W.R. (1998). Organizations. Rational, natural and open systems (4th ed.). Upper Saddle River, NJ, prentice−Hall.

Shocker, A. D. &, Sethi, S. P., (1973) "An approach to developing societal preferences in developing corporate action strategies", California Management Review, Summer,

97－105.

Shoval, Noam, "A New Phase in the Competition for the Olympic Gold: The London and New York Bids for the 2012 Games", Journal of Urban Affairs (2002), 583ー599.

Simon, Herbert, (1957). "A Behavioral Model of Rational Choice", in Models of Man, Social and Rational: Mathematical Essays on Rational Human Behavior in a Social Setting. New York: Wiley.

Sjaastad, L., (1962). The costs and returns of human migration, Journal of Political Economy, Vol. 5, No. 70, 80－93.

Slack, T., (1999). An interview with Alan Pascoe. International Journal of Sports Marketing and Sponsorship, 1, 10－18.

Smouts, M. C. (1998). "The Proper Use of Governance in International Relations." International Social Science Journal. Vol. 155.

SOARES DE MELLO, J. C. C. B., LIDIA ANGULO－MEZA AND BRENDA P. BRANCO DA SILVA, (2009). A ranking for the Olympic Games with unitary input DEA models, IMA Journal of Management Mathematics (2009) 20, 201－211.

Solnik, Bruno (1999): International Investments. 4th edition, Massachusetts: Addison－Wesley.

Spence, A. M. (1973). "Job market signaling". Quarterly Journal of Economics, 87(3): 355－374.

Spence, A. M. (1974). Market Signaling: Informational Transfer in Hiring and Related Screening Processes, Cambridge, MA: Harvard University Press.

Spence, A. M. (2002). "Signaling in retrospect and the informational structure of markets". American Economic Review, 92 (3): 434－459.

Stark, O. & D. Bloom, (1985). The New Economics of Labor Migration. American Economic Review, 75(2):173－178.

Stark, O. (1991). The Migration of Labor. Cambridge: Basil Blackwell.

Stephen J. Andriole (1979): The levels of analysis problems and the study of foreign international, and global affairs: A review critique, and another final solution, International Interactions: Empirical and Theoretical Research in International Relations, 5:2－3, 113－133.

Stopper, M., Gnädinger, J. & Kempf, H. (2010). Standortstrategien mit und für Sportgrossveranstaltungen. Eine vergleichende Analyse von acht Ländern. Magglingen: Eidgenössische Hochschule für Sport EHSM.

Suchman, M. C. (1995). Managing legitimacy: Strategic and institutional approaches. Academy of Management Review, 20: 571−610.

Tang, J. C., and N. Rochananond (1990). "Attractiveness as Tourist Destination: A Comparative Study of Thailand and Selected Countries." Soci−Econ. Plann. Sci., 24 (3): 229−236.

The Commission on Global Governance. (1995). Our Global Neighborhood: Report of the Commission on Global Governance. New York and Oxford: Oxford University Press.

Tobin, J. (1958), Estimation of relationships for limited dependent variables, Econometrica, 26, 24−36.

Todaro, M. P., (1969). A model of labor migration and urban unemployment in less developed countries, American Economic Review, 59: 138−148.

Tomlinson, A., (2005). The commercialization of the Olympics: cities, corporations, and the Olympic commodity. In K. B. Wamsley and K. Young (eds.), Global Olympics: Historical and Sociological Studies of the Modern Games. Oxford: Elsevier, 179−200.

Toohey, Kristine and Veal, Anthony James. (2007). The Olympic games: a social science perspective. CABI.

Toohey, Kristine, Anthony James Veal, (2007). The Olympic Games: a social science perspective, 2ed. CABI.

UNDP, (2009), Human Development Report.

Usunier, J.−C. & Cestre, G. (2008), "Further considerations on the relevance of country of origin research", European Management Review, Vol. 5 No. 4, 271−274.

Usunier, J.−C., & Lee, J. A. (2005). Marketing Across Cultures 4th Ed, Prentice Hall.

Usunier, J.−C., (2006). "Relevance in business research: the case of country−of−origin research in marketing". European Management Review, 3 (1): 60−73.

Van der Heijden PGM, Rami Bustami, Maarten JLF Cruyff, Godfried Engbersen and Hans C van Houwelingen, (2003). Point and interval estimation of the population size using the truncated Poisson regression model, Statistical Modelling, 3: 305-322.

Van Raaij, W. F. (1986). Consumer research on tourism: Mental and behavioral constructs. Annals of Tourism Research, 13(1), 1-9.

Varian, Hal R., (1982), "The Nonparametric Approach to Demand Analysis." Econometrica, 50, 945−972.

Varian, Hal R., (1992), Microeconomic Analysis, Third Edition. New York: Norton.

Vedung, Evert., (1998). Policy Instrument: Typologies and Theories, In Bemelmans−Videc, M. Ray, C. Rist and E. Vedung(ed.). Carrot, Stick and Sermons: Policy Instruments and Their Evaluation. New Brunswick NJ. USA.

Vengesayi, Sebastian, (2003). CONCEPTUAL MODEL OF TOURISM DESTINATION COMPETITIVENESS AND ATTRACTIVENESS, ANZMAC 2003 Conference Proceedings Adelaide 1−3 December 2003.

Vietor, Richard H. K., (2007). How countries compete: strategy, structure, and government in the global economy, Harvard Business Press.

Vogel, Steven. K.(1996). Freer Markets, More Rules: Regulatory Reform in Advanced Industrial Countries. Ithaca and London: Cornell University Press.

Walt SM, (2006). Taming American Power: The Global Response to U.S . Primacy, NY: W. W. Norton.

Walters, Geoff, (2011). Bidding for international sport events: how government supports and undermines national governing bodies of sport, Sport in Society: Cultures, Commerce, Media, Politics, 14:02, 208−222.

Waltz, Kenneth Neal, (1979). Theory of international politics, Addison−Wesley series in political science, McGraw−Hill.

Weick, Karl E. (1979), The Social Psychology of Organizing, Second Edition. McGraw−Hill.

Weiss, Thomas G. and Thakur, Ramesh. (2006). The United Nations and Global Governance: An Idea and its Prospects. University of Indiana Press.

Wells, Louis T. Jr., Wint, Alvin G., (1999). Marketing a country: promotion as a tool for attracting foreign investment, Occasional paper (Foreign Investment Advisory Service) 1.

Wells, Louis T. Jr., Wint, Alvin G., (2000). Marketing a country: promotion as a tool for attracting foreign investment, revised (ed.), Occasional paper (Foreign Investment Advisory Service) 13.

Wernerfelt, B., (1984). A Resource−based view of the firm, Strategic Management Journal, 5(2), 171−180.

Westerbeek H. M., Turner P. and Ingerson L., (2002). Key Success Factors in Bidding for Hallmark Sporting Events, International Marketing Review 19(2/3), 303.

White, L. (2011). The Sydney 2000 Olympic Games bid: Marketing indigenous Australia for the Millennium Games. International Journal of the History of Sport, 28(10): 1447−1462.

Whitney, C. B., & Shambaugh, D. (2008). Soft power in Asia: Results of a 2008 multinational survey of public opinion. Chicago: Chicago Council on Global Affairs.

Wicker, Pamela, Kirstin Hallmann, Christoph Breuer & Svenja Feiler, (2012). The value of Olympic success and the intangible effects of sport events – a contingent valuation approach in Germany, European Sport Management Quarterly, 12:4, 337–355.

Wilson, James Q. (1980). The Politics of Regulation. In James Q.Wilson (ed.), The Politics of Regulation. New York: Basic Books.

Wooldridge, J. M., (2002). Econometric Analysis of Cross Section and Panel Data, Cambridge, MA, MIT Press.

World Bank Group, (2010). Investing Across Borders: 2010 Indicators of foreign direct investment regulation in 87 economies, Investment Climate Advisory Services, World Bank Group.

World Commission on Environment and Development (1987). Our Common Future, Report of the World Commission on Environment and Development.

World Tourism Organisation, (2002). WTO Think Tank Enthusiastically Reaches Consensus on Frameworks for Tourism Destination Success. Madrid: World Tourism Organization, Madrid.

Yang, Chih−Hai, (2007). What factors inspire the high entry flow in Taiwan's manufacturing industries − A count entry model approach, Applied Economics. Vol. 39, 1817−1831.

Young, Oran. (1994). International Governance: Protecting the Environment in a Stateless Society. Ithaca: Cornell University Press.

Yu, Chia−Chen, (2010). Factors that Influence International Fans' Intention to Travel to the United States for Sport Tourism, Journal of Sport & Tourism, 15:2, 111−137.

Zhao, Hongxin; Levary, Reuven R, (2002), Evaluation of country attractiveness for foreign direct investment in the e−retail industry, Multinational Business Review; Spring 2002; 10, 1, 1−10.

〈국문 자료〉

강은경, (2018). 문화예술과 국가의 관계 연구－공공지원의 중립성 원칙을 중심으로, 서울대학교 법학전문대학원 박사학위 논문.

국무조정실, (2014). 규제비용총량제 매뉴얼.

김권식. (2013a). 정책수단선택 영향요인에 관한 연구: 보건의료정책 입법과정을 중심으로. 서울대학교 행정대학원 박사학위 논문.

김권식. (2013b). 복지정책이념과 정책수단 선택에 관한 실증연구: 정권별 정책이념 특성 차이를 중심으로. 「한국사회와 행정연구」. 24(1): 83－110.

김권식·이광훈. (2014). 환경규제 수단의 선택에 미치는 영향요인 탐색 : 지방분권화, 입법주체 및 규범형식을 중심으로.「지방행정연구」. 28(1):167－192.

김권식·이광훈. (2017). 문화예술 분야 지방재정사업의 성과지표에 관한 탐색적 연구: 강원도 지역 행사·축제를 중심으로, 연세대학교 사회과학논집.

김권식. (2016). DEA 모형에 의한 광역자치단체 관할 지방공기업 경영현황 분석 및 효율성 지표의 적절성 검토, 「한국지방공기업학회보」, 제12권 1호, 53－77.

김상배 외. (2009). 소프트파워와 21세기 권력 － 네트워크 권력론의 모색. 한울.

김상배. (2009). "스마트파워의 개념적 이해와 비판적 검토: 중견국 네트워크 권력론의 시각". ≪국제정치논총≫ 49(4) : 7－33.

김선혁. (2004). "국제행정과 초국가 거버넌스". ≪한국행정학보≫ 38(2) : 87－102.

김용우. (2010). 「정부규제와 규제행정」. 대영문화사.

김유환. (2008). 규제방식의 유형과 개선방안에 관한 연구, 규제개혁위원회.

김정수, 2018, '팔 길이 원칙'에 대한 비판적 재검토－ 문화정책의 진정한 금과옥조인가? 한국정책학회보, 제27권 4호: 249~270.

김종석, 2020, "규제개혁 30년: 평가와 과제", 규제연구 제29권 제2호.

김치욱. (2009). "국제정치의 분석단위로서 중견국가(Middle Power): 그 개념화와 시사점". ≪국제정치논총≫ 9(1) : 7－36.

딜로이트 컨설팅, 공공부문에서의 이해관계자 분석, http://www2.deloitte.com/content/dam/Deloitte/kr/Documents/public－sector/2015/kr_ps_issue－highlights_20150105.pdf

류정아. (2015). 문화예술 지원정책의 진단과 방향 정립 : '팔 길이 원칙'의 개념을 중심으로, 한국문화관광연구원

류정아. (2015). 문화예술 지원정책의 진단과 방향 정립: '팔 길이 원칙'의 개념을 중심으로, 한국문화관광연구원.

문광민. (2011). 중앙정부보조금과 지방정부 효율성: 패널문턱모형에 의한 비단조적 관계 분석,

「한국행정학보」, 제45권 제4호, 85－116.

문화체육관광부. 각년도. 「문화관광축제 종합평가 보고서」.

민인식·최필선. (2009). ≪STATA 패널데이터 분석≫. 한국STATA학회.

박민권·장웅조. (2020), 문화예술위원회와 문화체육관광부 관계 변화 속에 나타난 자율성과 책임성 연구, 문화정책논총, vol.34, no.1, pp.99~127.

박재영. (1998). "의사결정 방식을 중심으로 본 주권국가와 국제기구와의 관계". ≪국제정치논총≫ 38(2) : 43－62.

배관표·성연주. (2019), 한국문화예술위원회와 블랙리스트 실행: 관료의 책임성 관점에서, 문화정책논총, 제33집 2호.

배용수. (2013). 「규제정책론」. 대영문화사.

법제처, 「미국관리예산처(OMB) 규제개혁의 이론과 실제」, 2008.12. 7.

서창록·이연호·곽진영. (2002). "거버넌스의 개념: 거버넌스의 개념과 쟁점에 관한 소고"

김석준 외. (2002). ≪거버넌스의정치학≫. 서울: 법문사.

손상영·김사혁·신민수·김환선·김도훈·오정석. (2007). 디지털 컨버전스 생태계의 특징과 발전 전망. 21세기 한국 메가트렌드 시리즈 V, 정보통신정책연구원.

우윤석. (2011). 지속가능한 공진화를 통한 '상생'의 개념화와 활용에 대한 탐색적 연구: 대리운전과 택시의 관계를 중심으로. 도시행정학보 제24집 제3호 한국도시행정학회: 3－30.

유금록. (2004). 「공공부문의 효율성 측정과 평가, 대영문화사.

유금록. (2008). 공공부문의 효율성과 영향요인 분석: 도시개발공사를 중심으로, 「한국행정학보」, 제42권 3호, 79－109.

유진빈. (2016). 우리나라 문화예술조직에서의 팔 길이 원칙 구현에 관한 연구, 연세대학교 행정대학원 석사학위 논문.

유현석. (2005). "글로벌 거버넌스에서 국가와 지구시민사회: WSIS 사례를 통해서 본 글로벌거버넌스의 가능성과 한계". ≪한국정치학회보≫ 39(3) : 331－352.

윤경준. (2003). "공공부문 효율성 측정을 위한 DEA의 활용." 「정부학연구」, 제9권 2호, 7－31.

이광훈·박흥열·최충익. (2020). 강원도 지역축제: 현황 및 성과(2012－2017). 사회과학연구 59집 2호, 25－69.

이민아, (2018). 예술지원정책의 자율성에 관한 연구 : 한국문화예술위원회의 예산분석을 중심으로, 서울대학교 행정대학원 박사학위 논문.

이성우·김권식. (2013). 우리나라 가스시장 경쟁도입 정책의 유효성 평가: 정책문제 정의의 메타오류의 관점에서.「규제연구」. 22(2): 183－224.

이영범. (2009). 자료포락분석(Data Envelopment Analysis)을 이용한 공공기관 상대적 효율성 분석의 과거, 현재와 미래, 2009 한국정책학회 동계학술대회, 225-243.

이정동·오동현. (2012). 「효율성 분석이론: DEA 자료포락분석법」, 지필미디어.

조서형·엄태호. (2018). 재정능력 및 절감 노력이 지역축제의 재정적 성과에 미치는 영향. <정부회계연구>, 16(2), 1-35.

이종한. (2013). 규제성과의 측정 및 활용에 관한 연구, 한국행정연구원.

이종한·최무현. (2004). 국민의 정부의 규제개혁 성격에 관한 실증 연구 -규제개혁 위원회 등록 규제 데이터베이스 분석을 중심으로. 「한국정책학회보」. 13(2): 37-66.

이주선·최병선·한선옥. (2002). 「특성별 규제분류와 규제개혁에의 시사점」. 서울: 규제연구회.

장석류. (2020). 문화행정 의사결정 영향요인에 관한 실증연구: 행정인, 기획인, 예술인 집단 비교 분석, 문화정책논총, vol.34, no.3, pp. 35-64.

전상경. (1992). 시장실패와 비시장실패 및 공공정책 : 환경오염을 중심으로. 한국행정학보. 26(1): 81-101.

정기웅. (2010). "소프트파워와 메가스포츠 이벤트: 도구적 관계성에 대한 비판적 고찰". ≪국제정치논총≫ 50(1) : 241-260.

정홍익·이종열·박광국·주효진. (2008). 문화행정론, 대영문화사.

조화순. (2007). "글로벌거버넌스의 내재화: 인터넷 거버넌스 기구를 중심으로". ≪국제정치논총≫ 47(2) : 7-28.

최병선. (1992). 「정부규제론」. 법문사.

최병선. (1998). 규제완화의 정치: 사상, 이해관계, 제도의 역학, 진창수(편). 「규제완화의 정치: 비교연구」, 경기도 성남시: 세종연구소.

최병선. (2007). "규제도 세금이다". 「세금경제학」. 자유기업원.

최유성. (2011). 우리나라 행정규제의 특성분석을 위한 규제분류방식에 관한 연구, 한국행정연구원.

최충익·김미숙. (2008). DEA를 활용한 공공체육시설 효율성 분석, 「국토계획」, 제43권, 제3호, 275-288.

하병기 외 (2000). 「규제개혁의 경제효과분석」. 서울: 을유문화사.

〈Websites〉

BBC News, 1999, "World Timeline: Olympics Corruption Scandal." BBC Online Network. Web Article, http://news.bbc.co.uk/1/hi/297030.stm

CNN News, 2007, "FIFA end World Cup rotation policy", October 29, http://edition.cnn.com/2007/SPORT/football/10/29/switzerland.cup/index.html

Reuters, 2011, "Timeline: FIFA corruption scandal in the last year", May 29, http://www.reuters.com/article/2011/05/29/us－soccer－fifa－timeline－idUSTRE74S2CE20110529

The New York Times, 2013, "A World Cup Problem That Won't Go Away", March 5, http://www.nytimes.com/2013/03/06/sports/soccer/06iht－soccer06.html?_r＝0

Stakeholder analysis 개관: http://en.wikipedia.org/wiki/Stakeholder_analysis

Stakeholder theory 개관: http://en.wikipedia.org/wiki/Stakeholder_theory

Stakeholder management 개관: http://en.wikipedia.org/wiki/Stakeholder_management

* 이 저서는 2016년 정부(교육부)의 재원으로 한국연구재단의 지원을 받아 수행된 연구임(This work was supported by the National Research Foundation of Korea Grant funded by the Korean Government: NRF－2016S1A6A4A01018564).

저자약력

이 광 훈

서울대학교 사회학과 문학사
서울대학교 행정대학원 행정학 석사
스위스 행정대학원(Swiss Graduate School of Public Administration, IDHEAP) 행정학 박사
스위스 로잔대학교(University of Lausanne) 방문교수
현) 강원대학교 행정학과 부교수

국제스포츠행정

초판발행   2022년 6월 20일

지은이   이광훈
펴낸이   안종만·안상준

편 집   이아름
기획/마케팅   손준호
표지디자인   이소연
제 작   고철민·조영환

펴낸곳   (주) **박영사**
          서울특별시 금천구 가산디지털2로 53, 210호(가산동, 한라시그마밸리)
          등록 1959. 3. 11. 제300-1959-1호(倫)

전 화   02)733-6771
f a x   02)736-4818
e-mail   pys@pybook.co.kr
homepage   www.pybook.co.kr
ISBN   979-11-303-1311-5 93350

정 가   28,000원